山东书局研究

唐桂艳　著

山东大学出版社

图书在版编目(CIP)数据

山东书局研究/唐桂艳著. —济南:山东大学出版社,2019.12

(山东省图书馆馆员文库/刘显世主编)

ISBN 978-7-5607-5970-8

Ⅰ. ①山… Ⅱ. ①唐… Ⅲ. ①出版发行机构—研究—山东 Ⅳ. ①G239.29

中国版本图书馆 CIP 数据核字(2019)第 301713 号

出版统筹:李　港
责任策划:陈海伟
责任编辑:马银川　郭凯迪
封面设计:牛　钧

出版发行:山东大学出版社
社　址　山东省济南市山大南路 20 号
邮　编　250100
电　话　市场部(0531)88363008
经　销:新华书店
印　刷:济南巨丰印刷有限公司
规　格:720 毫米×1000 毫米　1/16
17.75 印张　280 千字
版　次:2019 年 12 月第 1 版
印　次:2019 年 12 月第 1 次印刷
定　价:45.00 元

山东书局旧址今貌（图正中即为山东书局旧址。俯瞰图）

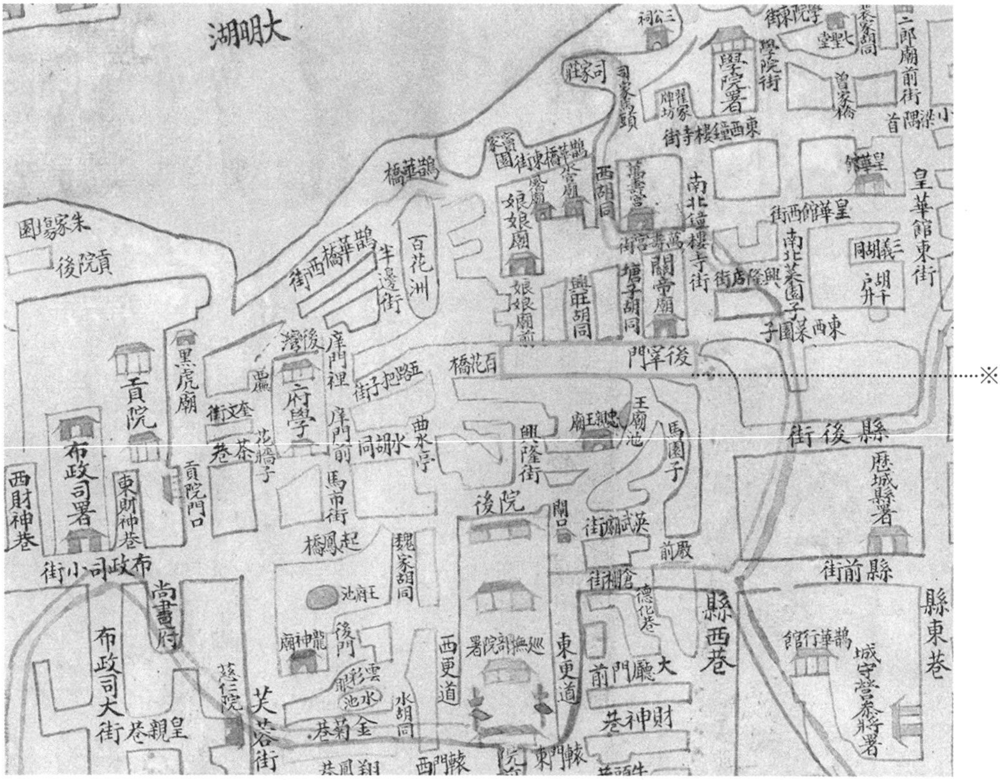

清光绪十五年彩绘本中的后宰门街

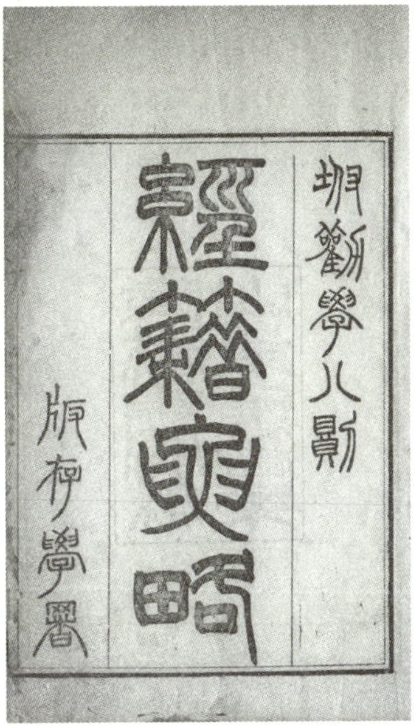

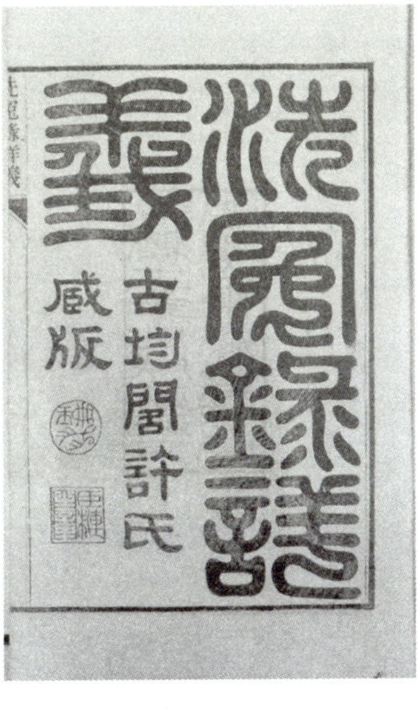

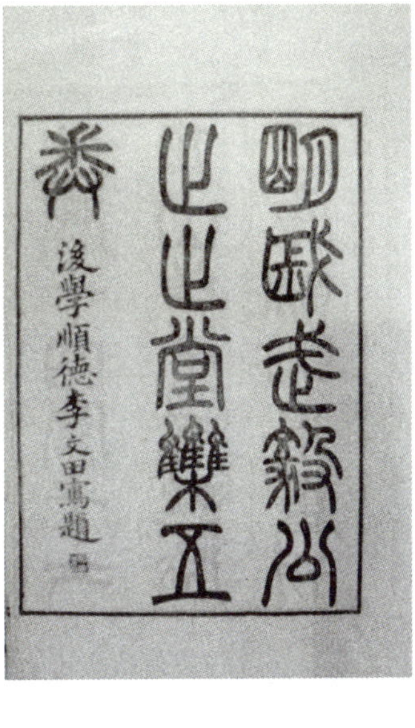

山东书局出版物的书名叶（1）

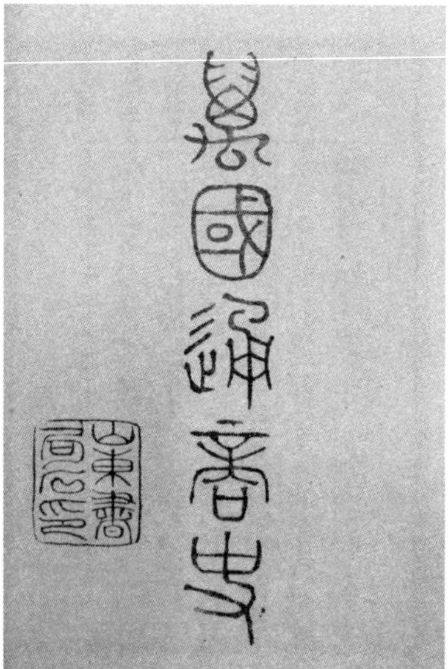

山东书局出版物的书名叶（2）

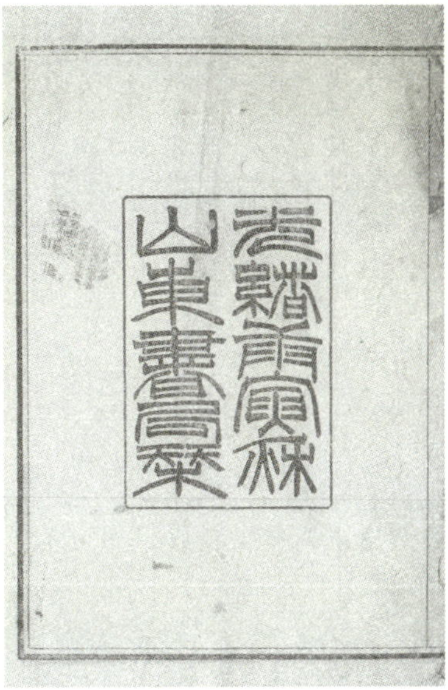

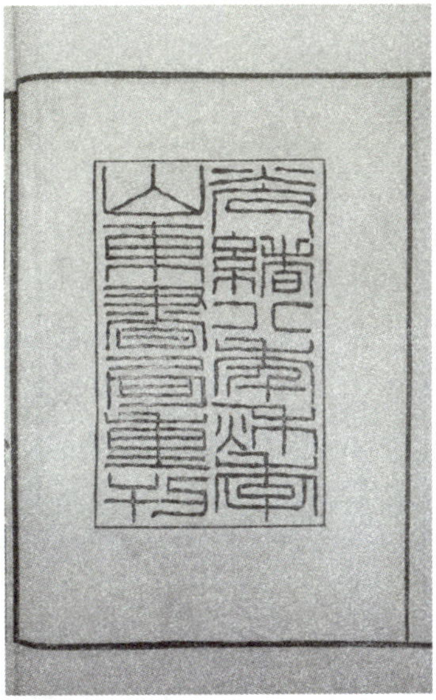

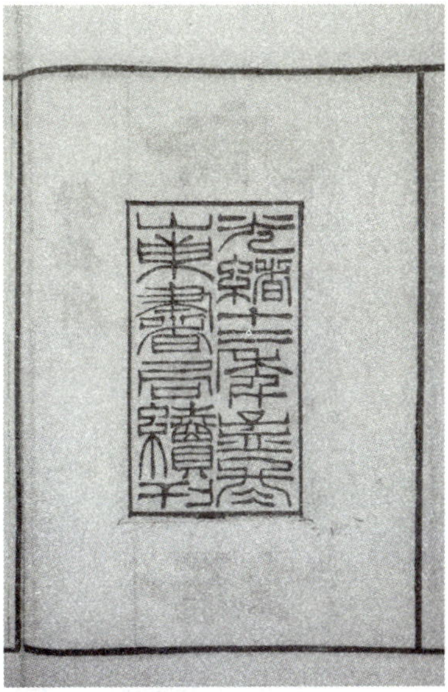

山东书局出版物的牌记（1）

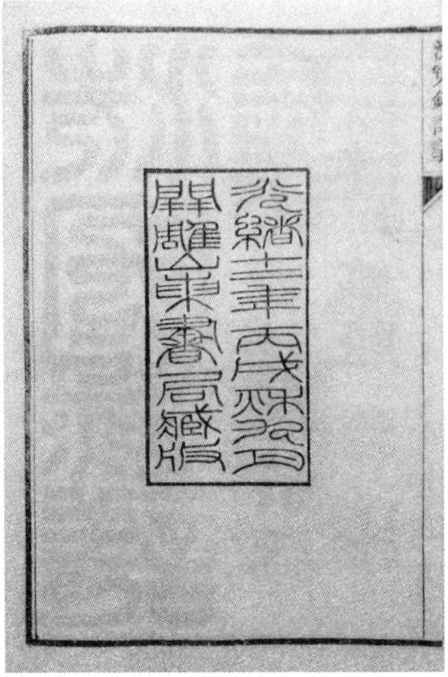

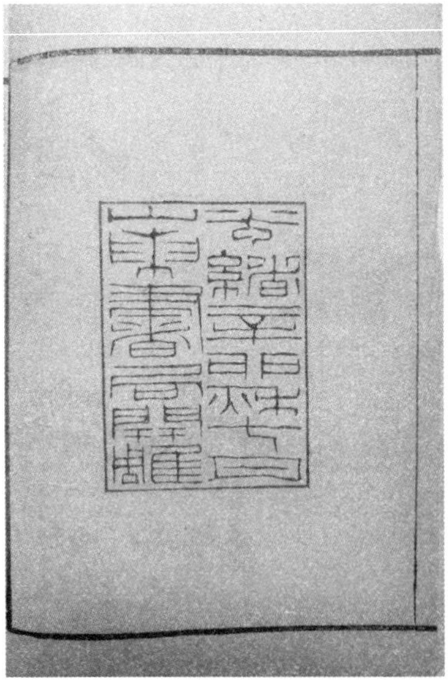

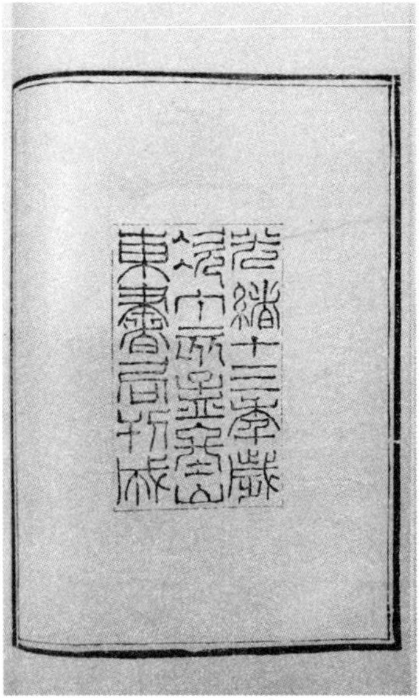

山东书局出版物的牌记（2）

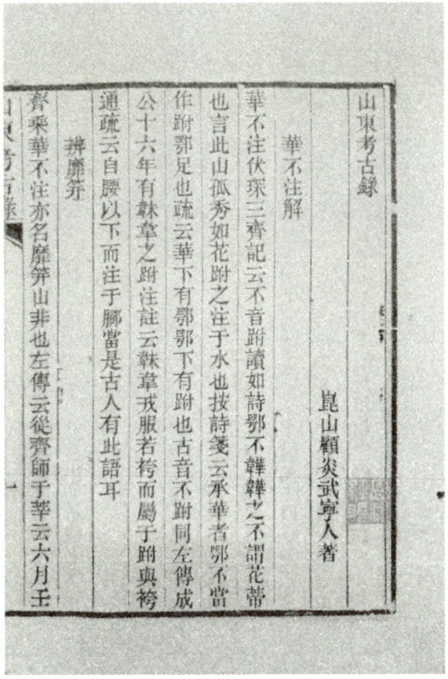

山東考古錄

崑山顧炎武寧人著

華不注解

華不注伏琛三齊記云不音跗讀如詩鄂不韡韡之不謂花蔕也言此山孤秀如花跗之注于水也按詩箋云承華者鄂不當作跗鄂足也疏云華下有鄂鄂下有跗也古音不跗同左傳成公十六年有韎韋之跗注註云韎韋戎服若袴而屬于跗與袴通疏云自腰以下而注于脚當是古人有此語耳

辨靡笄

齊乘華不注亦名靡笄山非也左傳云從齊師于莘云六月壬

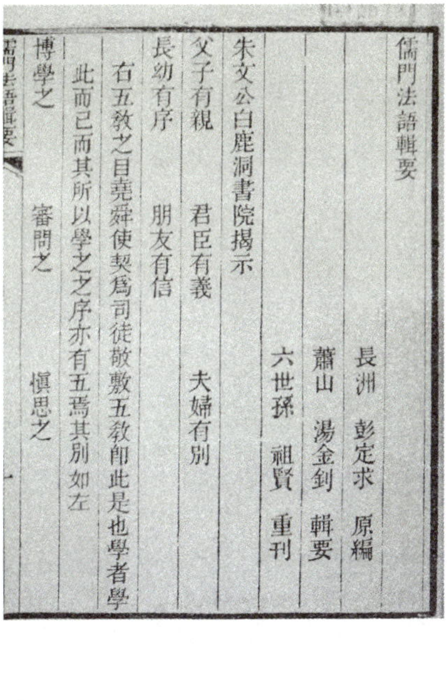

儒門法語輯要

長洲　彭定求　原編

蕭山　湯金釗　輯要

六世孫　祖賢　重刊

朱文公白鹿洞書院揭示

父子有親　君臣有義　夫婦有別

長幼有序　朋友有信

右五教之目堯舜使契爲司徒敬敷五教卽此是也學者學此而已而其所以學之之序亦有五焉其別如左

博學之　審問之　愼思之

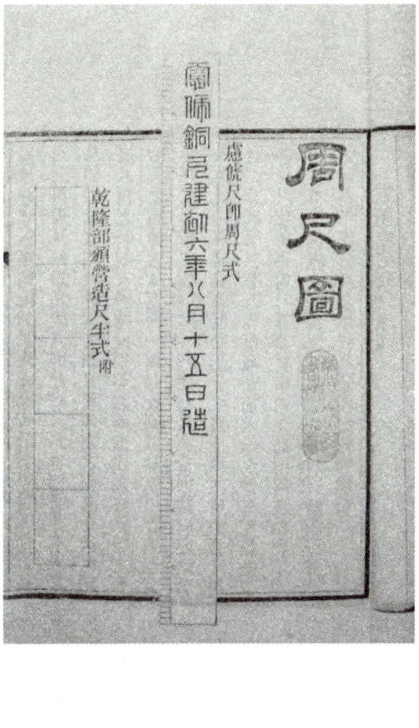

山东书局出版物的正文

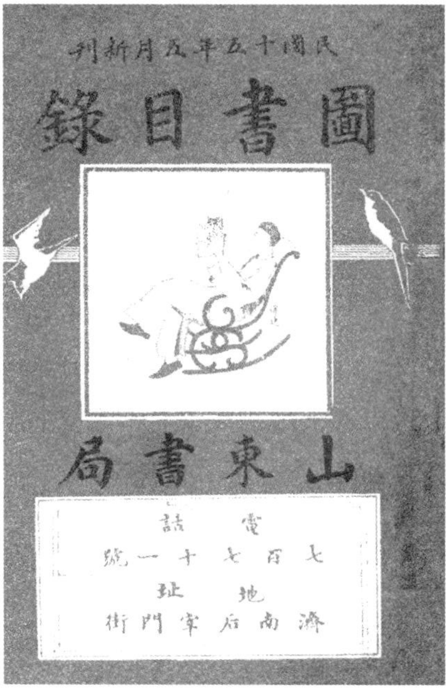
民國十五年五月新刊
圖書目錄
山東書局
電話 七百七十一號
地址 濟南后宰門街

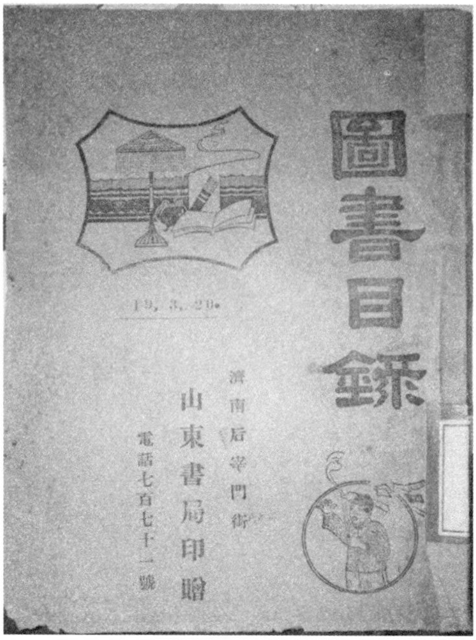
圖書目錄
19.3.20
濟南后宰門街
山東書局印贈
電話七百七十一號

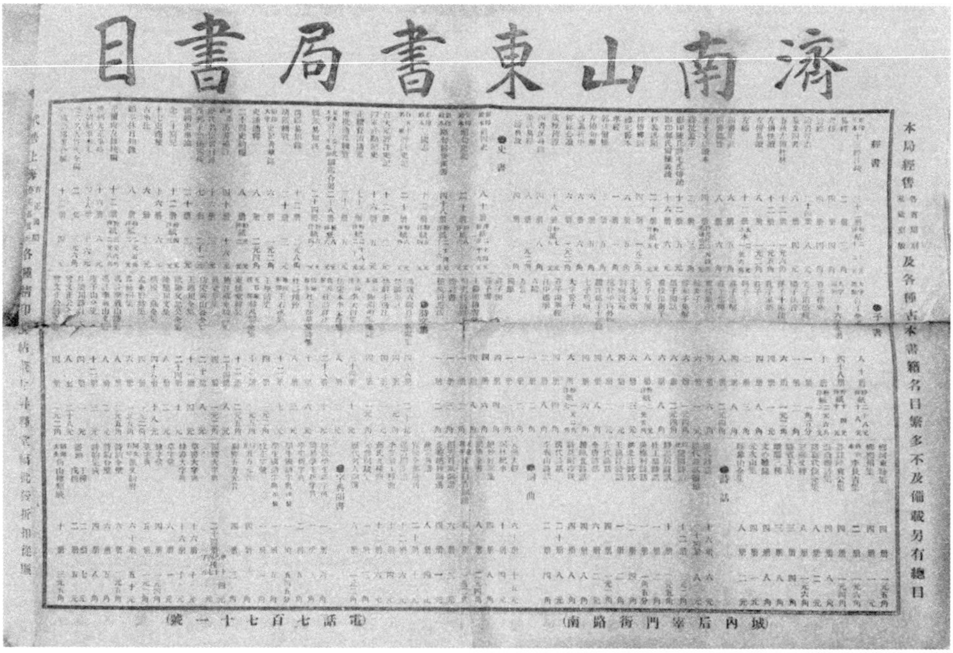
濟南山東書局書目
本局經售各省局刻及各種古本書籍名目繁多不及備載另有總目
(電話七百七十一號)
(城內后宰門街路南)

山东书局售书目录

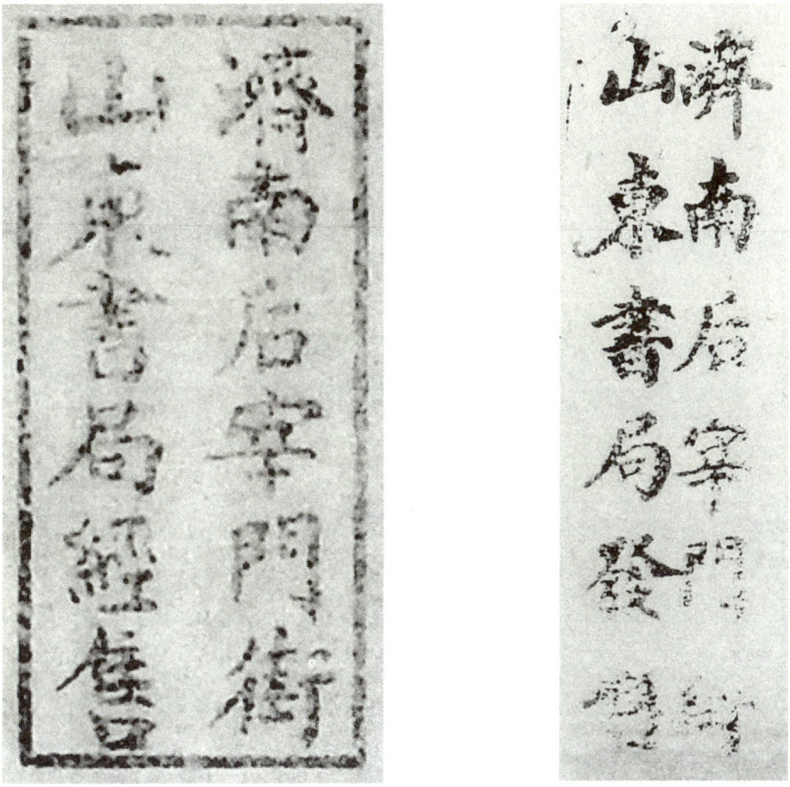

山东书局售书印章

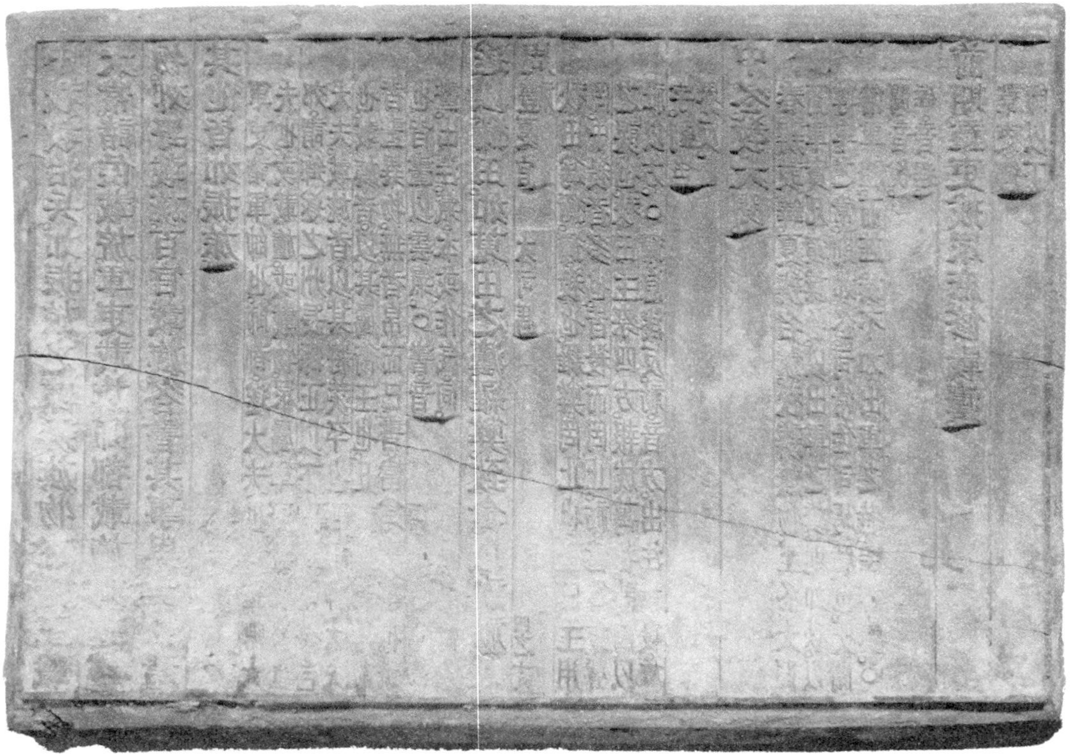

山东书局《十三经读本》中的《周礼》雕版

前言

在中国出版史上，清末的地方书局出版是一种特殊的文化现象。作为清末官府出版的主体，地方书局是在清代影响最大的武英殿名存实亡的情况下，由曾国藩、胡林翼、李鸿章、左宗棠、张之洞等洋务派倡导而成立的。它不仅体现了当时统治者匡扶太平天国运动所导致的受灾文化、重振儒学、“正人心”“维世道”的思想观念，还是清代官刻由朝廷走向地方，在各地繁荣发展、开花结果的体现。研究中国出版史，地方书局出版是不容忽视的重要部分。

最早对地方书局进行论述的是柳诒征先生的《国学书局本末》一文，这篇文章主要记载金陵书局的有关情况。其后，朱士嘉先生编著的《官书局书目汇编》一书，搜集了晚清部分地方书局出版的目录，著录了书名、册数、纸张、价格，这对地方书局研究的全面开展极具开拓价值。

对地方书局的较深入研究是从20世纪80年代开始的，在这三十多年的时间里，研究论文或专著片段大约有百篇。特别是近十年，不仅产生了吴瑞秀的《清末各省官书局之研究》、邓文锋的《晚清官书局述论稿》两部专著，还产生了柳爱群的《晚清官书局刻书研究》、王晓霞的《晚清官书局之研究》、徐琼的《广雅书局研究》、张娟的《江苏官书局研究》、宋立的《浙江官书局研究》数篇硕、博士学位论文。这些成果中，既有总体研究，也有个案研究。总体而言，丰富而细致。

但是，相较于二十多家地方官书局而言，上述成果还有大量拓展空间，个案研究尚待深入发掘。尤其是关于山东书局的研究，成果甚少，除了相关书籍中的片段记载，仅有赵钟云的《古老的山东书局》《山东书局始末》二文勾勒了山东书局的基本面貌，提供了有关史料，提出了若干问题，列出了部分出版目录。虽有多方面的开拓,但全面探讨尚显不足。

对山东书局进行全面研究,其意义有二:

第一,学术意义。通过考察山东书局的历史,调研山东书局雕版印刷、石印、铅印的各种书籍,总结山东书局的出版特点,探讨山东书局对山东文化发展的作用以及对全国文化的影响,全面揭示清末山东印刷业的盛况,有助于山东印刷史、出版史的研究,既是对山东文化史的贡献,也是对全国文化史的贡献。

第二,现实意义。山东是圣人之乡、文物之邦,文化底蕴深厚。调研现存山东书局出版物,对做好物质文化遗产保护,挖掘中华优秀传统文化,坚定文化自信,实现伟大复兴的中国梦有重要意义。

山东书局的研究具体有七个方面:

第一,全面考察山东书局的历史,以见晚清危局与振兴文教的社会大背景。通过考察晚清地方书局的产生与发展概况,山东书局的成立时间与选址,山东书局与山东官书局、山东新设官书局、山东官印书局、山东官印刷局、山东印书馆、山左书局等名称的关系,山东书局与山东通志局的合并问题,山东书局与皇华馆书局的关系,山东书局与尚志书院的关系等,以见证晚清风云变幻的社会大势。

第二,广泛调研山东书局雕版印刷、石印书籍、铅印书籍情况,以见其发展盛况。充分利用各种书目数据及电子数据,力求目验所有山东书局出版书籍,详细著录其形貌,并与当时的各个大书局(如广雅书局、浙江书局、湖北崇文书局、江苏官书局等)作比较,以见山东书局在整个官书局出版中的位置。

第三,归纳总结山东书局的出版特点,以见其鲜明特色。山东书局既有清末地方书局出版的一般特点,如出版国学著作,覆刻翻印内府本,辑刻地方文献,适应时代需求出版大量公文,翻译西书等;又有其独立的特色,比如在内容上,经、史、子、集,无所不包,刻书重版本、精校勘等。

第四,深入挖掘山东书局的出版目的,以见其对山东乃至全国文化发展的影响。山东书局是山东历史上最重要的官方出版机构,不仅保存、传播了古代典籍,推动近代文化事业的发展,对当时的文化传播有重要的引领和导向作用,而且关注了地方文献,如《孔丛伯说经五稿》《通德遗书所见录》《山东考古录》《续山东考古录》《重纂三迁志》等对全国经史研究均有重要意义的文献。尤其是校勘精审的《十三经读本》《资治通鉴纲目四编合刻》两部大书，不仅滋养着数代读书人，还被其他书局拿去作为范本。

第五，尝试探讨山东书局的售书情况，以见其在晚清民国社会文化史上的作用。山东书局在清末开始售卖书籍，尤其是在20世纪20年代以后，以经营书籍为主，所售书目有八种，另有单页书单，基本展示了其售书数量、经营规模、经营特点、营销策略等。这些资料的探索将有助于清末民国时期社会文化史的研究。

第六，爬剔搜集山东书局与重要人物的交集，以见其发展渊源有自。重要人物对书局的影响是巨大的，如张之洞对广雅书局，曾国藩对金陵书局，丁日昌对江苏书局，马新贻对浙江书局，李鸿章、缪荃孙、俞樾、梁鼎芬、张文虎等对书局的贡献均得到学界认同。山东书局也不是一个独立的存在。它的发展离不开政府官员的支持，从奏请设局的山东巡抚丁宝桢，到其继任者任道镕、张曜、福润，再到有关官员，如文彬、李元华、长赓、郑兰、萧培元、龚易图、潘骏文、陈用宾、积庆、文格、汪鸣銮、崇保、丁彦臣、陈锦，还有编校学人匡源、陈介祺、孙葆田、张昭潜、温家钰等，无一不对山东书局的发展起着重要的作用。

第七，推广利用调研成果，以推动山东物质文化遗产保护，提升山东文化软实力，扩大山东文化影响力。山东书局不仅有大量出版物存世，还有雕版留遗，它们都是珍贵的文化遗产。尤其是雕版，全国晚清地方书局雕版存世并不多，除了浙江官书局的九十七种八万六千余[①]板片现存于浙江图书馆嘉业堂藏书楼，江苏官书局五万五千九百零七块板片现存于扬州中国雕版印刷博物馆外，金陵书局、江宁聚珍书局、淮南书局以及湖南"三大书局"的板片均在抗战期间被焚毁，尚存天壤的山东书局板片尤其珍贵。对这些板片进行研究，对现存山东书局出版物进行影印，对其精品进行再次雕刻刷印，均有利于加强对古籍的保护、研究、利用。同时，作为晚清山东文化的风向标，山东书局理应得到更广泛的宣传。实际上，知晓山东书局者很少，虽然如今的济南明府城内后宰门街建有"山东书局"，但并不对游人开放，文化遗产的保护工作还有待加强。

① 本书所引材料多为清代及1949年前，为保持体例统一，书中除年代以外的数字均用汉字。

全书共分五章，第一章勾勒山东书局的历史，第二章概述山东书局的出版情况，第三章归纳山东书局的出版特点，第四章探讨山东书局的影响，第五章研究山东书局的经营情况。名人与山东书局的关系贯穿全书，末附《山东书局文献辑录》。

作为中华典籍的守护者，面对丰富而优秀的文化遗产，笔者有责任、有义务进行全面调研。这次关于山东书局的研究是首次对山东历史上最大的官方出版机构进行全面研究，而这个研究完全是基于事实的讨论，是全面调研的结果，希望对弘扬、传承中华优秀文化传统尽一份绵薄之力。需要说明的是，限于档案资料的缺乏，有些问题没有完全得到解决，尚俟来者。

目 录

第一章　山东书局始末

作为山东历史上最大的地方官设书局，山东书局是在全国地方书局纷纷建立的大势下创设的，而这个大势是由士大夫及地方督抚发起、在皇帝谕令之下产生的。在政府主导下的山东书局，其兴起、发展、兴盛、衰落，无一不体现着清廷的意志、时代的变革。

第一节　地方书局兴起

道光、咸丰、同治时期，清政府内外交困，为挽救清朝统治，修复受灾文化，以曾国藩、李鸿章为首的士大夫、地方督抚相继在各地设局刊书。一时，地方书局纷纷兴起。

一、“书局”之名

“书局”之名有自身的历史发展轨迹。

（一）随事而设的临时编书、刻书机构

中国传统的刻书、印书作坊一般称为“堂”，而“书局”一词最早出现在宋代。司马光《进〈资治通鉴〉表》有言：“陛下俯从所欲，曲赐容养，差判西京，留司御史台。及提举嵩山崇福宫，前后六任，仍听以书局自随，给之禄秩，不责职业。臣……遍阅旧史，旁采小说，简牍盈积，浩如烟海，抉擿幽隐，校计毫厘。”①清道光间邓显鹤刊《楚宝》，开雕于宁乡学署，后因试事于

---

① （宋）司马光：《进〈资治通鉴〉表》，（宋）吕祖谦编《宋文鉴》卷六五，《四部丛刊》景宋刊本。

役省治，以书局自随。咸丰十一年（1861）[①]，言官上议以军兴以来死节赴义之士所在有之，宜搜采纂辑为书，于是诏下各直省悉如所议。湖南巡抚毛鸿宾于长沙湖南抚署附近又一村设褒忠局，聘郭嵩焘编辑《湖南褒忠录》。可见，这时的“书局”，指的是官府、团体、私人临时组织起来的编书、刻书班子，书籍编刻完毕后，人员即遣散，不是一个固定的实体。[②]

康熙四十四年（1705），江宁织造、通政使司通政使曹寅设立“扬州诗局”，奉旨刊刻《全唐诗》。康熙五十一年（1712），曹寅再度在两淮盐漕察院设立“扬州书局”，刊刻《佩文韵府》。两次设局专为刊刻某书，一为《全唐诗》，一为《佩文韵府》，至于主持者“搭车”刻私人书，非设局之初衷。两个机构均在完成刊刻任务后解散，扬州诗局存在了两年，扬州书局存在了一年零两个月。虽然这两个机构都由官方所设，且设在地方，但它们还是清廷内府设在扬州的刻书处，编校人员均为朝廷所派，实非地方所设书局，所刻的两个本子也被称“殿本”。[③]

再如，乾隆四十三年（1778）江苏巡抚闵鹗元的文告《查缴违碍书目原奏》称：“现将江苏书局办过违碍各书及各省咨查违碍各书汇开目录刊发，各府州应分发各州县教官巡典查照，晓谕士民，逐一检点，如有后开违碍各书在苏、松、常、镇、太五府州属者，呈送苏州书局查办。其在江、淮、扬、徐、海、通六府州属者，呈送江宁书局查办。其在安徽宁、池、太、庐、凤、颍、滁、和、六、泗、广等府州属者，呈送安徽书局查办。”[④]“苏州书局”“江宁书局”“安徽书局”到底是什么机构？据郭伯恭猜测：“当时各省办理违碍书籍，所有收缴检阅解京等事，日益繁忙，非督抚等所能兼顾，故另设专局以办理之。……可知当时江苏设局二，安徽设局一。他省虽无文可征，意者当时必皆设专局办理此事也。”[⑤]这大抵就是随事而设的临时机构，与晚清地方专事刊书的“书局”并不是一回事。

---

① 本书的朝代和民国纪年均在首次出现时标识公元纪年。以下不再一一标出。

② 参见寻霖：《清代湖南官书局刻书》，《图书馆》2012 年第 2 期。

③ 参见曹红军：《曹寅与扬州诗局、扬州书局刻书活动考辨》，《南京师大学报（社会科学版）》2005 年第 6 期。

④ 《中华大典》工作委员会、《中华大典》编纂委员会：《中华大典文献目录典文献学分典·目录总部》，广西师范大学出版社 2015 年版，第 448 页。

⑤ 郭伯恭：《四库全书纂修考》，岳麓书社 2010 年版，第 39 页。

(二)晚清官府出资的地方刻书机构

清同治、光绪年间,各省督抚均以“兴文教”为急务,倡导设立“书局”,“将旧存学中书籍广为补购,并将列圣御纂钦定经史各书,先行敬谨重刊,颁发各学”①。这时的“书局”虽然是政府出资,但已与上述编书、校书、刻书的官方机构有明显不同之处:一是这些书局属于地方建制,二是这些书局属于常设机构。

正因为这些书局是官方常设出版机构,在人们眼中,它们就是“官书局”,所以又有“官书局”的俗称。不过,“官书局”另有含义,它不仅包括地方督抚在各省设立的书局,还包括清廷明令设立的“官书局”以及当时的译书局。这里的“译书局”不仅指甲午之后清廷设立的编译书局,还有19世纪60年代设立的京师同文馆、上海广方言馆、广州同文馆、江南制造总局翻译馆等。而清廷明令设立的“官书局”,则是一个中央级部门。

光绪二十一年(1895),胡孚宸的奏折中出现“官书局”一词。在这份奏折中,胡孚宸提议将强学书局改为官办,建立官书局,聘订通晓中西学问之洋人为教习,常川住局,专司选择书籍、各国新报及指授各种西学,并酌派司事译官收掌书籍,印售各国新报。②

光绪二十二年(1896),孙家鼐的《官书局奏开办章程》称,光绪二十二年正月二十一日奉上谕:“总理各国事务衙门奏新设官书局请派大员管理一折,着派孙家鼐管理,钦此。”③由此,孙家鼐提了七条办法:藏书籍,刊书籍,备仪器,广教肄,求经费,分职掌,刊印信。据此,“官书局”被定义为集藏书、出版书籍与报刊、翻译和传播西学于一体的官方综合性文化机构,是清廷的“中央部门”,与地方书局是截然不同的两个概念。

因此,本书所讨论的仅是晚清地方书局,即晚清各地官府出资设立的地方刻书机构,不包括译书局和中央的“官书局”。光绪二十四年(1898)以后,这些地方出版机构陆续改称“某某官书局”,加“官”字,行文中亦沿用新称。

---

① 《清实录·穆宗毅皇帝实录》卷二〇二,中华书局1986年影印版,第604页。

② (清)孙家鼐:《官书局开设缘由》,张静庐编《中国近现代出版史料·近代初编》,上海书店出版社2003年版,第46页。

③ (清)孙家鼐:《官书局奏开办章程》,张静庐编《中国近现代出版史料·近代初编》,上海书店出版社2003年版,第47页。

二、产生背景

清代道光、咸丰、同治三朝，清政府内外交困，既要面对外来的危机，又要应付日益严重的内乱，政治、社会、经济、军事皆呈一片腐败、崩溃的现象。

（一）外患

鸦片战争使帝国主义打开了中国的大门。之后，英法联军的侵略、《北京条约》的签订，使中国完全陷入了四邻欺压的境地。“俄北瞰，英西睒，法南邻，日东眈，处四强邻之中而为中国，岌岌哉！”[①]“窃谓今日之中国，其见欺于外人甚矣！道光季年以来，彼与我所立约款税则，则以向欺东方诸国者转而欺我。于是其公使傲睨于京师，以凌我政府；其领事强梁于口岸，以抗我官长；其大小商贾盘踞于租界，以剥削我工商；其诸色教士散布于内地，以惑我子民。”[②]这些描述诚非虚言。

（二）内忧

乾隆三十九年(1774)，山东爆发了由王伦领导的清水教起义，拉开了清中叶以后大规模反清斗争的序幕，直接打击了清王朝在中原地区的统治，极大地动摇了清王朝的统治基础。嘉庆元年(1796)，全国爆发了更大规模的白莲教起义。起义军占据或攻破州县达两百多个，波及燕、齐、晋、豫、秦、蜀诸省。在历时九年多的战争中，清政府耗费军费两亿两，这相当于四年的财政收入，由此清朝元气大伤。嘉庆十八年(1813)，在河南、直隶、山东三省交界地带和京畿地区爆发了以林清、李文成为首的天理教起义，他们攻入皇宫，让清政府惊悸不安。

自鸦片战争失败后的十年间，全国大小起义有一百余次，最大者当是咸丰元年(1851)的太平天国运动。太平天国建都天京(今江苏南京)，占据长江中下游地区，至同治三年(1864)天京陷落，共计存在十四年。这不仅是中国历史上第一次在南方兴起而波及全国的农民战争，还是世界历史上规模空前的一次农民战争。次之者为爆发于黄河、淮河流域的捻军起义。自咸丰元年至同治七年(1868)，在皖、豫、鲁、苏、鄂交界地区形成了十余支相对独立的队伍，他们逐步由分散、零星的斗争趋向联合，甚至

---

① 康有为：《强学会序》，张静庐编《中国近现代出版史料·近代初编》，上海书店出版社2003年版，第34页。

② 马建忠：《拟设翻译书院议——一八九四年(光绪二十年)》，张静庐编《中国近现代出版史料·近代初编》，上海书店出版社2003年版，第29页。

深入西北地区，僧格林沁、曾国藩、李鸿章等先后率清军、湘军、淮军投入到剿捻斗争中。

随着政治上的腐败、软弱，清政府的经济危机亦逐步加深。土地兼并加剧，人口大幅度增长，农村经济逐渐破产，阶级矛盾激化，但清政府仍然采取重农抑商政策，阻碍商业发展。资本主义国家加紧了对中国的经济侵略，鸦片输入累年增加，西方资本主义势力正密谋变中国为自己的殖民地。加之吏治败坏，镇压起义军费用增加，清政府财政入不敷出，统治岌岌可危。

三、设立目的

中外冲突不断、清政府自身的腐败问题、层出不穷的社会矛盾，使中国面临着前所未有的民族危机，而各地书局的设立，即是试图解除这一危机的重要举措。

（一）挽救清朝统治

鸦片战争以来，清政府在对外作战中大多以失败告终，只得委曲求全地签订合约，这不仅使形象和尊严大打折扣，就连其一贯的统治思想也受到太平天国的否定。太平天国运动把西方基督教教义及上帝作为指导思想，视传统著作为“妖书邪说”，所到之处，毁孔庙，烧典籍，“凡一切孔孟诸子百家妖书邪说者尽行焚除，皆不准买卖藏读也，否则问罪也”①，“敢将孔孟横称妖，经史文章尽日烧”②。这种极端的文化政策从根本上否定了传统文化的权威，使清王朝统治的合法性遭到质疑。

（二）修复受灾文化

太平军横扫东南各省，大肆毁灭、删节孔孟之书，造成当地文化典籍散亡严重。镇江文宗阁、扬州文汇阁与其所藏的两部《四库全书》，分别于咸丰三年（1853）、四年（1854）毁于太平天国之战火。文澜阁在咸丰十一年太平军攻陷杭州时，阁倒书散，幸得藏书家丁丙兄弟搜罗补抄，尚存半部《四库全书》。“南三阁”《四库全书》毁掉两部半。官藏如此，汪氏振绮堂、孙氏寿松堂等私家累世藏书亦散毁于太平军。咸丰十一年，粤捻踞宁波，有三百年之久的范氏天一阁，书有散佚。江南人文渊薮，文献典藏丰

---

① 南京太平天国历史博物馆编：《太平天国印书》下册，江苏人民出版社 1979 年版，第 464 页。

② 《山曲奇人题壁》，《太平天国史料丛编简辑》（六），中华书局 1961 年版，第 386 页。

厚，但战乱之后，“吴门玄妙观前，无一旧书摊，无一书船友。俯仰古今，不胜沧桑之感矣”[①]，原来热闹的苏州书籍市场极为萧条。

同治六年(1867)，鲍源深记述了江苏学府书籍被毁的情况：“近年各省因经兵燹，书多散佚。臣视学江苏，按试所经，留心访察。如江苏松、常、镇、扬诸府，向称人文极盛之地，学校中旧藏书籍荡然无存。藩署旧有恭刊钦定经史诸书，版片亦均毁失。民间藏书之家卷帙悉成灰烬。乱后偶有书肆所刻经书，俱系删节之本，简陋不堪。士子有志读书无从购觅。苏省如此，皖浙江右诸省情形谅亦相同。以东南文明大省，士子竟无书可读，其何以兴学校而育人才。”[②]

四、书局之盛

清朝统治者深刻意识到“刊布经籍，乃兴学之要务，致用之本源”[③]，为寻求统治的合法性，恢复统治权威，重塑政治形象，加强儒家传统思想的控制，清政府打着“兴文化”的口号，先从书籍的刊刻着手。但此时，作为中央官方出版机构的武英殿已经名存实亡，无法承担这一重要任务。于是，以曾国藩、李鸿章为首的士大夫、地方督抚相继在各地设局刊书，力图振兴文教，力挽狂澜，挽清政府封建统治于既倒。

(一)督抚首创

之所以说“以曾国藩、李鸿章为首的士大夫、地方督抚相继在各地设局刊书”，是因为在同治六年皇帝谕令内阁之前，胡林翼、左宗棠、曾国藩已经开始设局刊书了，他们这些地方督抚大员均是早期地方书局的积极倡办者。

咸丰九年(1859)，胡林翼首次在湖北设立书局，刊刻《读史兵略》《弟子箴言》等书，开晚清地方书局之先河。这个“书局”不仅是编书、刻书的机构，还是管理战时兵事的机构，虽然没有正式的建置，也没有响亮的“某某书局”之名，但由地方督抚创办并延请汪士铎等人参与刊刻书籍活动，却是不争的事实。

---

① (清)叶德辉:《书林清话》卷九，岳麓书社1999年版，第214页。

② (清)鲍源深:《请购刊经史疏》，沈云龙主编，陈韬辑《近代中国史料丛刊》第十三辑《同治中兴京外奏议约编》，(台北)文海出版社1973年版，第373页。

③ (清)张之洞:《札运司开设书局》，《张文襄公全集》卷九三，民国十七年(1928)北平刻本。

关于浙江书局到底由谁创立于何年，吴瑞秀认为是左宗棠于同治三年成立的；但据隗静秋、董强的文章，浙江官书局的前身是“浙江刻书处”，是咸丰十一年左宗棠在宁波成立的。同治三年，左宗棠将宁波的工匠与浙江刻书处等机构一同搬迁至杭州，并捐纳自己的俸禄刊印了鲍氏刻本《六经》，又在杭州刊刻了《大清一统中外舆图》进呈同治皇帝御览。左宗棠本有意扩充刻书处为官书局，但不久便调离至湖北任上。这说明左宗棠并没有成立浙江书局，他创立的只是浙江刻书处，且此刻书处并非官方机构，他刻书都是花的自己的钱，不是官资。①

在镇压太平天国的过程中，曾国藩意识到太平天国用“拜上帝教”鼓动人心，用书籍宣传他们的思想，由此他萌生了重建“理学经世”的文化秩序的想法，并试图以此与太平天国宣传的教义对抗。咸丰十一年八月，曾国藩在日记中写下“始谋创立书局，筹款刊刻经史”，这是他设立书局的最初想法。在进兵安庆之时，曾国藩就派黔南大藏书家莫友芝遍访王夫之遗书，为创建书局做准备。同治元年(1862)，莫友芝在《郘亭日记》写下为曾国藩筹设书局的想法，但在当时未能实现，不过曾国藩幕府已经出现了刻书的活动。同治二年(1863)，曾国藩正式在安庆开书局，拟定书局章程事宜，这便是金陵书局的雏形。同治三年初，书局转移至金陵，迁至冶城山，最后移至飞霞阁。同治四年(1865)十月，《船山遗书》刊刻完成，凡三百二十二卷。同治五年(1866)，曾国藩校读，作《船山遗书序》。同治六年，曾国藩再回金陵任两江总督，正式定名书局为“金陵书局”。② 对于定名一事，李志茗认为，“金陵书局”之名未见于曾国藩经理期间。李鸿章接任两江总督后，即旧局鸠工开雕善本，利用曾国藩书局的资源，刊刻了第一部书《周易本义》，这部书有“同治四年金陵书局开雕”字样，说明其已使用“金陵书局”这个名称。同治六年，曾国藩回任，李鸿章命张文虎等暂止其书局，但曾国藩既不予停止，也“不议撤”，反以该局为基础，与其旧书局进行整合，正式命名为“金陵书局”。③ 这一点应值得注意。

---

① 参见隗静秋、董强：《“顺势而行”的晚清官书局创置与衍变——以浙江官书局为中心的考察》，《中国出版》2013 年第 12 期。

② 参见雷慧杰、王鹏飞：《曾国藩重刻〈船山遗书〉与官书局的出现》，《中国出版史研究》2016 年第 3 期。

③ 李志茗：《旧籍新刊与文化传衍——以晚清官书局为中心的考察》，《福建论坛(人文社会科学版)》2015 年第 2 期。

同治四年，李鸿章在苏州设“江苏书局”，继由江苏巡抚丁日昌加以扩大。[1]

同治五年，左宗棠攻克福州，设“正谊堂书局”，专刻张伯行编《正谊堂全书》。此书是著名的儒家文献丛书，被称为“宋儒理学之渊海”。

以上数人，都是在鲍源深上书之前自觉设局刊书的地方督抚，至于谁是地方书局的首创者，学界一直讨论不休。张宗友认为：“最早设局刊书的，当属胡林翼；首开设局刊刻经籍风气的，应推左宗棠；而声名远播、影响最大的，则是曾国藩。”[2]这种说法比较公允。

（二）谕令推广

同治六年，皇帝谕内阁：“鲍源深奏请饬刊刻书籍颁发各学一折，江苏等省自遭兵燹以后，各府州县学中旧藏书籍大半散佚，经史板片亦皆毁失无存。现在地方已就肃清，亟应振兴文教，士子有志读书，而载籍难于购觅，其何以资讲贯而惠艺林。着各直省督抚转饬所属，将旧存学中书籍广为购补，并将列圣御纂、钦定经史各书，先行敬谨重刊，颁发各学，并准书肆刷印，以广流传，俾各省士子得所研求，同敦实学，用副朝廷教育人才至意。”[3]

在得到清廷的认可和支持后，马新贻、李瀚章、曾国荃、刘坤一、吴棠、骆秉章、毛鸿宾、杜瑞联、张之洞等地方大员陆续在各地设立书局。比如：

> 同治六年，两江总督李鸿章创设江宁聚珍书局。
>
> 同治六年，浙江巡抚马新贻创设浙江书局。
>
> 同治六年，湖广总督李瀚章、湖北巡抚曾国荃创设崇文书局。
>
> 同治六年，两广盐运使方濬颐、钟谦钧创设广东书局。
>
> 同治八年(1869)，两淮盐运使方濬颐创设淮南书局。
>
> 同治十年(1871)，直隶总督李鸿章创设直隶官书局。
>
> 同治十年，陕甘总督左宗棠创设陕西书局。
>
> 同治十一年(1872)，四川总督兼成都将军吴棠创设成都书局。
>
> 同治十一年，江西巡抚刘坤一创设江西书局。
>
> 同治十二年(1873)，陕甘总督左宗棠创设甘肃书局。
>
> 同治十二年，湖南巡抚毛鸿宾与前任巡抚骆秉章创设传忠书局。

---

① 张娟：《江苏官书局研究》，河南大学硕士学位论文，2016 年，第 10 页。

② 张宗友：《试论晚清官书局的创立》，《文献》1999 年第 4 期。

③ 陈文新主编：《〈清实录〉科举史料汇编》，武汉大学出版社 2009 年版，第 918 页。

光绪五年(1879),山西巡抚曾国荃创设濬文书局。

光绪五年,云南巡抚杜瑞联创设云南官书局。

光绪十二年(1886),湖广总督张之洞创设广雅书局。

光绪十五年(1889),广西巡抚马丕瑶创设桂垣书局。

以上仅举代表性的书局,并非晚清地方书局的全部。这些书局的创设,无一不是基于书籍缺乏的现状而制定刷印刊刻的计划。如马新贻的《建复书院设局刊书以兴实学折》:

浙省自遭兵燹,从前尊经阁、文澜阁所存书籍均多毁失,士大夫家藏旧本,连年转徙亦成乌有。军务肃清之后,省城书院如敷文、崇文、紫阳、孝廉堂、诂经精舍均已先后兴复,举行月课。惟书籍一项,经前兼署抚臣左宗棠饬刊《四书》《五经》读本一部,余尚未备。士子虽欲讲求,无书可读,而坊肆寥寥,断简残编,难资考究,无以嘉惠儒林。自应在省设局重刊,以兴文教。当经臣批饬迅速举办,即于四月二十六日开局,一面遴派笃实绅士分司校勘,并先恭刊钦定《七经》、御批《通鉴》、御选《古文渊鉴》等书,昭示圭臬。其余有关学问经济,为讲诵所必需者,随时访取善本,陆续发刊。一切经费在牙厘项下酌量撙节提用。现仍分饬在局绅员认真校刊,并谆饬各属设法筹劝,尽复书院,勤行考课,以仰副圣主雅化作人至意。再,从前钦定诸经,卷帙阔大,刷印工价浩繁,寒士艰于购取。臣此次刊刻,略将板式缩小,行数增多,以期流传较易,庶几家有其书,有裨诵习。①

江西巡抚刘坤一的《设局修经籍片》:

江西各属屡遭兵燹,不但各学藏书散失无存,即民间经史子集善本版片亦俱焚毁殆尽,士子诵习无资,实于文教大有关系……臣现饬候补道缪德棻会同各司道仿照江苏、湖北等省办法,另立书局……查藩司署内本藏有御纂钦定各经等项书板,历年久远,残缺不全,难以刷印。……遂遴选积学之士,雇募精熟匠人,先将藩署旧存书板,逐加查看,分别补修。②

① 高尚举:《马新贻文案集录》,中央民族大学出版社2001年版,第162页。

② (清)刘坤一撰,陈代湘、何超凡、龙泽黯等校点:《刘坤一奏疏》,岳麓书社2013年版,第300页。

山西巡抚曾国荃的《设立书局疏》:

奏为晋省设立书局，先刻善本《四书》《六经》以便士民。次议重修省志以存文献，恭折仰祈圣鉴事。

……

其时东南各省先后设局，将经史各书刊刻齐全，本省艺林莫不利赖。独晋省僻处边陲，尚未兴办。臣莅晋后，查书肆既无刊印官书，即南省已刻之书又因道路艰险无人贩运到晋。凡市肆所售者率皆讹误，不堪卒读。近十年来岁试文童入场者，大县多不过百余人或七八十人，小县或五六十人、三四十人不等。士为四民之望，今应试者如此其少，正气摧残可概见矣。又查院司道府及通省州县教佐、各衙门书吏，能解字义者百不得一。至于能通文气、明白起承转合者，千吏之中无二三人焉。每遇公事急需，咨移、申详、札饬、告示，全仗本官与刑钱幕友一手经理。彼庶人之在官者，名虽列于卯册，实不能辨甲乙。夫以一县之大，公牍之繁，一官之精力能有几何？一幕之赞襄安能毕举？而署中书吏不能制办公牍草稿，将欲励精图治，安得不引为己忧？凡此皆由于地方诵读太少之故。是以一署之吏不足供一官之用，书籍既无善本，士虽有志攻读，对此讹编，亦安有不望而却步哉？若不及时振兴文教，刊刻成书，则以后晋之为晋更难望臻上理矣。此刊书所亟宜兴办者也。

又查《山西通志》，自雍正十二年编辑后，迄今百数十年未及重修。事关三晋文献，何可任其湮没弗彰？况同治年间，捻逆渡河，地方被蹂躏者十数属，男女殉节义者若而人。继以七年之歉收，三年之大祲，户口则流亡过半，赋税则蠲缓频颁，仓谷则悉数皆空，善后则百废未举。正宜登诸记载，昭示后来。庶几贤明之吏上下皆有稽考，相与力图补苴经理，弥二十年方可望渐复元气。此志书所亟宜重修者也。凡属官晋土者，睹此情形，莫不忧心如捣。

臣迭与阎敬铭往返函商，阎敬铭亦谓此二事者刻不可缓。臣遂率同署藩司江人镜、臬司薛允升、冀宁道王溥酌定章程，在于太原府城内设立濬文书局。一面选派晓畅经史正佐各员，将《四书》《六经》《小学》《近思录》《呻吟语》《牧令全书》《五种遗规》《荒政辑要》各书，悉心雠校，招匠刊刻。拟俟刻成之后，即令书肆刷印，以广流传。今年秋收如获丰稔，自当延聘本省博通淹雅、多识能文之儒，纂修全省

> 通志，并请分纂、协修之士相助为理。第此项经费所需亦巨，理宜在于晋省殷实之家劝捐筹办。惟地方屡次输将，民力亦甚拮据，势难普行捐办。臣檄饬司道于开局后遴委公正廉明之员，择地方饶富较多之户，如榆次、太谷、祁县、平遥、介休、临晋各县尚可启齿，诚能苦口劝导，谕知富绅量力做助，亦可集腋成裘。晋省富绅夙明大义，谅必敬恭桑梓，踊跃乐输。庶几在下则可略寓潜移地方风俗之转机，在上则可少助圣朝教士养民之雅化，或亦不无小补。[①]

督抚大人拳拳兴教之心溢于言表，其功绩也日益显现。对此，叶德辉赞曰："洪杨乱中原，回捻同携贰。中更几劫灰，五厄罹其二。曾左命世英，所至搜文粹。苏扬官局开，闽浙踵相继。精镂仿宋元，余亦称中驷。插架幸苟完，簿录分条例。颁师瞿木夫，近刻搜罗易。"[②]

（三）规模盛大

关于晚清成立的官书局数量，《中国印刷近代史（初稿）》统计有四十九所，《简明中华印刷通史》统计有五十一所，均包括京师同文馆印书处、江南制造局印书处、京师编译局、京师官书局、学部图书局、福州船政学堂、四川武学书局等非典型意义的地方官设书局。[③] 另外，邓文锋的《晚清官书局述论稿》说有四十余所，吴瑞秀的《清末各省官书局之研究》统计有三十九所。不过，有一些书局，如山东书局与皇华书局、福建福州书局与正谊书局、广西桂林官书局与桂垣书局是否为一个书局，吴瑞秀未敢断定，但在统计时将其重复作为两个书局对待；贵州书局、河南官书局、吉林官书局、新疆官书局、兰州官印书局等，未有具体成立时间，疑为新设之官书局，甚至贵州书局只有奏请设立的折，是否真的成立则不能判断，这些都计算在三十九所之中。还有个别书局，吴瑞秀统计中未列入内，如湖南官书局，大约成立于同治十一年前，前身是"长沙府学宫尊经阁"，刻书约五十种。关于湖南官书局、传忠书局、思贤书局三者的关系，寻霖的《清代湖南官书局刻书》一文讲得很清楚。[④]

---

① （清）曾国荃：《曾国荃全集》第一册《奏疏》，岳麓书社 2006 年版，第 446 页。

② （清）叶德辉：《书林清话》，中华书局 1957 年版，第 261 页。

③ 参见吴瑞秀：《清末各省官书局之研究》，载《古典文献研究辑刊初编》第十一册，（台北）花木兰出版社 2005 年版，第 26～30 页。

④ 参见寻霖：《清代湖南官书局刻书》，《图书馆》2012 年第 2 期。

现仅将名称确定、成立时间确定的各省书局列如下(见表 1、表 2)：

表 1　　按省排序的地方书局

省份	书局名称	成立时间
江苏	金陵书局	同治二年
	江苏书局	同治四年
	江宁聚珍书局	同治六年
	淮南书局	同治八年
	江楚编译局	光绪二十七年
福建	正谊书局	同治五年
浙江	浙江书局	同治六年
广东	广东书局	同治六年
	广雅书局	光绪十三年
山东	山东书局	同治九年
湖北	崇文书局	同治六年
四川	成都书局	同治十年
	存古书局	宣统元年
直隶	直隶官书局	同治十年
	天津直隶官书局	同治十年
	北京直隶官书局	光绪二十二年
陕西	陕西书局	同治十年
江西	江西书局	同治十一年
湖南	湖南官书局	同治十一年
	传忠书局	同治十二年
	思贤书局	光绪十六年
甘肃	甘肃书局	同治十二年
山西	濬文书局	光绪五年
云南	云南官书局	光绪五年

表 2　　按成立时间排序的地方书局

省份	书局名称	成立时间
江苏	金陵书局	同治二年
江苏	江苏书局	同治四年
福建	正谊书局	同治五年
江苏	江宁聚珍书局	同治六年
浙江	浙江书局	同治六年
广东	广东书局	同治六年
湖北	崇文书局	同治六年
江苏	淮南书局	同治八年
山东	山东书局	同治九年
四川	成都书局	同治十年
直隶	直隶官书局	同治十年
直隶	天津直隶官书局	同治十年
陕西	陕西书局	同治十年
江西	江西书局	同治十一年
湖南	湖南官书局	同治十一年
湖南	传忠书局	同治十二年
甘肃	甘肃书局	同治十二年
山西	濬文书局	光绪五年
云南	云南官书局	光绪五年
广东	广雅书局	光绪十三年
湖南	思贤书局	光绪十六年
直隶	北京直隶官书局	光绪二十二年
江苏	江楚编译局	光绪二十七年
四川	存古书局	宣统元年

在近代中国内外交困、救亡图存成为时代主题的历史背景下，晚清地方书局因曾国藩等中兴名臣的文化自觉与大力扶持而得以广泛设立。这些地方书局为恢复、振兴封建文教开始大量刊刻传统典籍，为近代中国教

育、自强及改良运动奠定了传统思想文化的文献基础。朱士嘉称，官书局是“传布文化、普及教育的无名英雄”[①]；刘声木《苌楚斋续笔》曰：“（官书局）刻印四部中要籍，流传甚广。平时人视之，若不甚措意。日本那波利贞撰《燕吴载笔》□卷，中言中国各省设立官书局，叹为文化设施之最良事业，甚为歆美。”[②]堪称至论。

第二节　山东书局之始

山东设局略晚于江南几大书局，它是在对内全力剿捻、对外抵御资本主义经济侵略、文化遭受重大损失之后，由山东巡抚丁宝桢创设的。

一、同治初年的山东形势

当江南各地正如火如荼地设局刊书之时，山东从上到下正与捻军做斗争。从咸丰末年捻军入山东始，“剿捻”成为山东政事的主旋律，直至同治七年，山东都是全国剿捻的主战场。山东民众饱受战乱之苦，而资本主义的入侵，亦使山东的经济、文化深受影响。

（一）剿捻为首要任务

捻军在山东的影响虽然较晚，但持续时间比较长。

捻军是晚清时期起源于淮河流域的农民武装的统称，因此也被清政府称为“捻匪”“皖捻”。在大规模活动的二十余年里，捻军纵横驰骋于皖、豫、鲁、苏、鄂、陕、冀等省，而豫南、皖北、鲁西和苏北是其主要的活动区域。捻军与江南的太平天国遥相呼应，对清政府的统治发起了有力的冲击。

道光二十年（1840），山东就有捻军活动，主要在曹州府。咸丰以后，捻军开始小规模骚扰山东西部地区，而山东的中西部地区在北伐太平军和皖捻的影响下，不断涌现出各式各样的武装，如幅军、文贤教军、长枪会军、宋景诗黑旗军、张积中黄崖山军、淄川刘德培军等，这些武装与捻军相

---

① 朱士嘉：《官书局书目汇编·引言》，周振鹤编《晚清营业书目》，上海书店出版社2005年版，第40页。

② 刘声木：《苌楚斋续笔》卷三，沈云龙主编《近代中国史料丛刊》第二十二辑，（台北）文海出版社1966年版，第3页。

互动,不时撼动着清朝统治者的神经。因此,这一阶段,清政府对捻军的防剿措施主要是督饬各地方官尽力剿杀在本境内作乱的捻军。

自咸丰十年(1860)开始,捻军便经常大规模骚扰山东。咸丰十一年和同治六年,捻军两次深入包括胶东地区在内的山东腹地。清政府为了早日解决捻军问题,相继任命僧格林沁、曾国藩、李鸿章为剿捻钦差大臣,统筹包括山东在内的诸省官军剿捻活动。近十年间,清军、湘军、淮军先后驰骋于山东各地,山东也因此成为剿捻的主战场。其中,以清军在山东剿捻的时间最长,僧格林沁也最终命丧山东。曾国藩先采用河防之策,一年后,李鸿章继承这一策略并逐渐完善之,最终于同治七年在山东茌平剿灭捻军。

(二)经济卷入资本主义市场

第一次鸦片战争中,由于山东及沿海各地积极备战,英军没有北上,鸦片战争的硝烟未弥漫于齐鲁大地,也未对山东的政治、经济产生较大的影响。但鸦片战争后,中国开始沦为半殖民地半封建社会,山东人民同全国人民一样,除了受清政府的压迫、剥削外,还遭到外国资本主义的侵略和掠夺。加之山东是历史上的老灾区,道光十五年(1835)春,山东潍县出现大旱,夏天又淫雨连绵,秋天发生虫灾,次年大饥,以致瘟疫流行,灾民纷纷逃亡东北,潍县城内,饥民充斥,道殣相望。山东本来就人多地少,丰收之年尚且难以维持温饱,面对如此严重频繁的自然灾害,人民生活的困苦也就不难想象。

第二次鸦片战争后,烟台成为对外通商口岸之一,同治元年一月正式对外开放,设立东海关。从此,外商及传教士蜂拥而至,十几个国家在烟台建立领事馆,烟台成为帝国主义进攻山东的桥头堡。帝国主义的鸦片、工业品纷纷进入山东,而山东地区的土特产品也被掠卖出国。这样,山东地区的社会经济开始卷入资本主义世界市场,山东也成为帝国主义肆意掠夺的重点对象。外国经济的入侵,不仅破坏了山东的自然经济,而且把山东变成了帝国主义经济的附庸。

(三)文化遭受重大损失

与太平军横扫江南,对江南文化造成重大损失一样,捻军在山东十年也使齐鲁文化遭受了巨大损失。

1. 书籍之损失

聊城杨氏海源阁,是我国晚清四大藏书楼之一,由杨以增建于道光二十年，历经四世，绵延几达九十载，藏书近三十万卷。一时南北精品，荟萃山左，打破了明清以来藏书只汇集在南方的局面，与常熟瞿氏铁琴铜剑楼并称“南瞿北杨”。杨氏在山东肥城西华跗庄建有乡间别墅，名曰“陶南山馆”，著名的“宋存书室”和“四经四史之斋”即位于陶南山馆之内。杨氏之书五分之二藏于聊城祖宅阁，五分之三藏于陶南山馆。

咸丰十一年初，捻军首次深入山东腹地，进至肥城西部，前锋直抵陶南山馆，并与清兵在此展开了激战，杨氏别墅遂陷于兵交之中，所藏秘籍损失殆半。据杨绍和记载：“烽火亘千里，所过之区，悉成焦土。二月初，犯肥城西境，据予华跗庄陶南山馆者一昼夜，自分珍藏图籍，必已尽付劫灰。及寇退，收拾烬余，幸尚什存五六。而宋元旧椠，所焚独多，且经部尤甚。”[①]宋本《毛诗》《监本纂图重言重意互注点校毛诗》《春秋经传集解》《三续千字文注》皆成残帙。

即使三十卷宋本《毛诗》仅余三卷，杨氏仍视之为珍宝，“钱遵王有言，此等书无论其全不全，譬诸藏古玩家收得柴窑残器半片，便奉为天球拱璧，而况镇库典籍乎？”[②]

2. 书板[③]之损失

安丘李湘茝，字春畹，有《碧琅玕馆诗钞》一卷、《碧琅玕馆词钞》一卷，咸丰间李氏家刻本，同治二年昌乐陈槃补刻。陈槃跋称，李春畹此书成后三十余年，由其婿也就是陈槃之兄陈植刻成，但刷印不多，都分给亲友了。“咸丰十一年二月，贼大至，余急避于先生村西之刘山。时先生已殁，其长君尹亭为余妹婿，亦在难中，苍黄惊顾，莫知所出。但见烈焰逼霄，烽烟四起，山麓村落，大半焦土。对此苦况，当向尹亭言，他物，余无庸代君忧，所虑者，《碧琅玕馆诗词》刻耳，为之奈何！尹亭亦相与频唤奈何而已。今岁秋，问及兰坡嫂氏，则板遭兵火后，从败簏中搜出，依然无恙，现存潍城，余见之如获拱璧，慨然曰：‘玉石俱焚，佛劫亦灰，笔墨之灵，其有呵护于其间耶？’遂商同二三知己，醵资重印数十部，而余敬为之跋，聊以附名骥尾。”[④]

---

① (清)杨绍和：宋本《毛诗》题识，《楹书隅录》卷一，清光绪二十年(1894)聊城杨氏海源阁刻本。

② (清)杨绍和：宋本《毛诗》题识，《楹书隅录》卷一，清光绪二十年(1894)聊城杨氏海源阁刻本。

③ 书板是雕刻以供印刷的板子，是文字的载体，是书籍的母体。

④ (清)陈槃：《跋》，清咸丰安丘李民刻同治二年(1863)昌乐陈槃补刻本。

咸丰兵火，人且莫能安，何况板片乎？私家刻书之板片，不知如此板之有幸者，大概能有几何。

3. 人才之损失

日照许瀚是清代著名小学家，他在目录、版本、校雠及金石等方面亦卓然成家，被龚自珍称为“北方学者第一”。他虽然晚年得了中风，偏瘫，但校书不止。居家期间，频遭捻军骚扰，给他的生活和学术研究造成了极大的困扰。他在《与秀水高伯平书》中备述捻军犯境后的辛苦：

> 辛酉二月，贼又至，不由前道，掠西境而退。五月又至，又掠西境而退，八月乃大至，由西境入，转而北，长驱入登莱，及其归，又穿东境，越敝邑而南，往返蹂躏，其何以堪！有舍表姪李涛善侍弟疾，朝夕相从，不离左右。八月初，闻贼至，相率入山。已旬日，忽欲归取食物，弟阻之不能。十一日早，未及出而贼已入，杀之庭中。已而贼渐逼山，邻众急舁弟登山，露坐通宵，乘高望各处火光不绝，比晓，弟山下所居室亦焚矣。贼退，小儿下山视之，室中物俱为灰烬，独苾翁（按：吴式芬）书散弃崖谷间，收而裹之。[①]

早在咸丰十年正月，捻军一部克清江浦，许瀚著作《攀古小庐文》板毁于火。而咸丰十一年九月，即上文“庭中杀人”之后，捻军李成部驱入登莱，穿东境，越日照县境，许瀚家藏《说文解字义证》板片皆毁。

五十卷《说文解字义证》，是曲阜桂馥垂四十年所成，书成后未刊。从道光六年（1826）开始，许瀚在京与诸城李璋煜、安丘王筠等开始对此书进行校订；至二十二年（1842），聊城杨以增邀请许瀚于济宁校刻；至二十六年（1846），杨墨林连筠簃出资刊刻；二十七年（1847）四月，此书在清江浦开雕；自此，又迭经移局赣榆之青口镇，至咸丰二年（1852）五月，此书刊成。咸丰六年（1856），杨墨林病故，其弟亦覆舟而亡，书板未能归杨，于是庋藏许瀚家。但此次捻军越日照县境，邻众舁许瀚登山避难，许瀚携带的吴式芬遗书底本散弃崖谷间，历经二十七年刊刻而成的《说文解字义证》板片及许瀚家中藏书皆毁。

因捻军骚扰，许瀚的学术活动大受影响，而他珍藏的山东贤人著述及板片亦不能幸免。许瀚的晚年经历，集中体现了捻军对山东文献的破坏。

---

① 丁原基：《许瀚之文献学研究》，（台北）华正书局1999年版，第25页。

二、山东书局创办者丁宝桢

当江南各地纷纷设局刊书之时，山东仍处在剿捻热火之中，山东巡抚丁宝桢亲自奋斗在剿捻第一线。同治七年，捻平；八年，丁宝桢即设书院；九年(1870)，设书局，开始了他发展文教之旅。

丁宝桢(1820～1886)，字稚璜，贵州平远人。咸丰三年进士，历任翰林院庶吉士、编修，岳州知府、长沙知府。同治元年十一月署理陕西按察使，同治二年正月任山东按察使，同治三年八月任山东布政使，同治五年十一月署理山东巡抚，同治六年二月实授山东巡抚。光绪二年(1876)九月擢四川总督。光绪十二年四月去世。追赠太子太保，谥号"文诚"，入祀贤良祠，并在山东、四川、贵州建祠祭祀。

(一)平定叛乱的将才

丁宝桢是作为剿捻干将被朝廷派往山东的。

咸丰十一年，淮北捻军成规模地进入山东，其足迹已不限于山东运河沿线地区，其兵锋已踏遍胶东地区和黄河以南的山东大部，对山东官绅产生了极大震动。朝廷考虑到山东地势紧要，而又缺乏精兵良将，为了早日解决山东匪患，急需干员入鲁。同治二年正月，丁宝桢便被调往山东剿捻一线，任山东按察使。

朝廷之所以起用丁宝桢，是因为他在丁忧居乡期间，为平定遵义杨隆喜造反，倾尽家财招募了八百名壮士保卫家乡。丁忧期满，他又协助贵州巡抚蒋霨远平定苗民教匪叛乱，先后收复平越、独山等城池，积累了丰富的带兵打仗经验。朝廷在谕旨中申明了调其入鲁的初衷："山东捻教各匪叠次肆扰，淄川县城为团匪刘德培等所据，而东昌降匪复啸聚直隶、山东交界处所肆意焚掠，军务处处吃紧。""惟山东军务紧要，该省既无得力之兵，又无知兵之将，丁宝桢所募勇丁定能得力。前已据报起程，著即星速驰抵东境，遇贼即击，务将各股匪次第剪灭，俾东省早就廓清，方为不负委任。"①

丁宝桢在山东先平定了宋景诗叛乱。同治三年八月，改任山东布政使。同治五年十一月，朝廷恩准前任巡抚阎敬铭因病调理三个月，由丁宝

---

① (清)丁宝桢:《迅赴东省现抵河南许州折》,《丁文诚公奏稿》卷一，清光绪二十二年(1896)南海罗氏成都刻本，第5页。

桢暂署山东巡抚。在配合李鸿章剿捻的过程中，丁宝桢为保护胶东富庶之地免遭捻军破坏，意欲驱逐捻军出山东境，而李鸿章意在灭捻于山东。二人就此产生过很深的矛盾，但丁宝桢率军奔驰东昌，驱捻军南窜，救京畿于危急，却深得朝廷褒奖。大规模捻军于同治七年被剿灭，丁宝桢可谓功不可没。

(二)辅国佐治的政才

丁宝桢是一位中兴名臣。他生活在中国发生大变局的时代，面对外敌“船坚炮利”的现实，丁宝桢致力于“求富自强”的洋务运动。光绪元年，丁宝桢奏请清政府批准，在济南北郊建山东机器局，引进国外机器设备，制造火药、马梯尼洋枪，使山东机器局成为“师夷长技以制夷”的典范。光绪二年，丁宝桢升任四川总督，他借鉴山东机器局的经验，创办了四川机器局。山东、四川机器局的创办，是两省近代工业的开端。由此，文格称丁宝桢为“中兴翊运名臣”①。

丁宝桢还是一位治河名臣。同治十年，黄河在山东郓城决口。丁宝桢亲赴工地，指挥抢险两个月。同治十二年，黄河再次遭遇大决口，丁宝桢再次率民众历时半年筑起二百五十里的障东堤，使此地近百年来不再决口，保证了方圆几百里村庄的安全。光绪三年(1877)，时任四川巡抚的丁宝桢组织了大修都江堰的工程，往返勘工十余次，最终建成永久性的防洪堤。

丁宝桢更是一位佐国大臣。他诛杀安德海的事迹最为人所传诵，此举使朝野上下人心大快。同时，他积极举荐德才兼备的下属官吏：治河务，他举荐丁彦臣；办洋务，他保举薛福成、张荫桓；御外侮，他提拔长庚、鲍超。在山东为官的龚易图、李元华、文彬、陈锦等均是他的得力干将，他的政绩在很大程度也得力于他的用人之道。除此之外，他还为湖北盐法道山东滕县王东槐奏请建祠。丁宝桢的前任阎敬铭在《诰授光禄大夫赠太子少保四川总督丁文诚公墓志铭》中称：“抚东且十年，吏治称于天下。”②

(三)重兴文教的儒才

陈田在《〈黔诗纪略从编〉传证》中称，丁宝桢“综核吏治而不废儒雅，

① (清)孙葆田：《丁稚璜宫保六十寿序(代文式甫中丞作)》，《校经室文集补遗》，民国吴兴刘氏嘉业堂刻本。

② 《丁宝桢诞辰180周年纪念资料汇编》，《贵州文史丛刊》，2007年，第84页。

在蜀聘湘中名士王闿运为诸生师。蜀人多以经学词章发名成业”[①]。此处所指为丁宝桢创建尊经书院,并延饱学之士在书院讲学。丁宝桢有功于士林实自山东始。

丁宝桢虽久有“兴文教”之意,但因戎马倥偬,无暇顾及。直至“大兵告捷,全境肃清,始得班师旋省。乃慨然曰:‘武功定矣,将有事于文教焉’”[②],开始刊书籍,建书院,修文庙,增号舍,大力贯彻其偃武修文之思想。

首刊农政书籍。农业是社会经济基础,为发展经济,丁宝桢著《蚕桑贴说》一书,分发全省。山东巡抚陈士杰奏请为丁宝桢在山东建立专祠,他在折中称:“大乱之后,民多游手,该督臣劝谕四境,种树桑麻,著有《蚕桑贴说》,分行东省。”丁宝桢考虑到长期战乱造成了大量讼案,力图恢复以往正常的司法秩序,遂集思广益,编撰并刻印了《理讼集议》一书,发放至各州县推广奉行。据陈士杰折载:“复虑讼狱繁多,传讯扰累,乃檄现任、候补官吏,各抒己见,择其切中时弊者,著为《理讼集议》,饬各州县实力奉行。”[③]这两部书是在山东书局创设前刊刻的,未标有“山东书局”字样。除了著书、刻书,丁宝桢对他人刻书也多有资助,如资助泺源书院院长匡源于同治八年刊刻《泺源书院课艺》;资助长洲王鹄于同治五年刊刻周永年《先正读书诀》;调离山东前一月为山东试院刊刻《来宾聊咏》作序。

次创尚志书院。同治八年,丁宝桢在马跑泉街金线泉侧建尚志书院。此处原为李清照故居,后为明进士谷继宗别墅。丁宝桢在《新建尚志堂记》中说:“昔孟子有言曰:‘予未得为孔子徒也,予私淑诸人也。’兹堂之设,是亦窃比私淑之义,欲与诸生共相勉效,而姑以救末学之弊云尔。且夫末学之弊,其始以学市利,而其后即因利废学,以学市利而害在学。……故欲救今日之学,则必自去利始。欲求其进学之方,则必自尚志始。尚志矣,然后可与言学;可与言学,然后可与言仁义。吾故曰‘尚志’之设,是亦窃比私淑之意,欲与诸生共相勉效,而姑以救末学之弊者,此也。”讲明其设书院的目的是“救末学之弊”。同治九年(1870)二月,尚志书院建

---

① (清)陈田:《〈黔诗纪略从编〉传证》,《丁宝桢诞辰180周年纪念资料汇编》,《贵州文史丛刊》,2007年,第87页。

② 毛录霖:《续修历城县志》卷十五,民国十五年(1926)历城县志局铅印本,第7页。

③ 刘晓焕:《丁宝桢著作考》,乔万敏、俞祖华、李永璞主编《中国近现代史史料学国际学术讨论会论文集》,新华出版社2005年版,第215页。

成并开始招生，讲明正学。丁宝桢手书堂额曰“尚志”，榜其门曰“金泉精舍”。“尚志”二字取孟子之言，“仁义”之意。① 因书院内正堂名“尚志堂”，所以尚志堂也就成了尚志书院的别称。②

因省城旧有之泺源、景贤两书院，膏火微薄，诸生饘粥不资，丁宝桢便设法加增膏火，延名师主讲，每课亲行按临。

学院发展，人才勃兴，原有的考棚号舍也不敷使用。于是，丁宝桢决意“增建号舍，添设房考”，在历城县贡院东北空地添建一千五百七十间，西北空地添建一千四百三十间，共三千间。

另外，丁宝桢还重修提督学政署，增修济南府学及泺源书院，延请匡源、李元细等名师在济南各书院主讲，并倡导增修或重建各州县学校，促进济南府所属州县义学的发展。同治八年四月，丁宝桢上奏折申请经费维修曲阜文庙，朝廷饬两江、湖广总督各筹银两万两汇解山东，予以资助。

当然，在文化建设方面，丁宝桢做的最大且最有影响的一件事便是创建山东书局。

三、山东书局的相关问题

由于原始资料较少，加之少有人关注，山东书局存在许多问题尚不明确，有待一一辨明。

（一）山东书局成立时间

山东书局的成立时间，至今未有定论。丁宝桢的《传》《墓志铭》没有提及，《丁文诚公奏稿》《十五弗斋文存》《十五弗斋诗存》亦未有所载，丁宝桢未刊奏折等原始资料中也无记载。限于条件，档案资料未获全睹，其成立时间只能推测或参考他人结论。

目前，关于山东书局的成立时间有下列几种说法：同治九年说，见万启盈编《中国近代印刷工业史》③和洪友生《晚清时期山东的刊刻出版业》④；同治八年至九年说，见济南市档案局（馆）编《穿越时空的记忆：济南

---

① 《孟子・尽山上》：“王子垫问曰：‘士何事？’孟子曰：‘尚志。’曰：‘何谓尚志？’曰：‘仁义而已矣。’”

② 参见刘晓焕：《丁宝桢与近代济南教育建设》，济南教育学院济南文史研究室编刊，徐北文、李永祥主编《济南文史论丛初编》，济南出版社 2003 年版，第 233 页。

③ 万启盈编：《中国近代印刷工业史》，上海人民出版社 2012 年版，第 243 页。

④ 山东省出版总社出版志编辑室编：《山东出版志资料》第八辑，1989 年，第 41 页。

档案史料探微》[1];同治十一年说,见谢桃坊《中国市民文学史》"同治十一年开设山东书局、江西书局"[2]。

赵钟云根据净雨《清代印刷史小纪》引《中国雕板流源考》云:"自同治己巳,江宁、苏州、杭州、武昌同时设局后,淮南、南昌、长安、福州、广雅、济南、成都继起。"由此推断,山东书局成立的时间上限,不能早于同治己巳即同治八年。又根据山东书局同治十年刻有《程氏家塾读书分年日程》《验方新编》等书推断,山东书局成立时间应是同治八年或九年,而以同治九年的可能性最大。[3] 因一部书从选题、编辑(校勘)定稿到雕板印刷,不可能在极短时间完成,所以这个推断是合乎情理的。本书即采用此说法。

(二)山东书局的地址

山东书局成立之初,地址在后宰门街。

后宰门街是济南旧城的一条老街,东西长三百五十米左右,南距巡抚部院署一百五十米,东端起于县西巷,西端止于百花桥。此街商铺林立,文化气息浓厚,同治时的庆育药店、光绪时的九华楼饭庄、民国时的同元楼饭庄以及启明印书社,均在此街。

山东书局坐落于后宰门街路南,距百花桥不足百米,前店后厂,现仅存东屋和南屋的东墙。此墙为老建筑,东邻现在的田家公馆。据现居住在东屋的崔峰介绍,1954 年他搬居此处,20 世纪五六十年代,书局的格局还在,东西宽十一米,南北长二十六米,临街有三间二层北屋,二楼临街墙面镶嵌着高一米、宽两米多的石质匾额,上书"山东书局"四字。一楼摆放柜台,经营图书;二楼阁楼是仓库,存放待销图书。直至 20 世纪 70 年代初,此屋才改建成现在的平房,石匾也随建筑垃圾一同倒掉,不知所踪。出北屋往南,是东西两屋,这两屋当年是装订车间。再往南,是南屋,南屋南侧有一印刷厂房,南屋与厂房之间有一小河道,河水由南面不远处鸭子湾的泉水汇集而成,从百花桥下汇入百花洲。20 世纪 60 年代,街道生产组在此用土法生产纸张,就是用院内河水淘洗纸浆,将制成的纸贴在街道的墙上进行晾晒。想必当年山东书局雕版印刷以及新式印刷用水均端赖

---

① 济南市档案局(馆)编:《穿越时空的记忆:济南档案史料探微》,中国档案出版社 2007 年版,第 38 页。

② 谢桃坊:《中国市民文学史》(修订版),四川人民出版 2015 年版,第 332 页。

③ 参见赵钟云:《古老的山东书局》,济南市政协文史资料委员会编《济南文史精华》,济南出版社 1997 年版,第 264 页。

此河。

光绪二十八年(1902),山东书局改为“山东官书局”,由官府拨款招商承办,此时还在后宰门。

山东书局有“迁址”一说,且看相关文献记载:

> 民国三年(1914)出版的《济南指南》云,山东书局在后宰门。
>
> 民国十四年(1925)前铅印本《山东书局石印精本书目》封面题“山东书局图书目录,电话七百七十一号”。虽未言地址,但与下条所用电话相同,地址应无变化。
>
> 民国十四年铅印本《山东书局木板书籍目录》内封题“发行所:济南后宰门街。电话:七七一号”。
>
> 民国十五年(1926)山东书局铅印本《山东书局铅石印各书目录》,封面下有四行小字“电话:七百七十一号。地址:济南后宰门街”。
>
> 民国十六年(1927)出版的《济南快览》云,山东书局在后宰门。
>
> 民国二十年(1931)山东书局铅印本《山东书局图书目录》封面题“图书目录,山东书局印赠,济南后宰门街,电话七百七十一号”。封面亦有出版时间“民国二十年三月十九日”。

也就是说,山东书局从成立一直到民国二十年三月,地址一直在后宰门;但从民国二十二年(1933)始,文献记载山东书局的地址有变化:

民国二十二年《山东书局图书目录》记载的地址为“院西大街西首路北 82 号”。同年的《济南商工人名录》亦记此地址。

在民国二十三年(1934)八月出版的实业部国际贸易局编的《中国实业志》中,山东书局的地址变成了“大布政司街”。民国二十三年十月出版的罗腾霄编著的《济南大观》载:“济南书局,政司街。”又载:“山东书局,经理孙达卿。地址:院西大街。”在这同一部书里出现两个不同地址的书局,想必此“济南书局”非彼“山东书局”也,《中国实业志》有可能搞混了。赵钟云在《山东书局始末》一文中推测,“院西大街西首路北”与大布司街南首相接,这应该是一个地址,此说有道理。

民国二十七年(1938)八月济南日本商工会议所编印的《济南商工人名录》载:“山东书局,营业所:院西大街 82 号。经理陈雅如。开业日期:民国十一年二月。”民国十一年(1922),山东官书局改由私人经营,官本收回。这只能说明,山东官书局的性质变了,原来是官办,现在是私营。注意此条中的“营业所”三字，如果说后宰门山东书局还存在的话，那么院西大街的这个只能是门店地址，而非迁址。

济南市档案馆“临76.1.335”号卷“1939年《工商业登记》第三册”载：“新书文具业：山东书局，营业范围：书籍文具。经理：张百祥。地址：院西。”可见，民国二十八年(1939)，经理为张百祥。

贡世卿在《解放前济南新旧图书业概况》一文中称：“民国十五年后，经理为孙达卿，后由陈亚如任经理，济南解放前歇业。该店先在后宰门街，后迁院西大街路北。”①贡文认定迁址的事情确实存在。陈亚如，应即陈雅如。

有一个问题值得注意，如果山东书局迁至院西大街，那么原后宰门的山东书局是如何处置的？不过，据前述崔峰的介绍，山东书局好像一直都在，并没有被别的商家取代。“迁址”一说值得怀疑，估计只是在光绪二十二年后于院西大街设了一个门市部，经售书籍和文具，其售书目录印的联系地址自然是门市部的地址。山东书局后宰门原处仍旧保留，毕竟从天南海北运来的书籍，需要一个非常大的空间。据它的各种售书目记载，最多时有四千多种书，如此，确实需要一个很大的仓库。或许，后宰门原址就是山东书局的书库，处于繁华闹市区的院西大街新址则是它的门市部。

光绪末年，新学兴起，新式印刷方式被广泛应用。光绪三十一年(1905)《北洋官报》“各省新闻”栏目有“记山东官书局近事”：“济南官书局向所售各种书籍，多从上海购来，颇能畅消(按：销)。刻又购印字机一副，由学务处委员为提调，借用师范学堂空屋开印经史各书，印成者已四五十种，各处学堂皆发样本以便学者购阅。”②此处讲的是山东书局购买铅字印书机，在山东师范学堂(也就是当时的院西大街)空屋印书之事。当时的山东师范学堂虽然已经从山东大学堂脱离，二者没有从属关系，但大抵都归学务处主管。估计，山东书局将板片移交山东大学堂，以此为交换，借用山东师范学堂空屋重新开机，而原址已不再从事雕版印刷了，故此形成了一种不再经营的印象，加之院西大街门市部名声叫响，“迁址”一说由此产生。

(三)山东书局的人员

书局是一个官方机构，总要有人打理，像浙江书局设总办，江苏书局

---

① 贡世卿：《解放前济南新旧图书业概况》，《济南文史资料》第五辑，1984年，第182页。

② 《北洋官报》第744期，清光绪三十一年(1905)，第8页。

设提调，江楚编译局设总纂，山东书局也有提调官，估计是总管全局事务的。光绪十二年，山东书局刻许梿编《洗冤录详义》，当时的巡抚张曜谕令提调官高其镇付梓。同年，山东学政陆润庠与布政使崇保合请山东书局刊刻清周兆基辑《佩文诗韵释要》时，也是嘱托的高其镇。高其镇，字辅山，南皮人，同治元年进士，历任堂邑、泗水、清平知县，光绪十年(1884)在泗水任上，十三年(1887)山东书局刊《重纂三迁志》时，他与陆保霖等同任校刊，衔名是"前刑部主事同知衔试用知县"。他是目前所知的山东书局的唯一一个被称作"提调官"的"正式人员"。常理上讲，具体局务也当由专人董理，但所设职级等无记载。崇文书局、广雅书局、淮南书局、金陵书局设有专职的编辑校对人员，山东书局似没有专职司校。

山东书局的校刊人员，仅见于《十三经读本》《资治通鉴纲目四编合刻》《各国通商条约》三部大书。通过这三部书的人员名单，发现真正从事校对的都是些没有实职的候补人员，如各道候补道、候补知府、候补同知、候补知州、候补通判、候补知县，再就是编修、各部郎中、各部主事、举人、教谕、监生、贡生、附贡生、岁贡生等。丁宝桢序《资治通鉴纲目四编合刻》"惟是博雅之士群萃一堂，专任之员兼收善本"，此"专任人员"概指专任《资治通鉴纲目四编合刻》人员，非常驻书局者，更非局务人员。且不说那些上自巡抚下至各道道员的官府实职人员有正常的行政任务，不可能真正从事校刊工作，就是三品衔前任吏部左侍郎翰林院编修匡源，其正职是泺源书院院长，陈锦说匡源在校刊《资治通鉴纲目四编合刻》时"日与诸生局员转相讨论"，其讨论的也是这部大书，是在书院讨论的，并非所有山东书局刻书他都有参与。再如"久预斯役"的温嘉钰，他是有虚衔的"六品衔知县用山东候补县丞"，或"同知直隶州用山东候补知县"；接受赴川后的丁宝桢委托的"认真经理"的吴梦龄，也是"知州衔候选知县前山东诸城县训导"。据此推测，山东书局若刊某书，先成立班子，设督刊、总阅、监理、总校、监造、正校、襄校、分校等人员，然后由这些人员带领尚志堂诸生进行校刊。温嘉钰在单独成册的《资治通鉴纲目正编校勘记凡例》中云："诸生则以敬书堂刻本粘签添注地理，又照钞清本交书局写刻。"丁宝桢序曰："会尚志堂肄业诸生张昭潜等精舆地学，乃作《地理续考》以附原《注》《质实》之后。"说的是该书附刻了一种《地理续考》，而《地理续考》的作者就是尚志书院的学生们，如潍县张昭潜等。又说"肄业诸生，近闻佥加砥砺"，皆指《资治通鉴纲目四编合刻》的最基本工作是由书院师生做的。由此可以想见当时山东书局的人员组合情况。

至于刻书的工匠，亦非专门人员，而是临时选用的。如《资治通鉴纲目四编合刻》因为部头太大，“工匠六十余人，计字发价，待刻甚急，稍迟则枵腹堪虞”。《十三经读本》中《孟子》一书后有刻工信息：“梓人章邑高益三。”此处可知，山东书局或有从外地聘请刻工之事。

(四)山东书局与尚志书院的关系

人们往往认为山东书局与尚志书院为同一个单位。

首先，二者既非一个单位，更不在一处办公。尚志书院地址在马跑泉街金线泉侧，山东书局地址在后宰门。二者成立的时间也不一样，尚志书院成立于同治八年，山东书局大约成立于同治九年。二者虽然都是官办，但一个系学校，一个系出版机构。

其次，二者虽然是两个单位，但关系非同寻常。山东书局刻经部大书《十三经读本》，由丁宝桢亲自主持刊刻，并撰《校刊记》，是明确的山东书局刻书，但其牌记题：“同治十一年山东书局开雕，尚志堂藏板。”此藏板地颇令人深思：当时的济南有学署，还有另一个省级大书院——泺源书院，既然是山东书局所刻，为何单单署“尚志堂藏板”？其实，板藏尚志堂，不仅因为丁宝桢创建了尚志书院，而且因为尚志书院做了大量的工作。尚志书院不单纯是一个藏板地，尚志书院的师生为书局的出版做编辑工作，且这种编辑工作一直都在进行。

《十三经读本》中的大多数书是“同治十一年山东书局开雕，尚志堂藏板”这个牌记，只有《诗经》《书经》不同。《诗经》书牌为：“同治壬申山东书局开雕，光绪辛卯春重校并补刊”，《书经》书牌为“光绪辛卯据宋本重校补刊书序一卷书传问答一卷”。可见，此二书在光绪十七年(1891)重校补刊过。校补者为荣成孙葆田，而孙葆田正是尚志书院的人。看来，尚志书院为山东书局进行人力输出是经常性的。

从《资治通鉴纲目四编合刻》一书更可看出，尚志堂实际上就是山东书局的编辑部。济南解氏藏有丁宝桢致吴梦龄书札：“尚志堂诸事，得阁下认真经理，足可为永远规模。肄业诸生，近闻佥加砥砺，此则鄙人之所厚望也。《纲目》一书，昨奉鹤泉先生(按：匡源)来函，《续编》已交局四十二卷。《前编》稿本已竣，现缮至八卷。《正编》现亦纂至十卷，本年想可告成。阁下督催履紧，诸生亦校勘甚勤，将来刊刻成功，士林传观，共称善本，则为功后学良不浅也，欣胜何似。”从此信可以看出，尚志堂师生的肩上承担着山东书局重要的编辑任务。

还有一点值得注意,当时的省级书院泺源书院,在尚志书院成立后,就没有出过书。可以说,尚志书院与山东书局密切配合,基本取代了泺源书院在山东出版界的地位,垄断了山东同治、光绪时期官刻中学术著作的刊刻。在此,顺带辩证一下尚志堂刻书与山东书局刻书到底在哪些地方让人产生迷惑。

民国十四年《山东书局木板书籍目录》中有《尚志堂图书目录》,列书七十三种。其中,有因纸张不同并列两条者,有丛书和零种并列者,除去重复和子目,仅得五十六种。这些书中,有山东书局刻者,有尚志堂刻者,有尚志堂藏板者,有至今未见有印本者。具体如下:

(1)山东书局刻者有二十九种,这是有明确山东书局标志的。

(2)明确作尚志堂刊者或署"尚志堂藏板"者有五种:《张杨园先生集》《省心录》《荒政辑要》《程氏家塾读书分年日程》《春秋大事表》。从这些书的内容看,的确是尚志堂诸生研习所用。

(3)在尚志堂校刊,实为个人所刻者有五种:陈锦校刊的《文庙从祀位次考》《有明于越三不朽图赞》,孙葆田所刻《泽雅堂文集》,潘清荫的《历朝统系图》《直省分道属境歌略并图》。

(4)学政所刻一种:《学规举隅》。

(5)另有十六种:《蚕桑萃编》《格言联璧》《胡文忠公遗集》《回安澜辑要》《痘疹定论》《公门果报录》《经验良方》《明刑管见录》《牧令书节要》《劝善要言》《四库书目序》《四书集注》《宋名臣言行录》《正续小儿语》《人谱》《傅青主女科》(附《产后编》)。其中,有些不是尚志堂刊的,只是板子存在这里。如《胡文忠公遗集》,同治五年刻,有牌记:"同治五年仲春山左重刊。"前有同治五年山东巡抚朝邑阎敬铭序于东平军次,知此书先由阎敬铭同治元年编于湖北按察司,未刻丁忧,次年,湖北刻成后寄给阎氏,龚易图、文彬等人又醵金在山东刻成。时尚志书院和山东书局均未成立,可能此板后来存在尚志书院。而《人谱》《傅青主女科》(附《产后编》)都是丁彦臣个人出资刊刻的,委托文友堂刻字铺雕刻,板子存在尚志堂。

以上五十六种,是民国十四年刷印售卖时板子还有存的。除此之外,还有若干与尚志堂、山东书局有关的书籍。

由私人所刻、在尚志堂校刊的,有四种。光绪九年(1883)潍县张昭潜刻《新雕徂徕石先生文集》，除第二卷、第八卷外，在每卷（包括末卷）卷端第一叶下均刻有“尚志堂藏板”。光绪十年春，潍县后学王之翰《序》：“爰与二三同志醵金付梓。”实为张昭潜个人所刊。张昭潜还为乐安李焕章校刊《织斋文集》，有牌记：“光绪丁亥五月校刊于尚志堂。”但封面题：“张次陶先生订本，乐安李氏藏板。”看来，板子是归李氏的。以上两书，校刊者大多为尚志堂诸生。尹彭寿的《汉隶辨体》，有牌记：“光绪乙未年四月刊于尚志堂。”但版心下刻“诸城来山园”，“来山园”是尹氏堂号。孙葆田所刻《明文正气集》，亦为个人所刊，板存尚志堂。

由丁宝桢“鉴定”、板藏“尚志堂”的“局本”有两种。光绪十六年(1890)，山东书局刻裕德撰《经籍要略》，内将《程氏家塾读书分年日程》《春秋大事表》作为“局本”。《读书分年日程》刻于同治十年，封面题：“陆清献公原定本，朝邑阎丹初中丞、平远丁穉璜少保鉴定，同治辛未冬山东尚志堂重雕。”《春秋大事表》刻于同治十二年，封面题：“锡山顾复初先生原本，同治癸酉秋平远丁稚璜少保鉴定重雕，山东尚志堂藏板。”二者均提到丁宝桢“鉴定”，板皆藏于“尚志堂”，故后来者如裕德就认为这两部书是“局本”。

尚志堂与济南的刻字铺文友堂还有关系。《省心录》封面题：“同治庚午，尚志堂藏版。”《荒政辑要》封面题：“同治辛未秋重刻，山东尚志堂藏版。”二书均有“板存山东济南府后宰门街文友堂”。文友堂至迟在同治七年前开业，此二书一刻于同治九年，一刻于同治十年，估计是尚志书院委托文友堂刊刻的，尚志堂拥有版权，但此板究竟藏在哪里，说不清楚。或板有先存后存之别，刷印时间不同，板藏地也有变化。

鉴于以上山东书局与尚志堂刊书很难分得那么清楚，故本书所探讨的山东书局刻书，仅限于明确标志为山东书局所刻者。

（五）山东书局与皇华馆书局的关系

皇华馆书局之名，见于历城马国翰《玉函山房辑佚书》《玉函山房目耕帖》二书的同治补刻本。二书原本为马国翰于道光、咸丰间所刻，刻成之后，即藏于其婿章丘李宝赤家，因密藏于夹壁而躲过了捻军兵火。李宝赤曾印行数十部。同治十年，丁宝桢欲为广布，命李宝赤取二书书板运至皇华馆书局，书局补刊了其中残缺的若干篇章，时任泺源书院主讲的匡源为其补了总目并冠以序。这次刷印，补刻了牌记，题：“同治十年辛未济南皇华馆书局补刻。”此后，光绪九年长沙琅嬛馆依原板刊刻印行，湖南思贤书局据此本改刊为袖珍本以便携带。马氏二书不胫而走，端赖皇华馆书局补刻刷印之功，皇华馆书局也在中国出版史上留下了印迹。

皇华馆，是接待来山东主持乡试的主考和副主考官的公馆，在山东书局东北方向，即今济南市立一院南邻。关于山东书局与皇华馆书局的关系，有两种观点：一种观点认为，皇华馆书局与山东书局是两个不同的书局；另一种观点认为，皇华馆书局、皇华书馆、皇华书局都是山东书局的早期称谓。赵钟云推测："清代乡试，一般三年举行一次，一处公馆三年使用一次，其余时间闲置，岂不可惜。由官府用作文人聚会、编校书籍之所是极为可能的。随驻所而署'皇华馆书局'（或正式命名为皇华馆书局）是合理的。也可能是山东官书局筹办、初创时的驻址和名称。"①张稚庐则认为，皇华馆是山东书局的作坊。②

从常理上讲，山东书局创办于同治九年，为了造声势、创品牌，同治十年刻书时也该用"山东书局"之名，而不是"皇华馆书局""山东书局"并行。个人认为，补刻工作是临时性工作，故所设机构有可能是临时性机构，且目前尚未见有皇华馆书局的其他出版物。因此，皇华馆书局为一临时性机构亦有可能。

（六）与山东书局类似的几个名称

目前所见山东书局有以下几个相关名称：山东书局、山东官书局、山东新设官书局、山东官印书局、山东官印刷局、山东印书馆、山左书局。

光绪二十八年，山东书局由官家招商经营，改称"山东官书局"。这是有记载的，且据清末《山东全省官书局书目》"全省官书局"亦系"山东书局"。因此，这两个名称是接续的。赵钟云推测，山东新设官书局也就是山东官书局，而山东官印书局、山东官印刷局、山东印书馆是与山东书局无关的名字，因为它们是印刷机构，而不是出版机构。至于山左书局，应该就是山东书局。

赵钟云推测山东书局、山东官书局、山东新设官书局、山左书局是一个单位，这应该是对的；山东官印刷局是另一个单位，这也是对的；至于山东官印书局、山东印书局，尚需再探讨。

1. 山东官印刷局

山东官印刷局是民国时官方印刷机构，它的正式名称为"山东省政府

---

① 赵钟云：《山东书局始末》，济南市政协文史资料委员会编《济南文史精华》，济南出版社1997年版，第261页。

② 参见张稚庐：《济南旧时的雕版作坊》，《春秋》2012年第2期。

印刷局”，又称“山东省公署印刷局”，至晚成立于民国十六年前。目前所见此局最早的出版物是民国十六年铅印本《屺瞻草堂经说三种》和《山东全省职员表》。它的性质是官办官营，地址约在济南南门，紧邻山东省行政人员训练所。

民国十九年（1930），据《秘书处报告山东省政府印刷局呈请将前奉令准于省预备费内拨借之一万五千元改为常年流动基金应否照准请公决案》，时任局长为赵竹贤，所借为民国二十年的经费，内有“专印专售各项糟粮券各种税票等件”“营业逐渐发展”①字句。看来，因其为政府所设，有专营项目保证它的基本收入，亦有对外服务。

民国二十三年，该局有印刷中国银行纸币的业务。② 民国二十五年（1936）二月二十八日，山东省民生银行指定山东省政府印刷局印制角券，并与之订立合同，印刷各种角券共两千四百万张，合票面洋五百万元。③三月，又有“兹定于四月五日开工印制”，请山东省民生银行派员莅局监视之函。④ 两函均有“山东省政府印刷局”公章。

民国二十九年（1940）八月十三日，山东省公署秘书处、建设厅联合提案，关于修理“前官印刷局”房屋事。《提案》称：“查前官印刷局遗存各项机器物件，向由秘书处保管。”⑤可知，此时山东省政府印刷局已停办。此《提案》附《前山东省官印刷局旧址平面略图》，从图上看，局毗邻山东行政人员训练所，大门南向，分前、中、后院，面积不小。

民国三十一年（1942）四月九日，山东省公署建设厅厅长庄维屏为山东省公署印刷局成立给所属各分局的训令，称：“案奉省公署行省秘文字第九二号训令内开：查前山东省官印刷局，自经事变，机件多有损毁，一时未能恢复，送经本署派员保管，并设法整理，先行筹设本公署印刷所，徐图扩充，拟具方案提出，第二八三次省政会议通过，业于本年二月一日组织成立，承印本署及附属机关一切公用文件、票据、刊物，暂时不做对外营业。查组设该所方针，原为划一公文用纸，及求迅速便利，并节约公物起

① 《山东省政府委员会政务会议精案续编》，第1022页。

② 1934年3月23日，印刷局致山东中国银行函，有“请赐票样以便有所标准”语。见山东省档案馆卷J115-03-1028-003-011。

③ 见山东省档案馆卷J115-03-0855-047-029。

④ 见山东省档案馆卷J115-03-0855-047-032。

⑤ 见山东省档案馆卷J102-22-0024-002。

见，既经开办，所有本署及各级机关一切印刷品，自应交由该所承印，以昭整齐。”①

以上可知，该局曾在抗战伊始停业，又于民国三十一年恢复，恢复后只对政府服务，不对外承接业务。目前所见该局出版的书有九种，其中以民国二十二年印行山东省政府秘书处编《山东古迹名胜大观》影响较大。

2. 山东官印书局、山东印书局

对山东官印书局、山东印书局，要注意两个字，一个是“印”字。此“印”字使大多数人把“两局”理解为印刷机构，故将其排除在山东书局之外。实际上，这是新的印刷技术传入中国使然。光绪三十年(1904)左右，因为大规模使用新的铅印、石印技术，传统的注重“雕刻”的雕版印刷，逐渐被注重“印刷”过程的铅印、石印取代。这时，“印”在出版过程中被提到重要位置，“两局”确为印刷机构，但并不意味着其没有自主“出版”功能。清末的出版和印刷应该不会分得那么清楚，出版兼印刷是通常的经营模式，一般不会在出版功能之外将印刷功能单列出来。也就是说，山东官印书局、山东印书局也与山东书局一样，是印刷兼出版的单位。

另一个是“官”字。山东官印书局带有明显的“官”字，表明它与官方有关。既与“官方”有关，那它与官方的“山东书局”或“山东官印刷局”肯定有某种联系。假如它是纯粹的官方印刷单位，那它与山东官印刷局的性质就一样了。至于二者有无接续关系，据目前所掌握的材料，山东官印书局的出版活动都发生在清光绪末年，民国时没有出版物；山东官印刷局则起于民国十六年前，二者之间有近二十年的空档。至于山东官印书局与山东书局有无承续关系，可从以下三方面考察：

时间上，山东官印书局共有出版物二十二种，有明确出版年代的十二种，其中光绪二十九年(1903)五种，光绪三十年两种，光绪三十二年(1906)五种。这个时间倒是能和山东书局续上，因为山东书局有明确出版时间的除光绪二十九年两种外，其余都在光绪二十九年前，其中又以光绪二十八年最多。

内容上，山东官印书局出版的多为学校教材，这明显是“新时代”的产物。山东书局出版的也是新学和学校教材。

形式上，山东官印书局大多有牌记，字体设计等很普通，缺少山东书

---

① 见山东省档案馆卷 J102-21-0041-012。

局牌记的艺术性。

同样，山东印书局虽然未冠“官”字，但并不意味它不是官方机构。如果它不是官方的，那会有个明确的名字，而非仅冠以“山东”二字。它的出版物清末时有六种：主要在光绪二十九年、光绪三十年；民国二十五年有一种，即《牟平县志》。内容方面，有乡墨、会墨，学校教材等，与山东官印书局、山东书局都有某种相似性。

一省在省城同时拥有三个官方出版印刷单位，这有些不合情理。况且，山东官印书局、山东印书局的主管机构是谁，它们的业务除了出书还有什么，这些都没有资料佐证。通过比较，除了艺术上有些许不同外，其他似能说通三者为一体，许是当时称呼不一，导致今天的混淆。

上文所引山东书局借用师范学堂空屋印书，说印成者已四五十种。如果单单统计目前所存山东书局的铅印本数量，不足二十种，但加上山东官印书局和山东印书局的铅印本数量，有四五十种。“各处学堂皆发样本以便学者购阅”，似又说明山东书局所印书大多是学校教材，而署“山东官印书局”“山东印书局”出版的正是这类书籍。

以上辩证，似能说明山东官印书局、山东印书局与山东书局是一家；但为谨慎起见，本书对山东官印书局、山东印书局出版物不作讨论，而三者的真正关系，尚俟更充足的证据加以证明。

第三节　山东书局兴衰

地方书局创设之初，有其明确的目的，即刊印经史，挽救世道人心，挽救清廷统治。这确实收到了很好的效果，以至一度出现文化上的“同光中兴”。随着甲午战争失败，有识之士强烈呼吁教育改革，作育新型人才，提倡学习西方。在此背景下，作为引导社会思潮的出版业，也经历了数次阵痛与变革，在清末出现一个出版小高潮后，即逐渐式微，最后淡出历史舞台。

一、刊刻经史，首创辉煌

万启盈说，山东书局“曾刊印《十三经注疏》《历代通鉴纂要》《荒政辑要》《玉函山房辑佚书》等刻本三百余种”①；洪友生《山东省出版大事记》②亦云有三百多种。但实际上，山东书局刻书有四十余种，加上子目达七十余种。这个数量与广雅书局、浙江书局、湖北崇文书局、江苏官书局相比，还有一定的差距，但在全国二十多个地方书局中仍处于中等位置。

山东书局全盛时期可分两个阶段：一是同治九年至光绪二年，二是光绪二年至光绪二十年(1894)前。第一阶段是丁宝桢抚鲁时期，第二阶段主要是任道镕、张曜、福润抚鲁时期。

全盛时期，所有书籍均为雕版印刷品，没有石印、铅印等新型印刷产品。所刻内容非常全面。首为经史，有《十三经读本》《资治通鉴四编合刻》《周易本义》《孟子要略》《小学集注》《通德遗书所见录》《孔丛伯说经五稿》《井田图考》等。次为山东地方文献，有《止止堂集》《敬亭集》《蒿庵集》《山东考古录》等。此外，还有关注民生的医书《验方新编》《世补斋医书》，农书《农政全书》；关注教育的《劝学篇》《经籍要略》《经籍举要》等士子导读书目；注重教化的《圣谕广训衍说》《朱柏庐格言诗》《儒门法语辑要》，包括弘扬孝文化的清二帝注《孝经》以及《二十四孝弟诗辑注》等；资政的有《筹济编》《佐治药言》《学治臆说》《续学治臆说》等；关注时事的有《山东军兴纪略》《清咸丰同治间定各国条款条约章程》。

这个时期所刻书籍以及出版特点将在本书第二、三章详细介绍。

二、经费支绌，裁并合局

洪友生的《晚清时期山东的刊刻出版业》③提到山东书局停业事，并将停业时间定为光绪二十一年以后至光绪二十八年以前。而黄林的《晚清新政时期图书出版业研究》则曰：“早在1894年，山东巡抚李秉衡就以筹办海防需款为由，将山东书局并入了通志局。”④1894年为光绪二十年。黄林所说确有实据。

---

① 万启盈编：《中国近代印刷工业史》，上海人民出版社2012年版，第243页。

② 洪友生：《山东省出版大事记》，《山东出版志资料》第八辑，山东人民出版社1989年版，第70页。

③ 洪友生：《晚清时期山东的刊刻出版业》，《山东出版志资料》第八辑，山东人民出版社1989年版，第41页。

④ 黄林：《晚清新政时期图书出版业研究》，湖南师范大学出版社2007年版，第126页。

（一）合局史实

光绪二十年，甲午战争爆发。数日后，李秉衡抵济南就任山东巡抚。李秉衡(1830～1900)，字鉴堂，奉天海城人。曾任冀州知州、永平知府。光绪十年移任广西按察使，二十年五月授安徽巡抚。未之任，甲午战争爆发，清廷调李秉衡为山东巡抚。二十三年(1897)，李秉衡调任四川总督。

李秉衡甫到山东任，就精简机构，裁汰冗员，积极筹措海防。他在光绪二十年八月二十九日《奏裁并各局片》中说：

> 再，东省筹办海防，款无所出，惟以裁并局员，节省糜费，为目前第一要义。臣甫经到任，又须出省布置防务，先择局费太繁、委员太冗者，与司道等悉心参酌，分别裁并。除工程局停撤外，如厘金、土药、军械并入善后为一局，赈抚、赈捐并为一局，书局、通志并为一局，均委藩司汤聘珍总办；保甲、机器两局，均委臬司松林总办；南、北两运并为一局，派委运司李希莲总办；洋务、河营及河防局，均委济东泰武临道张上达总办，概无薪水。其会办、提调、收支、文案必不可少者，即于候补道府同通州县中每局遴委数员，分司其事，酌给薪水。余俱裁撤。核计每月经费节省颇巨。此外如有应因应革事宜，容臣查明次第举行。谨先附片陈明。伏乞圣鉴。谨奏。[①]

据此可知，在这次“机构裁并”中，山东书局确与山东通志局合并。山东通志局设于光绪十六年，时巡抚张曜因山东自雍正修《山东通志》后，百余年没有新修史志，于是奏请开局，聘孙葆田为总纂，续修《山东通志》。次年，张曜去世，修志之事遂搁置，但机构未动，名称亦存。光绪三十一年，山东巡抚杨士骧重整志局。此时，山东书局已于光绪二十八年析出，以山东书局、山东官书局、山东新设官书局之名重新出版书籍，与山东通志局无甚瓜葛了。

（二）合局原因

李秉衡在奏折中说，经办海防、经费不足，是其精简机构的主要原因。确实，甲午海战在山东沿海打响，李秉衡匆赴烟台筹办海防。数月间，日军先后攻占荣成、威海卫军港、文登、宁海，李秉衡不仅要处处布防，驱驰于前线，还要在后方做好战备。光绪二十年十二月，他请旨从南运局等处筹款十二万两，扩建山东机器局，新建大枪厂、熟铁厂、枪子厂、轧铜厂、军火库等厂房八十余间；又于光绪二十一年三月奏请在历城设立车局一处，

---

① (清)李秉衡撰，戚其章辑校：《李秉衡集》，中华书局2013年版，第198页。

以备运送军装，支应战时运输。这些均需大量资金。

即使没有海防任务，李秉衡面对的也是一个“多事之秋”。据《济南市志》记载：光绪十九年(1893)，历城大风霾，长清县冰雹；光绪二十二年，长清县蝗虫。这是自然之灾。光绪十九年，章丘县胡家岸黄河决口；长清县路家庄、焦家寨及平阴县邓庄民埝黄河漫溢；光绪二十二年，历城县青阳湾黄河因漏洞决口；章丘水灾；光绪二十三年，历城、章丘两县交界处小沙滩、胡家岸黄河冰凌拥塞，水势陡涨，民埝冲刷成口，水由郭家寨大堤残缺处注齐东、高苑、博兴、乐安等县入海。这是黄河之灾。加之光绪二十年，济南府属州县抗清斗争活跃，光绪二十三年，山东义和拳开始。① 这一切都需要资金，需要人力去办理。所以，在光绪二十二年七月初十《奏东省认还洋债并无专款可拨折》中，李秉衡诉说：“诚以东省岁赋所入止有此数，无事之时出入仅足相抵。自光绪二十年海防事起，募勇购械之费，一年至一百数十万两，库款搜括无遗，不得已奏请截留京协各饷，并留用海防捐输，始克勉强支持。”“山东环海为疆，倭兵尚驻威海，偿款一日不清，防营一日难撤。”“两年中如归并局务，裁汰冗员，比较厘金，清查关税，凡可以祛积弊而归正用者，固已较及锱铢。然只能化私而为公，不能强无而为有。”左支右绌，捉襟见肘，令其极为忧虑：“第就山东以论山东，所虑为数太巨，为期太远，年复一年，终恐难乎为继，是又夙夜旁皇，所不能已者。”②

以上可知，吴瑞秀所言“惟因经费支绌，刻印经史诸书不多，故未能与江南各省书局鼎立”③实非虚言。

(三)并未停业

以上所知，洪友生文章所言停业，并非真的停业，而是并入山东通志局，掩其山东书局之名，给人的感觉是不再出版书籍了。

实际上，就目前掌握的资料来看，山东书局在光绪二十四年刻过张之洞的《劝学篇》二卷，有牌记：“光绪二十四年山东书局刊印。”二十七年(1901)刻过罗泽南的《小学韵语》一卷，有牌记：“光绪辛丑仲冬山东书局重刊。”除此二种，确实在这几年中未见山东书局所刻其他书籍，看来这的确是山东书局的萧条期。万启盈《中国近代印刷工业史》说，山东官书局与通志局合并后，添置铅印设备，“曾石印师范教科书十余套(现藏济南师

① 济南市史志编纂委员会编：《济南市志》第一册，中华书局 1997 年版，第 23 页。

② (清)李秉衡撰，戚其章辑校：《李秉衡集》，中华书局 2013 年版，第 544 页。

③ 吴瑞秀：《清末各省官书局之研究》，(台北)花木兰出版社 2005 年版，第 40 页。

范图书馆)"①。但他所言的师范教科书未见,大抵指光绪二十八年官府拨款招商后大规模印刷书籍之事。

三、新学勃兴,售卖旧籍

光绪二十八年,山东在原山东书局基础上成立新设官书局,由政府拨款招商,以新的印刷方式继续出版书籍,并从外地引进石印、铅印机械,以降低成本,提高工效。

此时的山东书局除了称"山东新设官书局",亦称"山东官书局""山东官印书局""山东印书局"。这些混在一起的名称一直持续到光绪末年。

这时的山东书局以出版新学书籍为主,有睁眼看世界、介绍国外情况的《英法俄德四国志略》《万国通商史》,有"中体西用"的《周礼政要》《熙朝纪政》《皇朝政典挈要》《评鉴阐要》,有富国强兵的《圣武记》《读史方舆纪要序》《大清岁计政要》《续富国策》,还有大量教育用书,比如废除八股至废除科举之间的教育改良应试教材《经义约选》《四书义》《周礼政要》《东莱博议》,蒙学教材《普通学歌诀》《历代帝王年表》《帝王庙谥年讳谱》《韵史》《支那通史》《山东州县歌略并图》《皇朝直省府厅州县歌括》《直省分道属境歌略并图》《小学韵语》等。这些主题的书籍,无不体现了寻求救国图强良方的美好愿望,希图通过改良、改革达到维护旧体制的美好愿望。

这一时期的山东书局,不仅出版书籍,还开始"经营"、售卖书籍。从南方图书业发达的省、市采办书籍,然后运回济南平价发售。天津文美斋南纸局主人焦书卿说:"宪谕承办山东官书局,采购各省官刊官译之书暨沪上各学堂译社公私所译课本图册,减轻成本,来东发售,仍随棚运赴各府厅平价出售,以便购阅而广风气。现各书业已购办齐全,开明书目价单,张于贾区。"②

上节引清光绪三十一年《北洋官报》"各省新闻"栏目"记山东官书局近事":"济南官书局向所售各种书籍,多从上海购来,颇能畅消(销)。刻又购印字机一副,由学务处委员为提调,借用师范学堂空屋开印经史各书,印成者已四五十种,各处学堂皆发样本以便学者购阅。"这是对此期既印又销的山东书局模式的最好概括。

---

① 万启盈编:《中国近代印刷工业史》,上海人民出版社 2012 年版,第 243 页。

② 《山东全省官书局书目》,清光绪二十九年(1903)山东书局铅印本。

关于此期山东书局的出版及经营，将分别在本章第二章、第五章详细介绍。

四、专事经营，蒸蒸日上

中华民国成立以后，政府因财政困难，实行裁政减并的方针，各省官书局纷纷停办。据书目记载，民国二年(1913)，山东书局有石印本《绘图双凤奇缘》十卷八十回；至民国二十四年(1935)，有铅印范公勉编《书法述要》一卷《附录》一卷，这是民国改元之后山东书局仅有的两个出版物。从中至少可知，此时山东书局尚在支应。

民国十一年，山东书局发生了一个大变化：官本收回，改为私人经营。其性质发生了变化，但名称未变，地址仍在后宰门，经理是孙达卿。此外，业务也发生了重要变化，即以图书发行为主，古旧书较多，兼售军事书，兼营文具、印刷。

民国十四年的《山东书局发售木板书籍启事》称："清之末叶，曾、左诸公在各省创设官书局，刻板印书，嘉惠士林，至非浅鲜。自鼎革后，各省以公帑支绌，停而未印。宏(按：鸿)篇巨制，弃置可惜。自民八以后，国人渐知国学之可重，各局遂次第恢复。"①这说明，自民国八年(1919)以后，各书局开始刷印旧板，装订售卖。山东书局刷印的是尚志堂藏板，有七十三种。并言："本局为应吾鲁人士购求起见，与各局订立条约，归敝局经售并访求各处家藏刻板，务求完备，定价亦极低廉。"②从中可知，山东书局不仅售卖尚志堂藏板印本，还与各大书局订立条约，低价代卖各局出版物。书局研究者皆认定山东书局为售书局，大约源于此。

民国十五年的《山东书局铅石印各书目录》有"本局主人"《启》："本局创设济南，瞬经数载，营业蒸蒸日上……年来除对于国学故籍尽力提倡外，而对于文化新书，更视力所及介绍。"③所言"瞬经数载""蒸蒸日上"，大概指民国十一年私营以后的几年。

民国二十年、民国二十二年、民国二十五年，山东书局都有售书目录出版，目录著录多达四千余种书，看来其经营状况还不错。

民国二十二年后，因业务发展，山东书局在院西大街西首路北 82 号设

---

① 《山东书局木板书籍目录》，民国十四年(1925)山东书局铅印本。

② 《山东书局木板书籍目录》，民国十四年(1925)山东书局铅印本。

③ 《山东书局铅石印各书目录》，民国十四年(1925)山东书局铅印本。

门市部。这里是后起的文化商业区，图书文具业大多集中在此，对书局业务发展有促进作用。

民国二十四年，山东书局发行铅印本《书法述要》。此书由安徽范公勉编，他当时在山东任职。书末有版权页，标明："中华民国二十四年四月出版。发行者：山东书局。印刷者：济南慈济印刷所。"可知，此时的山东书局还有代办书籍发行的业务。

民国二十五年，据此年的《山东书局图书目录》，山东书局已能运用铅印、石印、照相等设备印制精平装新书。在自印自售的同时，山东书局也对外承印各种印刷品。经销的图书品种也比以往大有增长。线装古籍各类图书多达三千五百种，精平装新书也有一千多种。此外，还特约经销北京武学书局、南京军用图书社以及各地出版的军事书籍。①

五、日渐式微，形势使然

关于地方书局没落的原因，汪家熔、吴瑞秀等多有探讨，主要有社会进步，文化需求变化，废科举，兴学堂，新学萌芽，新式印刷术的兴起以及近代图书馆的兴起等。②

山东书局的式微与一般地方书局不同。首先，它在最兴盛之时因经费问题被合并，以致八年无声响。之后，因为新设官书局的纷纷创设，它起而响应，并取得不俗成绩。即便在鼎革之时，它也勉强支应。其次，它在民国十一年时，由公变私，性质发生变化，并将经营作为主业，一直持续到抗战爆发。十五年来，它一家独大，成为山东最有影响的售书处，并成为各大书局的代售处，影响及于全国。

它的真正衰落，不是经营问题造成的，而是当时的形势，即大"环境"所迫。抗战爆发，日本人入侵，济南沦陷，伪政权对民族工商业的摧残，是决定性的因素。民国二十八年，山东书局仅有四名店员支撑门面，至1955年时，不得不歇业。

激烈的业内竞争，是其衰落的另一原因。随着时代的发展，济南图书业中，商务印书馆济南分馆崛起于前，教育图书社、东方书社继起于后，其他新书店纷起，由此形成激烈的竞争局面。贡世卿《解放前济南新旧图书

---

① 参见陈善之：《解放前济南的几家书店》，济南市志编纂委员会编《济南市志资料》第七辑，1987年，第97页。

② 参见王晓霞：《晚清官书局研究综述》，《大庆师范学院学报》2011年第2期。

业概况》一文[①],仅列解放前济南售卖旧书的书店就有八十家,且不说像山东济南儿童书局代办分庄那样的特色新式书店了。

贡世卿文首列院西大街的山东书局,由此可知山东书局作为曾经的官方唯一书局,轰动一时,在书业界有不可撼动的地位。再看其他书店,同在院西大街的有商务印书馆、世界书局、东方书社、北洋书社、正中书局、中原书社、联合书店,这些新旧书通售、实力强大的新式书店紧紧裹挟着山东书局。沿院西大街向西,首个南北向的小街即芙蓉街,这里有文雅斋、教育图书社、中山书店、午夜书局、瀛州书局。芙蓉街向北,东花墙子街有聚文斋、文宝斋、赏古斋。过府学,辘轳把子街有忠雅堂、茹古斋。出辘轳把子街,即南北向的曲水亭街,这里有居家书铺、鉴古斋、千顷堂、芳润阁。沿曲水亭街向南,过百花桥,向东即回到后宰门。

院西大街向西,过芙蓉街后,第二条南北向的大街即布政司大街,这里有善成堂、书业德,此二店是聊城四大书庄的分号。从康熙年间就成立的刻书铺子,经营绝对是其长项。此街还有敬古斋、泽雅堂、李杰三、刘希增、中兴书社、双和堂、开诚书店、志兴堂、志诚书局、同文新、聚和堂、子云堂、艺德堂、海滨书店、凌云堂、济南书局、承义新。其中,双和堂、聚和堂、子云堂、艺德堂都是晚清山东著名坊铺,而敬古斋、泽雅堂实力非同一般。出布政司大街即东西向的布政司小街,小街有逢源阁、蓬莱书局、集古堂、尚志堂、缘古阁、奎文阁、汉宝斋。逢源阁、集古堂、尚志堂的店主都是当时济南有名的经营者。

院西大街再向西,过南北向的鞭子巷即为西门大街,这里有民众书店、协和书店、中国图书社、大新书局、大东书局、新民图书社。

以上几条济南城中主街,布满了大大小小数十家书店,其竞争程度可想而知。更不用说稍远一点的济南中部劝业场和西部大观园附近的商埠区,还有东海书店、大众书店、中西书社、益成书店、振华书社、北方书社、远东书店、大化书社、武学书社、成文堂、同善书局、华北书局、生华书店、印锦堂书店、李少堂、李新华、张联珠、侯昆祥、张庆祥、江希彦等二十余家。此外,还有散落四处的翰文斋、三联书店、翠宝斋等。如此一览,山东书局的衰落就不足为奇了。

---

① 贡世卿:《解放前济南新旧图书业概况》,《济南文史资料》第五辑,1984年,第182页。

第二章　山东书局出版概况

山东书局的出版，从时间上看，大体分为三个阶段：一是丁宝桢抚鲁时期的初兴期，即从同治九年山东书局成立至光绪二年丁宝桢调任四川；二是山东书局最繁荣阶段，即丁宝桢离鲁至山东书局光绪二十年并入山东通志局；三是山东书局的再兴时期，即光绪二十八年起至清末止。前两个阶段主要是雕版印刷，第三阶段是新式印刷。其中，在通志局时，山东书局仅出版过两种书；民国后，山东书局转为以经销书籍为主，出版也仅两三种。因此，本书在概述山东书局的出版时，以上述三阶段为主。

第一节　“经史”初兴

山东书局自同治九年成立，至丁宝桢离开山东之前，陆续出版了《十三经读本》《资治通鉴四编合刻》等经史大书，《验方新编》《农政全书》等实用书籍以及《各国通商条约》《山东军兴纪略》等时政总结性书籍。

一、经史之书

据目前资料可知，山东书局最早的出版物是《验方新编》，但笔者推测《十三经读本》应该开始得最早。因为《验方新编》是小部头书，很快就能完成；而《十三经读本》是大部头的，虽然开雕于同治十一年，但准备工作应该早就开始了，其中仅撰写《校刊记》的时间就应该不短。

（一）《十三经读本》

《十三经读本》是山东书局刊刻的第一部大书，包括《周易》四卷，宋朱熹本义；《书经》六卷，宋蔡沈集传；《诗经》八卷，宋朱熹集传；《周礼》六卷，汉郑玄注，唐陆德明音义；《仪礼郑注句读》十七卷，《监本正误》一卷，《石本正误》一卷，清张尔岐撰；《礼记》十卷，元陈澔集说；《钦定春秋左传读本》三十卷，清英和等撰；《春秋公羊传》十一卷，汉何休解诂，唐陆德明音义；《春秋穀梁传》十二卷，晋范宁集解，唐陆德明音义；《大学》一卷，宋朱熹章句；《中庸》一卷，宋朱熹章句；《论语》十卷，宋朱熹集注；《孟子》七卷，宋朱熹集注；《孝经》一卷，唐陆德明音义，唐玄宗注；《尔雅》三卷，晋郭璞注，唐陆德明音释。

书刻成于同治十一年，有牌记："同治十一年山东书局开雕，尚志堂藏板。"此书首有朱印上谕，这既是同治六年各地督抚相继设局刊书的重要依据，也是地方书局的重要文献，理应放在最前面，以昭郑重。山东书局的另一部大书《资治通鉴纲目四编合刻》亦首列此谕。《十三经读本》又详列《山东书局校刊某书官绅职名》，其中有丁宝桢、文彬、李元华、长赓、郑兰、萧培元、龚易图、潘骏文、丁彦臣、陈用宾、积庆、匡源、陈介祺等，另有总校、正校、襄校、分校若干人等，每书所用校对人员不定。继有《凡例》，对刊刻用本、校刊记各项进行说明。每书后附《校刊记》。《孟子》后有刻工信息"梓人章邑高益三"。八行十七字，小字双行十七字，白口，四周单边。

"十三经"是古代儒家的经典著作，是中国文化的源头，属于中华文明成果的重要组成部分，历来版本众多且系统复杂。山东书局在版本的选择上颇有见地：《易》《书》《诗》《礼记》"四书"，以朱熹、蔡沈、陈澔原书校对重刻；《周礼》《仪礼》《公羊》《穀梁》《孝经》《尔雅》等书，只存郑玄、何休、范宁等注，无疏；《春秋左传》，取《钦定春秋左传读本》摹刻；《周礼》用福履堂原本；《仪礼》用济阳张尔岐所定《仪礼郑注句读》。

山东书局《十三经读本》最为人称道的是它的《校刊记》。历来精校精刻、不讹不缺之本被称作"善本"，张之洞《辅轩语·语学》认为："善本非纸白墨新之谓，谓其为前辈通人用古刻数本精校细勘付刊，不讹不缺之本也。"山东书局集萧培元、龚易图、丁彦臣等政府大员，翰林院编修匡源、陈介祺以及李宗岱、薛福保、薛福辰、吴毓麟、温嘉钰、吴梦龄、李元缃、王鹊等编校人员三十多人之力，从"便初学"的目的出发，在字体处理、校本选择、《校刊记》简化等方面，精加校对，成此善本。

此书刻成后，不间断刷印。任道镕任巡抚时大约在光绪七年(1881)六月至光绪九年一月间刷印一次，光绪三十二年又刷印过一次。最有名的一次刷印是在民国十四年，此次刷印由张宗昌主持，共印三百套，用纸考究，装帧典雅。《十三经读本》书板后归山东省图书馆。

(二)《资治通鉴纲目四编合刻》

刻完了《十三经读本》，丁宝桢又马不停蹄地开始了第二大工程，那就是刊刻《资治通鉴纲目四编合刻》。《资治通鉴纲目四编合刻》包括四种书：《资治通鉴纲目》五十九卷《首》一卷，宋朱熹编纂；《资治通鉴纲目前编》十八卷《首》一卷《经籍举要》三卷，宋金履祥撰；《续资治通鉴纲目》二十七卷，明商辂等纂；《御撰资治通鉴纲目三编》四十卷，清舒赫德等撰。此书亦有《校勘记》，有两种：《资治通鉴纲目校勘记》五十九卷《首》一卷，《续资治通鉴纲目校勘记》二十七卷，清温嘉钰等撰。

此部大书书前有牌记："山东书局校刊。"又有同治六年上谕，丁宝桢序，《凡例》，后有光绪十三年陈锦识语。各书亦有牌记。《资治通鉴纲目》："光绪五年冬季山东书局开雕。"《资治通鉴纲目前编》："光绪七年春季山东书局开雕。"《续资治通鉴纲目》："光绪七年春季山东书局开雕。"《御撰资治通鉴纲目三编》："光绪六年冬季山东书局敬摹重刊。"由此看来，最先刻的是《资治通鉴纲目》，次为《御撰资治通鉴纲目三编》，最后为《资治通鉴纲目前编》《续资治通鉴纲目》，前后跨越三个年头。

此书由丁宝桢发起，后任巡抚文格、周恒祺、任道镕踵续完成。丁宝桢序曰："惟是博雅之士群萃一堂，专任之员兼收善本，务求精当，不辞异同，裒然成书，莫名所据为何本。时则温令嘉钰久预斯役，录校刻各本之不同者若干卷，为《纲目校勘记》。事未竟，而予奉命总制西蜀，猝未及遹观厥成。去后贻书，属仿《十三经》校勘之记而附刻之，既以示此刻之独殊各本，亦将以志群策之力而留质通人也。"他在光绪五年、六年(1880)间给吴梦龄的信中也表达了对此书的牵挂之情。

此书工程浩大，耗时日久。据陈锦识语，此书开始于同治十一年、十二年间，至光绪八年(1882)完成，历经十年。而《校勘记》刻成则在光绪十三年，先是丁宝桢嘱刻前半部分，刚刻一半，丁宝桢以及具体负责《校勘记》的温嘉钰相继于光绪十二年去世。后由张曜刻了后半部分，具体由陈锦帮助拾掇。

此书《校勘记》所费精力远在《十三经读本》之上，究其原因，是所据版本不善。其底本是据坊本而来的，坊本是据明代陈仁锡批阅本而来的。尚志堂诸生在坊本上加签添注地理，然后抄清，送交书局。既是据坊本抄出的，校勘时，便既要校坊本，也要校抄本，故抄写过程中恐亦有误，此为不得已之苦衷。可见，校勘工作相当艰难。陈锦跋曰："予既曾预书局事，且与芝庭交最久，实亲见夫校勘之事之重且难，谓非是究无以明重刊是书之本旨而昭示来兹。"温嘉钰认真负责的态度可见一斑。当时的总校匡源亦尽心尽责，温氏《凡例》云："校勘此书，丁稚璜宫保请匡鹤泉、薛季怀两先生总理其事，钰等校出脱误各字，皆就正两先生先行审定，稽史考传，颇费经营，诸生与局中诸同人，各尽心力，始终无懈。经总校诸公考核精详，呈请宫保鉴定，方刻印成书。当时未始不慎而又慎。昔人云，校书如扫落叶，《纲目》卷数太多，难免疏漏，如阅者见有错讹，并望随时示知，俾可改正，无误后学，庶不失校刊本意云。"陈锦跋亦曰："匡鹤泉侍郎源掌教会垣，日与诸生局员转相讨论，惟详惟慎。"可见，全局上下，校刊此书时，无不尽心尽力。

《凡例》曰："今重刊是书，经十余载数十人之手，互校旁参，折衷更正，又登御撰《三编》，为《纲目四编合刻》，虽不敢谓集各编之长，而实未尝袭各编之旧，固已自成一书，为读史家所取。益其《地理续考》《校勘记》，尤为各本所无。"言其优长甚确。

（三）帝注《孝经》

《孝经》是中国古代儒家的伦理学著作。历代皇帝多注《孝经》，如晋元帝有《孝经传》，晋武帝有《孝经讲义》，梁武帝有《孝经义疏》，但皆不存。清政权入主中原，为了巩固统治地位，除了以高压政策、满蒙铁骑对付异己力量外，还自觉地接受儒教，迅速汉化，袭用明代"忠孝"节义等伦理学说，从精神上、思想学术上规范人们的行为举止，以孝道思想平息汉族的反抗。特别是清初前三代皇帝对汉文化颇为重视，大有为《孝经》注传集大成的气象。

顺治十三年(1656)，清世祖福临令蒋赫德纂集《御注孝经》一卷，底本不用孔安国本，而用石台本，以免今文、古文门户之争；亦不采用朱熹的《刊误》本，以避轻改经文之弊。全书万余言，注解浅明，明白易懂。此书刻本有顺治十三年内府刻本、内府写刻套印本、道光《今古文孝经汇刻》本、清末山东书局刻本。山东书局本书衣有黄色题签，题："御注孝经，山东书局敬谨校刊。"九行十九字，白口，四周双边，单黑鱼尾。

雍正五年(1727)，清世宗胤禛命儒臣撰集而成《御纂孝经集注》一卷。此书采各家之说，以探求大义微言为旨，精简删汰，仿朱熹《论语集注》诸书体例而成。此书刻本有清雍正五年内府刻本、道光《今古文孝经汇刻》本、清末山东书局刻本。山东书局本书衣有黄色题签，题“御纂孝经集注，山东书局敬谨校刊”。九行十九字，白口，四周双边，单黑鱼尾。

清代二帝所注两部《孝经》，各有其独特之处，《四库全书总目》云其“语其平近，则人人可知可行；语其精微，则圣人亦覃思于阐绎”①；使《孝经》“无一义之不彰，无一人之不喻”②。此二书与唐玄宗注一起，成为《孝经》封建皇帝注本的三个现存之本。

此二书均无具体校刊时间，各家著录为清末山东书局刻本。但据此书书衣装潢及精整的字画，推测为山东书局初期刻本，这也是积极响应各地建局“首刻经史”倡议的成果。

二、医农之书

（一）《验方新编》

同治十年，山东书局刻成湖南善化鲍相璈编辑的《验方新编》。

鲍相璈，字云韶，约生活于道光至咸丰年间，湖南善化人。曾任职广西省武宣县。鲍氏早年广求良方，或见于古今医籍，或亲友所传阅，皆不遗余力，广求而手录之，分门别类，删其不甚经验者，历经二十余年，于道光二十六年编成此书。书于内科杂病、妇儿外科、急救、食疗及时疫等无所不及，分九十九门六千余条，选录历代医家的医论与治验，收载民间习用验方、单方，价廉、简便、效验，是一部以医方为主、合参医论的医著。

在近代方书中，此书因用药简便易得，方子浅近适用，故流行很广。有八卷、十二卷、十六卷、二十四卷之分，版本亦甚多，现存最早的是道光二十九年广州海山仙馆刻本。之后有数十种刻本，又有商务印书馆铅印本。此书流传至海外，有广东新会谭国恩日本横滨铅印本等。

山东书局本封面题：“同治辛未春重刊，山东书局发兑。”

（二）《农政全书》

同治十三年，山东书局又刻成明代徐光启《农政全书》。

徐光启（1562～1633），字子先，号玄扈，上海徐家汇人。万历三十二年（1604）进士，崇祯五年（1632）任礼部尚书兼东阁大学士，并参机要，崇

---

① 《钦定四库全书总目》卷三二《御注孝经一卷》，文渊阁《四库全书》。

② 《钦定四库全书总目》卷三二《御注孝经一卷》，文渊阁《四库全书》。

祯六年(1633)兼任文渊阁大学士。《明史》本传说他:“雅负经济才,有志用世,及柄用,年已老。”①言辞之间甚为惋惜。他较早在南京结识了西洋传教士利玛窦等,接触到很多国外的自然科学,率先翻译《几何原本》《泰西水法》,借此向国人传播西方数学知识。同时,撰写《测量异同》《勾股义》等历算、测量方面的著作,主持编写《崇祯历书》,亲自练兵、制造火器,著有《军事或问》等军事著作,在数理、天文、历算、兵器等方面都取得很高的成就。

《农政全书》是徐光启的晚年之作。他痛心国家不设农官,当官的没有农政思想,读书人不讲农学,百姓不专务农业,因此发奋著成《农政全书》。全书共五十余万字,分十二门,涉及农本、田制、农事、水利、农器、树艺、蚕桑、蚕桑广类、种植、牧养、制造、荒政等。其中,耕垦、水利、荒政用力最勤,从以往单纯研究生产技术上升到探讨农业政策。此书既集前人成果,又有实践经验;既学习国外先进技术,又阐述自己的观点意见。全书有说明,有注解,有绘图,内容十分丰富。篇幅也远超《齐民要术》《农书》,是我国历史上“四大农书”之一,被称为当时的一部农业百科全书。

徐光启在世时此书未刻成,去世后,于崇祯十二年(1639)由门人陈子龙交应天(今江苏南京)巡抚张国维刊行,为平露堂刊本。自此以后,一直到清中叶均无其他版本。道光十七年(1837),贵州粮署据平露堂本重刊;之后,同治十三年(1874),山东书局据贵州粮署本重刻;民国十九年,《万有文库》又据山东书局本重印。还有一个渠道是,道光二十三年(1843)上海曙海楼据平露堂本刊,宣统元年(1909)上海求学斋局据曙海楼本石印,民国二十一年(1932)伪河北燕京道据曙海楼本刊印精装本。② 据目前的普查结果,又有光绪二十六年文海书局石印本、光绪昆山金啸山石印本等,这些大抵不出贵州粮署、上海曙海楼两个“二传手”。

山东书局本有牌记:“长白文质夫漕帅鉴定,同治甲戌山东书局重刊。”九行二十字,白口,四周双边,单黑鱼尾。文质夫,即文彬,同治十三年当在漕运总督任上。

丁宝桢历来重视农业。捻军被平之后,他首先意识到发展经济的重要性,遂著《蚕桑贴说》分发全省。当时山东书局尚未成立,此书不知由谁

① 《明史》卷二五一《徐光启传》,文渊阁《四库全书》。

② 参见肖克之:《〈农政全书〉版本说》,《古今农业》2001年第1期。

刊刻。民国十五年尚志堂板片重新刷印时，有《蚕桑萃编》一种，未审是否即此书。

三、时政之书

(一)《山东军兴纪略》

同治十三年，山东书局刻了《山东军兴纪略》一书。此书为管晏、张曜合撰。

管晏，字平仲，一字敬伯，常州人，活动于道光至光绪间，室名“径北草堂”，有《径北草堂诗文集》。官河南知县，同治初历署栖霞、海阳、朝城知县，山东运河厅同知。又为左宗棠、阎敬铭戎幕多年，甚得时誉。

张曜(1832～1891)，字亮臣，号朗斋，大兴人。河南固始兴办团练，抵御捻军和太平军，因军功累次擢升。光绪十一年(1885)授河南布政使，光绪十二年调任山东巡抚，光绪十七年治理黄河，卒于任上，追赠太子太保，谥勤果，入祀贤良祠。

此书有二十二卷，记述咸丰、同治年间清军在山东镇压太平军、捻军以及幅军、长枪会、邹县习文教军和淄川刘德培起义等史实，其中尤以记捻军为详。全书按专题编辑，为目五十篇。卷一为“粤匪”，卷二至卷九为“皖匪”(捻军)，卷十、卷十一为“土匪”(长枪会)，卷十二至卷十六为“邱莘教匪”(邱县、莘县白莲教起义军)，卷十七、卷十八为“幅匪”，卷十九为“邹教”(邹县习文教军)，卷二十为“淄川匪”(淄县刘德培起义军)，卷二十一为“黄崖匪”(肥城县黄崖山起义军)，卷二十二为“团匪”。

书成后，即有同治十三年济南书局刻本。封面题：“同治十三年刊，济南书局藏板。径北草堂编撰。”版心下刻：“径北草堂编撰。”十行二十一字，白口，四周双边，单黑鱼尾。

又有光绪十一年山东书局补刻本，补的是张曜的跋。跋中，张曜自叙咸丰十一年，率军在临淄与捻军对峙数月，捻军无法进城。同治元年，转战诸城，先是击退捻军，后祈雨，又偃武修文。同治四年，转长清任，治捻军余绪。自咸丰十一年至同治四年，张曜在山东与捻军相持五年。同治七年回里，同治十三年回山东，此时书成。“光绪己卯(按：光绪五年)，权兖沂兵备篆，后檄总书局。翻阅一过，脱漏假借不获免。详绎成书，多具厓略自陈，即据而编辑之，后来志乘信史，谅多采择，爰撮牧令始末军事于篇末以识之，聊以例其余云尔。光绪乙酉百花生日总办书局善化张曜海藩甫跋。”此处所题“乙酉”为光绪十一年，所说的“书局”即山东书局。当年他以“三品衔署兖沂曹济道候补道”身份总校《资治通鉴纲目四编合刻》，只是籍贯不知为何署“善化”。此书当补刻于光绪十一年后，或在巡抚任上时补刻。

此书是近代史研究方面的重要史料，详细记载了咸丰、同治年间清军在山东镇压太平天国北伐军、捻军、幅军、长枪会、习文教军诸路起义军之始末，尤以记捻军为详，提供了太平军、捻军以及其他各地人民起义军在山东活动的资料，颇有参考价值。张曜、管晏亲身参与了这些活动，这在一定程度上保证了此书的可靠性。尤其此书披露了一些不为人知的事实，如宋景诗的身份问题，黄崖山寨商铺设立情况，团练的弊端等，这些都是珍贵的文献。

(二)《各国通商条约》

山东书局在同治末年、光绪初年汇刻了《各国通商条约》。

此书没有统一名称，现存各藏家所拟定的书名亦不同。国家图书馆命名为《清咸丰同治间定各国条款条约章程》，安徽师范大学图书馆命名为《万国条约》，辽宁省图书馆命名为《各国通商条约》，中国人民大学图书馆命名为《中外条约汇编》。现以辽宁省图书馆命名为准。

收罗各家所藏，知此书共包括十四种，条列如下：

(1)道光二十七年《瑞典国挪威国条约》；

(2)咸丰八年(1858)《俄国条款》，咸丰十年《俄国续增条约》，同治元年《俄国陆路通商章程》，同治元年《俄国续增税则》；

(3)咸丰八年《法国税则条款附照会》，咸丰十年、同治四年《法国续增条约》；

(4)咸丰八年《英国税则条款附照会》，咸丰十年《英国续增条约》；

(5)咸丰八年《美国税则条款附照会》；

(6)咸丰十一年《布路斯国暨德意志通商税务各国和约章程》；

(7)同治二年《荷兰国通商和约章程》；

(8)同治二年《丹国通商条约税则》；

(9)同治三年、同治六年《日斯巴尼亚国条款和约章程》；

(10)同治四年《比国通商条约税则章程》；

(11)同治五年《义国条约税则章程》；

(12)同治七年《美国续增条约》;

(13)同治八年《奥斯马加国条款税则章程》;

(14)同治十年《大清国　大日本国条规章程附税则》。

这些条约章程是中国近代屈辱历史的反映。签订这些条约章程的后果，则是帝国主义更加有恃无恐，进而引发了更多的中外摩擦。光绪二十四年，总理各国事务衙门庆亲王奕劻等奏，称候补道汪嘉棠条陈"近来各省、州、县教案迭出，每因细故，酿成巨案，贻累国家，平日未解约章，临时故多瞀惑"，并认为教案由不解约章而起，"各省官吏知有条约者甚少，只山东书局翻刻一次，其余各省或以外交为不急之务，多不措意，遇有交涉之案，茫无把握，轻重失当"，奏请排印约章。"山东书局翻刻一次"，当指山东书局此次大规模刊刻这些条约章程。

此书每种前有《山东书局校刊委员衔名》:"候补同知吴毓麟，候补知县张赓熙，候补知县吴应端，候补知县温嘉钰。"知为山东书局校刊本。九行二十四字，白口，四周双边，单黑鱼尾。开本大，字大，刻印精。

至于此书刊刻时间，条约均签订于同治十年前，刊刻肯定在同治十年后。至于时间下限，现据四人衔名推断如下：

候补知县温嘉钰，如上所述，自同治至光绪十二年，一直在山东书局做校书工作。由此推断，此书刊刻至少是在温嘉钰去世前，也就是光绪十二年前。

候补同知吴毓麟，在校刊《十三经读本》时，衔名为"山东候补同知臣吴毓麟"，与此书衔名同，《十三经读本》成于同治十一年。当校刊《资治通鉴纲目四编合刻》时，其衔名改为"山东登州府同知吴毓麟"，《资治通鉴纲目四编合刻》最晚刻成于光绪七年。则此书当在同治十一年前后，光绪七年前。

候补知县吴应端，号默希老圃，湖北天门人，嘉庆监生，曾官青城县事。刻《十三经读本》时，其衔名为"六品衔山东候补知县"，刊《资治通鉴纲目四编合刻》时，其衔名为"前山东候补知县"。与吴毓麟一样，吴应瑞的衔名亦有变化，故此书当刻于光绪七年前。

候补知县张赓熙，字虞廷，项城人。光绪二十年举人。光绪四年(1878)四月初八内阁奉上谕：文格《奏甄劾不职各员请分别降革勒休改补》一折有“淄川县知县张赓熙才识迂拘,难膺民社,均著改为教职”[1]之语,知光绪四年张赓熙为淄川知县,随后改为“教职”。而刻此书时,张赓熙还是“候补”,尚未在知县任上。因此,此书当刻于光绪四年前。校刊《资治通鉴纲目四编合刻》时,其衔名为“同知衔前山东淄川县知县张赓熙”,时已是光绪四年之后了。

据以上推断,此书当刻于同治末年至光绪四年前。

此书受到总理各国事务衙门的表扬。总理各国事务衙门编的《山东曹州教案条约》《胶澳租界图》《胶济铁路章程》,由后来的山东巡抚袁世凯刊刻于山东,这不能不说是一脉相承,其目的无非是了解条约,减少对峙和摩擦,这与丁宝桢为让国人知耻而后勇的想法是有区别的。

除了以上数种,丁宝桢在山东时还刻有《劝孝歌》一卷。此书乃同治末年丁宝桢为提倡孝道而作,大约成于同治七年山东平定捻军之乱以后,因其为四言诗句,故又称《四字劝孝歌》。刊刻时间大约在同治末年。

此书刻成后,颁发全省,但原本无存,仅据民国三十年(1941)马星五手书石印线装本得其信息。马本首为题词、序言,有王揖唐题词、江朝宗序、唐仰杜序、王露洪序、马星五自序。这些序当为马本序,非丁宝桢原本所有。唐仰杜序称:“曩闻人言,文诚抚东时撰印此歌,颁布全省,而今民间已罕有藏本。”正文即《丁文诚公劝孝歌》,共一百三十六句。后附《八反歌》。

综上,丁宝桢抚鲁时期,共刻书七种,虽然数量不多,但规模相当大,《十三经读本》七十册,《资治通鉴纲目四编合刻》的体量则是其两倍,其他如《农政全书》《山东军兴纪略》均卷帙浩繁。所刊内容主要为经部和史部经典,其次是关于时政的山东剿捻记录以及帝国主义入侵后与之签订的不平等条约,再次是关注民生的医书和有裨风教的劝孝之书。

山东书局最值得骄傲的是所刊经史两部大书,这在全国书局中并不多见。两书均附《校勘记》,这为其高质量的出版开了一个好头。金陵书局同治五年至七年刊《十三经注疏》,比山东书局早,但仅《春秋公羊经传解诂》附《校记》,其余均无《校刊记》。湖南书局同治十年至十三年刻《十三经注疏附校刊记》,但晚于山东书局所刊。“曾国荃奏开山西书局,刊

---

① 中国第一历史档案馆编:《光绪宣统两朝上谕档》第四册“光绪四年”,广西师范大学出版社 1996 年版,第 127 页。

《四书》《六经》，因其地觅不到善本，即拟仿丁宝桢在山东书局刊本。”①两书因校勘精审一直为人所称道，为山东书局开创了品牌。

第二节　光绪中兴

丁宝桢于光绪二年十月离开山东，文格继任山东巡抚；光绪五年，周恒祺继任；光绪七年，任道镕继任；光绪九年，陈士杰继任；光绪十二年，张曜继任；光绪十七年，福润继任；光绪二十年，李秉衡继任。自文格至李秉衡裁并山东书局入山东通志局，在这近二十年时间里，山东书局不仅完成了《资治通鉴纲目四编合刻》这部大书，还刻了《通德遗书所见录》《孔丛伯说经五稿》《制服成诵编》《制服表》《丧服通释》《孟子要略》《周易本义》等经部书，《山东考古录》《续山东考古录》《三迁志》《戚少保年谱节要》《筹济编》《经籍举要》《经籍要略》《井田图考》《洗冤录详义》等史部书，《儒门法语辑要》《小学韵语》《小学集注》《二十四孝弟诗辑注》《朱柏庐格言诗》《佐治药言》《续佐治药言》《学治臆说》《续学治臆说》《病榻梦痕录》《梦痕录余》《双节堂庸训》《说赘》《世补斋医书》《慎疾刍言》《文昌阴骘文诗》等子部书，《止止堂集》《蒿庵集》《敬亭集》《倭文端公遗书》《佩文诗韵释要》等集部书。借用“同光中兴”一词，山东书局在此期的出版上也可谓“光绪中兴”。现按督抚在任时期缕述如下。

一、文格、周恒祺抚鲁时期

文格（？～1886），字式岩，号铁梅，满洲正黄旗人。道光二十四年（1844）进士，咸丰四年由衡永郴桂道迁广西按察使，十一年升任湖南布政使兼署湖南巡抚，继调任广东布政使。同治三年，奉命赴陕西都兴阿军营，参加镇压回民起义。光绪初，在四川总督任上仅半年，二年即擢云南巡抚，旋调山东，五年因事降调。

文格在山东时，山东书局主要进行的是《资治通鉴纲目四编合刻》的校对工作。因温嘉钰工作勤谨，文格曾在举荐折中称其“年强才稳，办事

① 孔毅：《清代官书局刻书述略》，《文献》1992年第1期。

细心”①。光绪三年九月，岱顶碧霞宫被雷击起火，他奏请修理，翌年四月筹款兴工。光绪三年十一月，他还因陈介祺在潍县赈济灾民，奏请赏给二品顶戴。

周恒祺(1824～1894)，字子维、福陔，号福皆，湖北黄陂人。咸丰二年进士。历任山西道监察御史、京畿道监察御史、工科给事中，同治八年至光绪元年任山东督粮道。其中，同治十二年至十三年兼署山东盐运使，同治十二年兼署山东按察使。光绪元年(1875)任广东按察使，三年任福建布政使、署福建巡抚，四年任直隶布政使，五年任山东巡抚，七年至八年任漕运总督。

周恒祺抚鲁时期，正是山东书局开雕《资治通鉴纲目四编合刻》的时期。三十余人的校对队伍，六十余名刻字工匠，花了近三年时间完成。在这期间，山东书局同时刊刻了常熟杨景仁的《筹济编》。

杨景仁(1768～1828)，字育之，号静闲，常熟人。嘉庆三年(1798)举人，由中书历官刑部主事安徽司员外郎。著有《式敬编》《经进诗文钞》《诒研斋文钞》《诗钞》《学福轩试帖诗钞》《赋钞》等。

杨氏一心向学，作风严谨，居京为官多年。道光三年(1823)冬，他养亲回籍，正赶上江南水灾。在参与办理赈务时，他对荒政问题产生了浓厚的兴趣。于是，他根据古往今来的救灾史事及救灾措施的利弊得失，征引《通鉴》《通考》《汉书》《三国志》等书，分类辑录，于道光四年(1824)完成《筹济编》三十二卷；又从《大清会典》《户部则例》《刑部律例》内摘出清代蠲恤赈济的各项法令，列为卷首。

此书含功令、报灾、救灾、勘灾、审户、发帐、兴工、保幼、祷神、除蝗、任贤能、尚俭朴、严保甲等三十二篇，内容与《康济录》大体相仿，许多地方还引用《康济录》的文字。因卷帙较多，取材丰富，加之光绪皇帝敕令推广，所以此书成为官府救荒赈灾的重要参考书。

道光四年成书后，此书首次刊刻于何年未知。杨氏序在道光四年，潘世恩序在道光六年，之后有道光九年费丙章刻本(费丙章，字会宣，号辛桥，浙江仁和人。嘉庆进士，翰林院编修，官雷琼兵备道道台、河南布政使)。光绪四年，杨景仁之孙杨恩海重镌于诒砚斋，封面题有“诒砚斋藏

① 中国第一历史档案馆编:《光绪朝硃批奏折》第二辑《内政职官》(二年正月至五年四月)，中华书局1995年版，第602页。

板”，又有“光绪四年戊寅季春之月重镌”牌记，并将此书进呈光绪皇帝。光绪帝有谕旨，杨氏遂将带“御览”二字的龙形图案以及上谕用红色刷印，并署“光绪四年九月二十六日刑部主事臣杨恩海、内阁中书臣杨同桂恭缮进呈”，这就是光绪四年杨氏诒砚斋刻本。第二年，山东书局、江苏书局、河南藩库等官方机构陆续翻刻此书，之后又有光绪九年武昌书局刻本、光绪十三年山西濬文书局刻本。

光绪五年的山东书局刻本，封面题：“光绪五年九月山东书局重镌。”书前一如诒砚斋本，有朱印谕旨以及带“御览”二字的龙形图案，有原牌记：“光绪四年戊寅季春之月重镌。”行款版式一如诒砚斋本，九行二十五字，白口，四周双边，单黑鱼尾。

此书既为“救荒活民”的实用之书，亦是为官一方者“利民足民”的重要参考之书，还是“巩固政权”的必需之书。武英殿大学士潘世恩、江苏巡抚林则徐、钦差大臣李鸿章先后为之作序。光绪四年，杨景仁之孙恩海将此书进呈光绪皇帝时，上谕称：“是书于荒政事宜极为详备，实为有用之书。”并命两江总督沈葆桢等“俟板片刊竣，酌量刷印若干，分咨行各省，用裨荒政”。

二、任道镕抚鲁时期

任道镕(1823～1906)，字砺甫，号筱沅，江苏宜兴人。道光二十九年拔贡。曾任开归陈许道道员、江西按察使、浙江布政使、直隶布政使，光绪七年六月任山东巡抚，九年一月调任浙江巡抚。

任道镕虽在山东仅一年多的时间，但刊刻了有关考古、修身、官箴诸书。

(一)山东考古

《山东考古录》《续山东考古录》二书，均刻于光绪八年。

《山东考古录》是清初著名思想家、学者顾炎武的重要代表作之一，成书于顺治十八年(1661)。顾炎武与山东有着深厚的渊源。开一代学术之风的顾炎武长期活动于山东，结识了大批学者，推动了实学思潮在山东的勃兴与传播。他与山东学政施闰章、泰山赵弘文、掖县赵士完、德州程先贞、李源都有密切关系。在清初的山东学人中，他最为推崇的就是济阳张尔岐。张尔岐虽学守程朱，但不空言义理，其研“礼”的目的在于匡正明末以来社会礼教的溃荡与空疏学风的泛滥，顾炎武称“独精三礼，卓然经师，吾不如张稷若”。邹平马骕在史学研究上多有创获，先后编著《左传事纬》与《绎史》两部史学著作。其中，《绎史》被顾炎武誉为“必传之作”。同样，顾炎武的著述在山东也得到了重视，并由山东人进行传播。他的《菰中随笔》一卷，是他对《晋书》《宋书》《南史》《路史》《新唐书》《旧唐书》《宋史》诸史书的评论，以及对历代官选、取士、职官、官制的记载。身殁后，他的遗书悉归东海相国徐元文，但徐氏不知爱惜，有的被人取去。此书先被何焯得到，后由曲阜孔昭薰于嘉庆、道光间刊刻而成，即玉虹楼本。此本是此书的第一个刻本，后来的道光十二年长白鄂山本、光绪十一年吴县孙溪槐庐家塾本、道光二十五年番禺潘士成刻《海山仙馆丛书》本、光绪十一年吴县朱记荣刻《顾亭林先生遗书·补遗》本、光绪崇仁华焯刻《海粟楼丛书》本以及民国二十四年商务印书馆排印《丛书集成初编》本，皆本自玉虹楼本。

《山东考古录》是顾炎武亲游山东、在考察山东地理掌故的基础上写成的，具有较高的史料价值。其中杂考山东古地名、人名和史传之讹误，而尤以辨正地名者居多。此外，还保存了一定的历史地理、民俗学及社会生活等方面的史料，这些史料对于研究古代山东的历史具有重要的学术价值。同时，顾炎武在此书中批评《大明一统志》，开地理志批评官方志书的先例，为山东地志的考辨注入强烈的学术气息。受他的影响，道光时沧州叶圭绶所著《续山东考古录》中的卷三十一、卷三十二，分别是专门针对康熙修《大清一统志》中山东沿革、山东古迹的辨误，具有重要的学术意义。

《山东考古录》版本众多，有康熙四十一年刻《说铃》前集本、乾隆五十九年石门马氏大酉山房刻《龙威秘书》第七集《吴氏说铃揽胜》本、道光五年聚秀堂刻《说铃》前集本、同治七年序刻《艺苑捃华·说铃》本、道光十一年六安晁氏木活字印《学海类编》本、光绪七年成都瀹斋刻本、光绪十一年吴县朱记荣刻《顾亭林先生遗书·补遗》本。以上，除了光绪七年成都瀹斋刻本，《山东考古录》均是作为零种而收入丛书的，山东书局并未因其篇幅短小而忽视它，而是将它作为有关山东的重要文献进行单独刊刻，这也是此书在山东的第一次刊刻，有重要意义。

山东书局刻本有牌记：“光绪八年七月山东书局重刊。”十行二十四字，白口，左右双边，单黑鱼尾。

《续山东考古录》三十二卷，清叶圭绶撰。叶圭绶，字子佩，号也云，晚年自号龟寿，顺天府沧州县人。道光十五年举人，山东候补知县加同知衔。俞浩湛为其作序时，称他自幼“独喜深沉之思，凡书之号难读，他人经月不能了者，一二过辄得其解”，可见其聪颖过人。他博学多才，于诗文、书画、金石、舆地、算术等皆有造诣，著有《埏纮考古录》《知非斋诗草》《吾庐存诗》《乾象易知录》《习察编》《万国大地全图》等，被王立成称为沧州叶氏家族中“官名不显，淡泊名利，醉心翰墨，钟情图书，却青史留名，成为一方文化之巨擘”者。①

叶圭绶著《续山东考古录》，源于他十七岁时偶读顾炎武的《山东考古录》。他用心揣摩此书，并为之拍案惊奇，但又以全书仅数十页、内容太略为遗憾，于是苦心精诣，凡四易稿，三十八阅月而著成《续山东考古录》。此书从沿革考、杂考、水考三个方面，遍叙山东历代行政区划之沿革，又多有山川地理风情之陈述，古迹辨误之举证，实为历代山东方志类史书中的扛鼎之作。清代学者胡玉缙云：“后之欲修志书者，殆不能出其范围。”②

《续山东考古录》成于道光二十八年（1848）。咸丰元年，叶圭绶之兄叶圭书出俸钱刻之于济南，即为蜗角尖庐刻本。有道光二十八年自序、是年俞浩湛序、道光二十九年孔宪庚序、道光三十年刘耀椿序，还有滨州杜受田序。叶圭书，字芸士，道光十一年举人，选授山东邹平知县，又调任馆陶、历城等地知县，官至山东按察使，署布政使。

叶氏刻本之后，便是山东书局光绪八年刻本。有牌记：“光绪八年七月山东书局重刊。”光绪八年任道镕《刊续山东考古录序》，称此书“洵齐乘一大羽翼，可以孤行而俟于后”。行款版式与咸丰本同，皆为十行二十四字，白口，左右双边，单黑鱼尾，只是去掉咸丰本版心下的“蜗角尖庐”四字。

叶圭绶此书前有《山东郡县图考》。光绪八年任道镕予以重刻，有任氏序：“余忝命莅东，恒以四履之闲不能考证为惧，适得沧州叶子佩氏《续山东考古录》，内载《图考》，准今为式，郡县瞭如，凡十四番，爰重刊之。”此书未标明山东书局刊，但推测应与《山东考古录》《续山东考古录》同时在山东书局刻成。

（二）儒家修身

光绪八年，山东书局刊刻彭定求编、汤金钊选《儒门法语辑要》。

---

① 参见王立成：《叶圭绶与叶氏家族》，《寻根》2018年9月。

② 胡玉缙：《续四库提要三种》，上海书店出版社2002年版，第571页。

彭定求(1645～1719)，字勤止，一字南畇，道号守纲道人，江苏吴县人。康熙十五年(1676)状元。援修撰，历官侍讲，因父丧乞假归，遂不复出。幼承家学，曾皈依清初苏州著名道士施道渊为弟子，又尝师事汤斌。其为学“以不欺为本，以践行为要”。生平服教最切者，尤仰慕王守仁等七贤。著有《阳明释毁录》《儒门法语》《南畇文集》等。

彭定求辑《儒门法语》，借以发明心性宗旨。该书将宋朱熹、陆九渊，明薛瑄、陈献章、王守仁等二十一家讲学之语辑为一册。在康熙重理学的氛围下，大多士人潜心程朱理学，而多诋阳明之学。彭定求师事汤斌，学出王守仁之门，但他不囿于门户之见，于程朱理学亦有兼收。有人认为《儒门法语》是一部鼓吹王学思想的著述，但实际上，彭定求并没有站在王学的立场上反对程朱，而是在“学必宗程朱”的前提下，肯定阳明学能够真正实践程朱之学的真精神而已。

书成后，于康熙三十六年(1697)即刻，后又有乾隆十一年刻本。嘉庆十九年(1814)，萧山汤金钊节选为《儒门法语辑要》，并为序重刊。汤金钊，字敦甫，浙江萧山人。嘉庆进士，历任国史馆总纂、上书房行走、国子监祭酒、内阁学士。道光年间官至协办大学士、吏部尚书。卒谥文端。学以治经为务，不立门户。著有《寸知室存稿》。

自汤氏刻本之后，彭定求此书以两个系统流传：一是原本系统，书名为《儒门法语》，有道光十三年刻本、道光二十六年彭蕴策刻本、咸丰二年存惺斋刻本、咸丰十年刻本、咸丰光绪间苏氏刻记过斋藏书本、同治四年刻本、光绪元年江苏学政署刻本等；二是节本系统，书名为《儒门法语辑要》，有道光二年刻本、咸丰二年味道腴轩刻本、同治三年东海徐桐味道腴轩刻本、同治五年长洲彭慰高刻本、光绪七年长洲彭祖贤湖北刻本、光绪八年山东书局刻本、光绪十六年浙江书局刻本等。另有文献记载光绪宁波陈劢刻本，但未见原书，不知所据何本。

山东书局本为节本系统。封面题：“光绪八年七月山东书局重刊。”前有题词五则，末署“六世孙祖贤敬录”。卷端题：“长洲彭定求原编，萧山汤金钊辑要，六世孙祖贤重刊。”末有光绪七年祖贤识，由此可知，祖贤在光绪七年重刻。彭祖贤，字芍亭，蕴章子。道光进士。以荫生授户部主事，同治年间官至湖北巡抚。此书是他在湖北巡抚任上所刻，封面题“板存鄂垣府署”，行款为十行二十一字，白口，四周双边，单黑鱼尾。山东书局本来自彭祖贤本无疑，但行款不同，为十行二十四字，白口，左右双边，单黑鱼尾。

此书为儒家重要的修身之作，既广受学子欢迎，被世家大族作为课子书，又是学者、官员的案头必备书。曾国藩、翁同龢在日记中均有细读此书的记载。

(三)佐幕指南

光绪八年，山东书局刊刻汪辉祖撰《佐治药言》《续佐治药言》《学治臆说》《续学治臆说》四种。后来，山东巡抚张曜在光绪十二年又刊刻了《说赘》《病榻梦痕录》《梦痕录余》《双节堂庸训》，将其作为上述四种之续刻，总名为《龙庄遗书》。现一并介绍。

汪辉祖(1730～1807)，字焕曾，号龙庄，浙江萧山人。清代乾嘉时期的良吏。早年多次应试未中，随入幕僚为绍兴师爷。乾隆四十年(1775)进士，乾隆五十二年(1787)为宁远知县，五十六年(1791)为道州牧。汪辉祖为幕三十四年，以善断疑案著称，足迹遍布江浙两省十八个州县衙门，被称为"一代名幕"。他在任州县官的五年间，勤政爱民，政绩斐然。他善于总结，将自己多年来的经验教训汇为官箴书《佐治药言》《续佐治药言》《学治臆说》《学治续说》《学治说赘》，这些书成为地方官的必备指南。除此之外，他还著有《病榻梦痕录》《梦痕录余》《双节堂庸训》《元史本证》《史性韵编》《九史同姓名略》等。

汪辉祖每一著述脱稿，即次第刊行。有单行本，如《佐治药言》有乾隆五十四年刻本、嘉庆十三年刻本、同治五年刻本等，《学治臆说》有乾隆五十八年刻本，《学治续说》有乾隆五十九年刻本，《学治说赘》有嘉庆五年刻本。也有以零种形式刻入丛书者，像上述诸书均被收入《书三味楼丛书》《治说汇纂》《宦海指南五种》《牧令书四种》《皇朝经世文编》《牧民宝鉴》等丛书。

《龙庄遗书》是汪氏著述的汇集，有乾隆五十至五十六年双节堂刻本、咸丰元年清河龚裕刻本、同治元年江苏书局刻本、同治元年盱眙吴氏望三益斋刻本、同治十年慎间堂刻本、光绪山东书局刻本、光绪江苏书局刻本、光绪八年刻本等。每个版本所收子目略有不同。其中，山东书局本所收如下：

《佐治药言》一卷、《续》一卷，清光绪八年刻本。有牌记："光绪八年秋季山东书局重刊。"此书于乾隆五十年八月撰成一卷四十则；十月，续撰一卷二十六则。此书是汪辉祖从事幕友工作的经验总结，讲述办理刑名、钱谷等政务的技术与原则，阐发就幕宜慎、律己立品、尽心事主、保民爱民等幕业的道德规范。

《学治臆说》二卷、《续说》一卷，清光绪八年刻本。有牌记："光绪八年秋季山东书局重刊。"《学治臆说》二卷一百二十四则，于乾隆五十八年(1793)六月撰成；《续说》一卷五十则，于乾隆五十九年(1794)三月撰成。

《说赘》一卷，清光绪十二年刻本。有牌记："丙戌中冬月补刊说赘成。"《说赘》一卷十四则，嘉庆五年(1800)六月撰成。《说赘》《学治臆说》《续说》三书皆是吏治经验之谈。汪辉祖不仅论述了官员从政的原则、思想、品德、职责以及技术，还对州县官经常处理的事务，如临民、事上、用人、听讼、治狱、理财、催科等，提出了办理技术与方法。

《病榻梦痕录》二卷、《梦痕录余》一卷，清光绪十二年刻本。有牌记："光绪十二年孟冬山东书局续刊。"二书均为汪辉祖的传记年谱。《病榻梦痕录》是汪辉祖在嘉庆元年口授生平事迹，由其子汪继培、汪继壕笔录而成。《梦痕录余》从嘉庆三年起续纂，记嘉庆元年七月至嘉庆十二年(1807)三月事。其中，嘉庆十一年(1806)正月至十二年三月事迹，由汪继坊追记。

《双节堂庸训》六卷，清光绪十二年刻本。有牌记："光绪十二年孟冬山东书局续刊。"有乾隆五十九年汪辉祖自序，又有咸丰元年湖北黄州府歧亭同知邵纶《梦痕庸训合刻跋》。此书分为《述先》《律己》《治家》《应世》《蕃后》《师友》六卷，共二百一十九则，鼓励立志，奖掖进学，劝勉勤俭，提倡清廉，强调学以致用、应世涉务、慎择朋友、克己让人。

书前有光绪十二年张曜序："今奉恩调抚山东，会书局刊先生遗书，合《庸训》《梦痕录》都为一集，用叙简端，以发明先生遗书之意，并以志不敏所得力云。"据以上各书牌记可知，此书先在光绪八年刻了《佐治药言》《续佐治药言》《学治臆说》《续学治臆说》，后在光绪十二年陆续补刻了《病榻梦痕录》《梦痕录余》《双节堂庸训》《说赘》，《说赘》最后完成，此时已是仲冬。估计任道镕初意在《龙庄遗书》全部，但在刻完前四种后，即离任；光绪十二年张曜来山东，"合《庸训》《梦痕录》都为一集"，续刻完成。所有书的行款都是一致的，皆为十行二十四字，白口，左右双边，单黑鱼尾。

任道镕为政一方，关注文化。在浙江，他于光绪二十八年上《浙江巡抚任道镕改设学堂奏》，创设浙江大学堂。抚鲁时期，他除了主持山东书局刻书，还为丰润赵国华《青草堂集》二集作序，为武进徐寿基《志学斋集》七种作序。他在山东官邸的堂号为“唫碧山房”。

三、陈士杰抚鲁时期

陈士杰(1825～1893)，字隽丞，湖南桂阳人。道光二十九年拔贡生，以办团练、镇压太平军而受到曾国藩的赏识，同治元年擢为江苏按察使。四年，加布政使衔。同治十年，任山东按察使，光绪元年赴职。后因文格被劾，牵连罢官。五年起复，署福建按察使，六年升山西布政使，七年擢浙江巡抚。光绪九年初任山东巡抚，至十二年六月，因病辞职。

陈士杰在山东三年多的时间里，吏治清廉，来往奔驰，亲自督工治理黄河水患。关于他与山东书局的交集，并没有史料记载。此时的山东书局刻书亦不多，除光绪十一年在同治十三年本《山东军兴纪略》上补刻张曜跋外，只刻了两种书，且由两任山东学政先后主持。

(一)导读书目

光绪十年，山东学政汪鸣銮主持刊刻清龙启瑞撰《经籍举要》一卷。

龙启瑞(1814～1858)，字翰臣，临桂人。道光二十一年(1841)状元，授翰林院修撰。二十四年，充广东乡试副考官。二十七年，简湖北学政。三十年(1850)，丁父忧，回籍。咸丰元年办广西团练，二年以侍讲学士升用，六年授通政司副使，简江西学政。七年(1857)迁江西布政使，八年九月卒于任。著有《经籍举要》《尔雅经注集证》《经德堂集》《小学高注补正》等。

龙启瑞任湖北学政期间，为解决初学者如何读书、读什么书的问题，著《经籍举要》一书以示学者。全书共收书一百三十一种，分经、史、子、集四类，另附约束身心、扩充学识、博通经济、文字音韵、诗古文词、场屋应试六类。

《经籍举要》在我国目录学史上有其特殊的地位，被称为我国第一部导学性举要书目，为后来的举要书目如《书目答问》奠定了初步的基础。姚名达在《中国目录学史·特种目录篇·举要目录》中说：“龙启瑞撰《经籍举要》，始择取诸生急需精读之书，略述其内容得失，指示读法……于经史子集以外，复以约束身心、扩充学识、博通经济、文字音韵、诗古文词、场屋应试六项分类，颇合初学之用。张之洞之《书目答问》，即仿其意而作者也。"①

书成之后即刻，有道光二十八年刻本，板置于江汉书院。光绪七年，龙启瑞长子龙松岑于京师重刻此书，为经德堂本。光绪十九年，袁昶对原本作了较大变动，新增书籍有百余种，刻于中江讲院。另有光绪八年陆廷黻甘肃刻本、光绪十年山东书局刻本、光绪二十四年桂垣书局刻本、光绪间大兴陈庆松刻本、《渐西村舍汇刊》本、《丛书集成初编》本等。

光绪十年山东书局本，依光绪七年龙氏之子龙松岑重刻本而刻，卷端下有其堂号"经德堂"。内封面有牌记："光绪甲申孟春月重刊于济南。"前有光绪十年山东学政汪鸣銮识："《经籍举要》一书，临桂龙翰臣前辈视学楚北时所辑以示多士者也。……适检箧中，得是编，重付剞劂，以诒诸生。"书衣题签："汪鸣銮题检。"十一行二十八字，小字双行二十八字，黑口，左右双边，单黑鱼尾。

此书是山东书局所刻精品，说其"精"，有以下原因。

一是山东书局本最接近龙氏原本，能够体现龙氏之目录学思想。

现行的《经籍举要》版本中，以光绪七年本最为简洁。此书第一个版本道光二十八年刻本久毁，浙西后学袁昶游海王村偶得之，后在光绪七年由龙启瑞之子龙松岑假以重雕，是为经德堂重刻本。光绪十九年袁昶中江讲院刻本，是流传最广、影响最大的版本，但其不仅扩大龙启瑞本的篇幅，还调整龙启瑞本的选书标准，他在书下所作注语，也反映了他对某些书的认识。比如，"国朝方苞《周官集注》"条下，龙氏原注："案是书世无单行本，仅见《通志堂经解》中"，袁氏另加："训诂简明，最便初学。"足见他对此书的厚爱。再如，"宋卫湜《礼记集说》"条，龙氏原注有"是书采汉至宋说礼之言凡一百四十余家，最为赅博，去取亦极精审"的评价，而袁氏则仅保留"案是书世无单行本，仅见《通志堂经解》中"一句，似乎对龙氏评价不以为然。徐有富说："显然，光绪十九年重刊本《经籍举要》流传最广，影响最大，而我们研究龙启瑞《经籍举要》的成就，当以道光二十八年本为依据。"②山东书局本所据为光绪七年本，而光绪七年本来自道光二十八年本，其中仅有个别书的增删。"光绪七年本删去了道光二十八年原有的

---

① 姚名达：《中国目录学史》，湖南大学出版社 2014 年版，第 317 页。

② 徐有富：《谈谈〈经籍举要〉》，《古籍整理研究学刊》2002 年第 6 期。

《孔子家语》《孔丛子》《惜抱轩十种》，加入了原本没有的《晏子春秋》，还对原本中先秦诸子的顺序作了调整，总体上说，光绪七年本为龙启瑞长子龙松岑经德堂家刻本，对原本改动不大。”①因此，山东书局本基本上可以窥见龙氏的目录学思想。

二是此书由当时的山东学政兼藏书家汪鸣銮主持刊刻。

汪鸣銮(1839～1907)，字柳门，号郎亭，一作郋亭，钱塘人，侨寓吴门。同治四年进士，历官编修，陕甘、山东、江西、广东学政，内阁学士，总理各国事务衙门行走，五城团防大臣，吏部右侍郎等。精于说文之学，能篆书。著有《能自疆斋文稿》。

编纂并刊刻山东士子读书目，是学政的职责。乾隆五十六年九月至五十八年七月，大兴翁方纲任山东学政。为规范士子用书，他将所有删本经书、小本高头讲章、策略考、墨卷、律诗等奏禁在案。阮元于乾隆五十八年接替翁方纲任，开列士子应读的书目，以备学生选择，后于乾隆五十九年刊刻《士子习读书目》，此为全国首个导读书目(学界一般认为龙氏目录是第一部导读目录，大抵因为阮氏目录流传少)。光绪九年，汪鸣銮始任山东学政，光绪十年即刊刻龙启瑞的《经籍举要》。之后，长白裕德于光绪十六年编纂刊行《经籍要略》，以此延续山东学政关注士人读书之一脉。

从汪氏个人角度讲，他喜藏书，懂版本，是刊刻《经籍举要》的内在动力。汪氏外祖父韩崇收藏颇富，后来所有藏书和金石器物均为汪氏所得。他在任山东学政时，收有陈鳣“向山阁”的旧藏和曲阜孔继涵“微波榭”的抄本数十种，建有藏书楼“万宜楼”。叶昌炽曾登其楼观书，称“宋元旧椠，士礼艺芸。相视莫逆，镇库之珍”。编有《万宜楼善本书目》一册，收有宋本十三种、元本十二种，明本、抄本、批校本、稿本数百种，皆为善本。其藏书于光绪末遇火被焚数架，其余所藏以八千元售予日本人，王謇称：“蕞尔八千袁氏币，万宜楼闭宋元沦。”汪氏不但懂书，而且很懂版本。藏书家吴昌绶曾与汪氏争购善本不得，于是记恨于心：“柳门非巧取即豪夺”“渠任东学，亦攘海源阁物”，所言当为光绪九年秋，汪鸣銮于东昌试毕，曾登海源阁并借元本《稼轩长短句》十二卷四册一函。汪氏还抄有杨绍和撰《海

① 徐有富：《谈谈〈经籍举要〉》，《古籍整理研究学刊》2002年第6期。

源阁藏书目》一卷。光绪十三年江标刊刻时，所据即汪氏抄本。[1]

（二）诗韵要籍

光绪十二年，山东学政陆润庠与布政使崇保合请山东书局刊刻清周兆基辑《佩文诗韵释要》五卷。

周兆基（？～1817），字廉堂，号莲塘，湖北武昌人，祖籍江苏吴江。乾隆四十九年（1784）进士，授编修，擢翰林院侍读学士，官至礼部尚书。

康熙年间，张玉书等奉敕撰《佩文诗韵》。此前，张氏等人于康熙五十年（1711）编成《佩文韵府》，这是一部词语汇编式的韵书，分韵一百零六，韵部内每一字下所收词语包括"韵藻""对语""摘句"三类。单字头计万余个，引录文章典故一百四十余万条，皆注明出处。但卷帙浩繁，携带不便，为适应一般举子需要，故删除词语，保留注释，成《佩文诗韵》。此书分韵、收字与韵字、先易后难的排列标准都与《韵府》相同。[2]

乾隆年间，周兆基犹以其繁复不简，为便士子习用，而去反切，略义项，删出处，增近音加以区别，终成《佩文诗韵释要》五卷。此书由博返约，明净简括，最便士林之用，遂掩《佩文诗韵》之名。此书传播日广，有朱兰、吴子实、洪文卿、徐琪、陆润庠等多种校本，版本亦有道光四年、道光十六年、同治四年、同治九年南皮张氏，光绪元年湖北崇文书局，光绪三年广东使署，光绪九年山西督学使署，光绪十八年广东学院，光绪十八年浙江书局，光绪二十二年成都尊经书院等十数种刻本。

在众多校本中，尤以陆润庠校本为精。光绪十二年，陆润庠为山东学政，他取各家刻本，细加校订，经山东布政使崇保推荐，交由山东书局刊刻。

陆润庠（1841～1915），字凤石，号云洒、固叟，江苏苏州人，著名医家陆懋修之子。同治十三年状元。历任山东学政、国子监祭酒、工部尚书、吏部尚书，官至太保、东阁大学士、体仁阁大学士，后为溥仪老师。卒赠太子太傅，谥文端。精书法。

崇保（1815～1905），字峻峰，号学莲，满洲镶黄旗人，萨克达氏。同治二年署兰州道，寻年署甘肃按察使，八年任甘肃布政使。光绪七年任山东布政使，光绪十四年因病免职。

---

① 参见来新夏：《书前书后》，《来新夏书话续编》，三晋出版社2009年版，第31页。

② 参见马文熙、张归璧等编著：《古汉语知识辞典》，中华书局2004年版，第303页。

崇保在山东布政司时，于光绪八年刻其姊百保《冷红轩诗》二卷、《词》一卷。光绪十二年，嘱山东书局刊刻《佩文诗韵释要》。是年，为山东书局重印陆润庠父亲陆懋修的《世补斋医书》作序。光绪十三年，续刻《交代章程》。

山东书局本有牌记："光绪丙戌孟春开雕。"卷端题："山左督学使者陆润庠重校。"前有光绪十二年陆润庠序："余视学山左，病场屋之无善本也，爰即是书校勘数过……校既竟，崇峻峰方伯、豫东屏廉访见而善之，乃属高辅山大令就书局锓版，诸公之嘉惠士林正非浅尠。"

此书之善本从此得以流传，民国二十三年上海商务印书馆排印本、1982年上海古籍出版社影印本，都是据山东书局刊陆润庠校本而来。

四、张曜抚鲁时期

张曜于光绪十二年六月至十七年八月任山东巡抚，在这五年时间里，山东书局除了补刻清汪辉祖撰《龙庄遗书》中的《病榻梦痕录》《梦痕录余》《双节堂庸训》《说赘》，刻《资治通鉴纲目四编合刻》所附的《校勘记》外，还刻有下列十数种书。

（一）经部之书

1. 光绪十四年（1888），山东书局刻宋朱熹编、清刘传莹辑、曾国藩重编《孟子要略》五卷。

《孟子》是朱熹最为重视的儒家经典之一。在朱熹的学术生涯中，他把大量的时间和精力花在了诠释《孟子》上，其最著者当为《孟子集注》。除此之外，还有《孟子精义》《孟子或问》《孟子要略》《读余隐之尊孟辨》等。其中，《孟子要略》在朱熹完成《孟子集注》后的第十五年编纂而成。此书一度亡佚，朱彝尊《经义考》载："朱子熹《孟子要略》，未见。"所幸朱子三传弟子、元代的金履祥撰有《孟子集注考证》，清人刘传莹便从金履祥此书中辑录《孟子要略》五卷，因刘氏得病未来得及整理，于是托付好友曾国藩将该书重编并付梓刊刻。曾国藩说："吾亡友汉阳刘茮云传莹始于金仁山《孟子集注考证》内搜出，复还此书之旧。""今散失既久，不可复睹，茮云仅能排比次第，属国藩校刻以显于世。"①

---

① 曾国藩：《曾文正公诗文集》文集卷二《孟子要略序跋》，《四部丛刊》本，转引自张启磊《朱熹〈孟子〉诠释著作析论》，《上饶师范学院学报》2018年第4期。

刘传莹(1817～1848),字实甫,号茮云,汉阳人。道光十九年(1839)举人,官国子监学正。少读顾亭林之书,以通经立业为志,尤喜方舆之学,精于天文推算、古文家之说,在音韵、考据、文字方面颇有作为。惜英年早逝,著作后多散佚。曾国藩之所以接受刘传莹之托,一是因为二人交往甚深,在学术交流过程中相互影响,刘去世后,曾还为其撰《墓志铭》;二是因为曾国藩本身就十分推崇孟子学说,他自认是孟子的私淑弟子,且要一生奉其为师。在曾氏的日记中,他多次提及读《孟子》、经常夜温《孟子》之事,并不时给儿孙讲解《孟子》。《孟子要略》所收录的二十二条曾氏按语,多属阐发义理性质的。

此书经曾国藩重编并加按语后即付梓刊刻,即世所传道光二十九年汉阳刘氏刻本,也是现存最早的版本。有牌记:"道光二十九年汉阳刘氏刊板。曾国藩署首。"十行二十五字,黑口,四周双边,无鱼尾。版心下刻:"汉阳刘氏藏版。"又有同治六年蒋氏衍芬草堂刻本。同治十三年传忠书局据汉阳刘氏本重刻,有原板牌记,另加小牌记:"同治十有三年传忠书局重刊。"行款有改变,为十行二十四字,黑口,左右双边,单黑鱼尾。版心下无"汉阳刘氏藏版"。此版系《曾文正公全集》本之一。

光绪十四年,山东书局据刘氏本重刻。封面题:"孟子要略五卷,朱子遗书之一。"有牌记:"光绪戊子山东书局仿刻汉阳刘氏椠本。"末有山阴陈锦识:"是书久佚,而不知金仁山《集注》已逐一分注曰'此为《要略》几卷之几章'。茮云刘君辑而录之,而是书之《章句》以出。曾文正公按卷诠次而是书之大旨以明。"山东书局本行款亦有改变,为十行二十四字,黑口,四周双边,单黑鱼尾。

此本之后,又有光绪十七年三余草堂刻《湖北丛书》本、光绪二十八年广雅书局刻本、光绪三十二年山西师范学堂铅印本等。

2.光绪十六年,山东书局刻汉郑玄撰、清孔广林辑《通德遗书所见录》十八种七十一卷、《叙录》一卷。

孔广林(1746～1814),字丛伯,号幼髯,曲阜人。孔子第七十代裔孙,衍圣公孔传铎之孙,孔继汾之子,戴震弟子孔广森之兄。廪贡生,署太常寺博士。博雅好古,专攻郑学,深于曲学,尤精元剧。阮元称"海内治经之人无其专勤"。著有《通德遗书所见录》《孔丛伯说经五稿》《孔氏敦本堂祠墓时仪注》等,重修《孔氏大宗支谱》。

乾隆三十九年,孔广林辑成《北海经学七录》,包括《易注》《书注》《驳异义》《箴膏肓》《发墨守》《释废疾》《郑志》，此为《通德遗书所见录》前身，有乾隆三十九年古俊楼刻本。卢文弨得此本《郑志》，手校之。古俊楼本亦有后印，光绪十二年孔宪琴跋云："伯祖丛伯公著有《北海经学七录》，刊自乾隆甲午，迄今百有余年，海内穷经之士时有来刷印者，皆因书板残缺，未暇补刻，是以世少全书。今年秋，宪琦弟、庆元、庆豫两侄商之于予，检家藏旧本而修整之，以广流传。"这是光绪十二年所印。

《七录》刻成后，日积月累，孔广林于乾隆四十二年（1777）辑成《通德遗书所见录》十八种，并叙而录之。时郑氏辑佚殿本已出，卢文弨校本已成，孔广林对二本多所取用。后因其父孔继汾《孔氏家仪》案等，纂辑之事中辍二十多年，直到嘉庆十七年（1812），"上年徇儿辈请录《说经五藁》既竣……入今年来，屏弃一切，宁神定志，取所辑七十二卷而检校之，而订正之，勉力清录，凡百有五十日，蒇厥事，叙其颠末，识之卷尾以示儿曹，时年六十有八矣。嘉庆十八年岁次癸酉夏六月九日甲辰"。方知此书最后写定于嘉庆十八年。此书包含《六艺论》一卷、《周易注》十二卷、《尚书注》十卷、《中侯注》六卷、《书大传注》四卷、《毛诗谱》一卷、《三礼目录》一卷、《答周礼难》一卷、《鲁礼禘祫义》一卷、《丧服变除》一卷、《箴左氏膏肓》一卷、《发公羊墨守》一卷、《释穀梁废疾》一卷、《论语注》十卷、《论语篇目弟子》一卷、《驳五经异义》十卷、《郑志》八卷、《孝经注》一卷，计七十一卷，加《叙录》一卷，共七十二卷。

《通德遗书所见录》书成后一直未刻，以抄本流传，直到光绪十六年，山东书局才将其刊行。山东书局本有牌记："光绪庚寅冬月山东书局开雕。"十行二十二字，大黑口，四周双边，单黑鱼尾。十八种卷数相属，卷端下题"通德遗书所见录卷某"。

此书是对郑玄著作的辑佚，也是孔氏辑佚学的代表作。山东书局本为此书第一个刻本，也是唯一一个刻本。

3. 光绪十六年，山东书局刻清孔广林撰《孔丛伯说经五稿》五种三十六卷，附一种一卷。

乾隆三十六年（1771），孔广林因乡试未中而绝意仕进，究心"三礼"。因其弟孔广森所辑《礼服释名》未能该洽，于是反复经传，䌷绎注疏，通修吉凶衣服，缀为《吉凶服名用》八篇，正式开始了他的著书辑书生涯。乾隆三十九年，其父孔继汾将校"十三经"定本，广林承命校勘。因于订正讹脱外，开始以己意阐发礼义，成《周官肊测》七篇、《仪礼肊测》十八篇。乾隆四十年，得汉代以来诸君子禘祫之说，考诸《戴记》，证以“三传”，而折中于《周官》经，撰成《禘祫觿解》二十篇。乾隆四十四年(1779)，广林念郑注《仪礼》最略，乃仿郑笺《毛诗》例作《仪礼笺》，增其所未备，申其所未显，辨其所可疑，参考互证，补其所未备者，成《士冠礼笺》。另有《明堂亿》，由孔广林与弟广森朝夕考证明堂制度，以问答体形式，列四十三条，未知成于何年。

以上诸书屡经广林勘订，直至嘉庆十七年始录成清稿，即《孔丛伯说经五稿》，包括《周官肊测》六卷、《叙录》一卷；《仪礼肊测》十七卷、《叙录》一卷；《吉凶服名用篇》八卷、《叙录》一卷；《禘祫觿解篇》一卷；《明堂亿》一卷。附《仪礼士冠礼笺》一卷。

《孔丛伯说经五稿》各书成后，有单刻者，但目前仅见一种，即《周官肊测》六卷、《叙录》一卷，曲阜孔广衡刻本。至于《仪礼肊测》，《续修四库提要》谓有道光家刻本，但未见。五书合成后，一直未刻，直到光绪十六年，山东书局将其刊行。

山东书局本有牌记：“光绪庚寅冬月山东书局开雕。”十行二十五字，大黑口，四周双边，单黑鱼尾。

4. 光绪十七年，山东书局刻宋朱熹撰《周易本义》四卷，附宋吕祖谦撰《音训》一卷。

《周易本义》是朱熹研易的重要成果。据白寿彝考证，朱熹《周易本义》自淳熙二年(1175)开始撰稿，初名《易传》。淳熙十三年(1186)稿成，始名《周易本义》。又经十二年修改，至庆元四年(1198)封笔。朱熹撰著此书的目的在于探讨《周易》一书的本来面貌，说明《周易》本是占筮的典籍，故称为《本义》。是书集宋代易学之大成，兼采两汉、魏晋、隋唐易说，融占筮、象数、义理于一体，而又卓然有所创立。它为元、明、清数百年间的易学开辟了广阔的诠释空间，在易学史和中国思想史上产生了重要影响。

朱熹这部注释《周易》经传的著作，影响三代官学六百余年，被反复刻印，版本众多，有“原本”“别本”两个系统。

“原本”即十二卷本，是朱熹最先规划的篇章卷次。《上经》《下经》《彖上传》《彖下传》《象上传》《象下传》《系辞上传》《系辞下传》《文言传》《说卦传》《序卦传》《杂卦传》，各为一卷，总十二卷，经传分离。现存最早的是宋咸淳元年吴革刻本，继之有康清熙雍正间内府影刻吴革本、康熙五十年扬州曹寅影刻吴革本以及同治四年金陵书局刻本、光绪十三年淮南书局刻本、光绪十七年山东书局刻本、光绪十九年江南书局刻本等。

“别本”即四卷本，是经三次变乱次序而形成的。首为宋董楷著《周易传义附录》，割裂《本义》散附于程颐《易传》之后。次为明成祖修《五经大全》，依董楷例。最后为士人病程《传》太繁，但《五经大全》本为官方定本，不敢轻易改动，于是删程《传》，而以程之次序为朱之次序。《四库全书总目》对此辨之尤详。这个三次变易后的四卷本，卷一为《上经》，卷二为《下经》，卷三为《系辞传》，卷四为《说卦传》《序卦传》《杂卦传》，《彖传》与《象传》分附于各条经文之下。这个本子最为通行，现存明本有近二十个，清本有五十余个，其中地方书局刊刻的就有山东书局、江西书局、湖南书局、江南书局、江苏书局、锦江书局、湖北官书处、浙江书局十余个版本。

山东书局本有两个：一是同治十一年丁宝桢刻《十三经读本》本，此为四卷本；一是光绪十七年刻本，此为十二卷本。

山东书局光绪十七年本有牌记：“光绪辛卯秋七月山东书局开雕。”有孙葆田《新校周易本义跋》，跋中历数淮南书局本、江南书局本以及山东书局同治本的弊端，表明其校本的精审。九行十七字，小字双行十七字，白口，左右双边，单黑鱼尾。

（二）史部之书

1.光绪十二年，巡抚张曜谕令书局提调官刻宋宋慈撰、清许梿编《洗冤录详义》。

宋慈（1186～1249），字惠父，建阳人。少时受业于同邑朱熹弟子吴雉，入太学，拜真德秀为师。南宋嘉定十年（1217）成进士。历任福建长汀知县、邵武军通判摄郡事、提点广东刑狱、广东经略安抚使、知常州军事、除直秘提点湖南刑狱等职。曾“四权臬司”，在当时即为著名的法医学家，被后世尊为世界法医学鼻祖。

宋慈为官二十年，长期与刑狱工作打交道，有丰富的刑狱经验，亦广泛收集历代有关司法检验的精华。他在湖南任职期间，于宋理宗淳祐七年（1247）编纂成《洗冤集录》五卷。

《洗冤集录》是世界上第一部系统的法医学著作。它广泛总结了宋以前法医学尸体检验的经验。内容涉及大部分现代法医学的中心内容，对于尸体现象、窒息、损伤、现场检查、尸体检查等方面，作了大量的科学观察和归纳。其范围之广、内容之深入，为后世法医学奠定了基础，成为后世历代检验书籍的祖本。

《洗冤集录》书成后，宋理宗赵昀大为欣赏，下令颁行全国，要求办理刑案的官吏人手一册，将其奉为圭臬。此书经历代增益，不断涌现各种刊本，这些刊本或解释，或注疏，或补充，或订正，其中以海宁许梿的《洗冤录详义》影响最大。

许梿(1787～1862)，初名映涟，后改为梿，字叔夏，号珊林，浙江海宁人。道光十三年(1833)进士，选直隶知县，未赴任，荐修《国子监金石志》，书成，改知州，选山东平度州。笃治经术，精治六书，精通医学、律学，一生著述、刻书成就显著。

许梿居官三十年，长期决狱断案的经历使其深感司法检验的重要性。他以《宋元检验三录》(宋宋慈《洗冤集录》、元赵逸斋《平冤录》、元王与《无冤录》)为蓝本，参互考订，增补阙无，纠正谬误，成《洗冤录详义》四卷。

《洗冤录详义》是《洗冤集录》的增注本。除校录原文外，还在每段加眉注小标题，另有评论、释义，对原文蕴义颇多阐发，更易于读者理解。许梿本人亦有多年的验尸实践，他根据尸骨实物重新绘制了比较确切的全身骨骼解剖图，并附说明，这是此书的一大特点。

该书成书后由许梿在咸丰六年刊行，此即古均阁本。之后，又有光绪二年吴县潘祖荫滂喜斋刻本、光绪三年潘霨湖北藩署刻本、光绪九年贵州臬署刻本、光绪十二年山东书局刻本、光绪十六年湖北官书局刻本等。

山东书局本有牌记："光绪十二年丙戌秋九月开雕，山东书局藏版。"封面有："古均阁许氏藏版。"可知据许梿古均阁初刻本而来。有光绪十二年南皮高其镇、宝应祁寿麐二序。高其镇《重刻洗冤录详义序》称："钱塘张大中丞(按：张曜)来抚是邦，接见僚属，殷殷以吏治勖，出《洗冤录详义》一编，谕令付梓，并与安宜祁君瑞符，各为之序。校对之下，见其书博采群言，历援成案，训诂切而条贯备。"祁寿麐《重刻洗冤录详义序》称："(张曜)又出《洗冤录详义序》进书局提调官渤海高君辅山，而命之曰：'此吾乡人许珊林太守所为书，初刻于其家古均阁，再刻于杭郡书肆矣。顾吾望官是省者咸为循吏，毋冤民而俾民自冤也，其覆刻之，益以广其传。'高君谨奉以付手民。"知为巡抚张曜谕令书局提调官付梓。

2. 光绪十三年，巡抚张曜主持刊刻清孟广均纂、陈锦重纂《三迁志》十卷。

孟广均(1800～1869)，字雨山，号青霆，邹城人。孟子七十世孙。道光五年(1825)拔贡,八年(1828)举人。袭翰林院五经博士。著有《重纂三迁志稿》《孟子世家流寓章丘支谱》等。

陈锦(约1821～1890后),字昼卿,号补勤老人,浙江山阴人。道光二十九年举人,同治八年来山东,任济东泰武临道候补道,光绪十三年春任山东盐运使候补道。室名为"橘荫轩"。著有《补勤诗存》《勤余文牍》《学庐自镜语》《东溟校伍录》《醪河陈氏诵芬录》《文庙从祀位次考》《时艺轶存》《越中感观录》《重纂三迁志》《诗韵释音》等。

《重纂三迁志》成书过程颇为曲折。《三迁志》在明代有四修,康熙六十一年(1722)又修,雍正间有增补。道光十五年,孟广均约请邹县举人马星翼重修《三迁志》。历时七个月,完成了一部书稿。此稿仍循原来体例,是对雍正本的增补。稿成后,请日照许瀚等校阅。书成后一直未刻,同治十一年,山东盐运使、候补道陈锦,受委派来邹城主持重修孟子林庙,孟氏七十一代翰博孟昭铨将其父广均所藏书稿(包括许瀚驳正稿)呈请陈锦校正。陈阅后有意重纂完成这部著作,但一时无暇顾及。到光绪五年,陈锦请示山东巡抚后,约请刑部主事荣成孙葆田、翰林院庶吉士柯劭忞等,在孟广均原稿的基础上进行重纂。稿成后又搁置八年,直到光绪十三年,张曜任山东巡抚时,始梓行传世,自始至终前后历经五十二年。

作为一部孟氏专《志》,一部与《阙里志》《陋巷志》《宗圣志》相提并论的圣《志》,《重纂三迁志》的编纂、刊刻凝聚了众人的心血。此书在内容上补充了雍正本刊行以后一百五六十年间的世职延续、林庙兴修及相关的记文、题咏等。卷首有御制文、圣像及诸图。卷一为孟氏世系、孟子年表。卷二为事实,辑录孟子生平事迹。卷三为经义,包括诸儒解经、历代尊经、诸儒传述,历代有关《孟子》的著作,末附佚文。卷四为历代祀典,包括爵享、林庙、祭仪、乐章、礼器。卷五为从祀。卷六至卷九为艺文,收录历代有关孟子的文字。卷十为杂志,记录异闻奇事。是书搜集资料较全,编纂体例亦尚严整,对于了解孟子生平、历代尊孟及祀典、有关《孟子》的著述等颇有助益,是孟《志》的最完备之本。

此书为巡抚张曜主持刊行,现存只有山东书局一个版本。有牌记:"光绪十三年岁次丁亥孟冬山东书局刊成。"有《编纂名衔》。有光绪十三年抚东使者钱塘张曜序,陈锦序:"又越八年,钱塘张公巡抚是邦,始出是编,付省垣书局锓行于世。"又有光绪五年荣成孙葆田序。十行二十四字,黑口,四周双边,双对黑鱼尾。

三年后，孙葆田删定刊行《孟志编略》。这是《重纂三迁志》的节本，取《重纂三迁志》之《年表》《事实》《祀典》《从祀贤儒传》《历代注解传述》《杂志》等内容以成之。书后附《许印林氏驳正孟雨山博士〈重纂三迁志〉稿三则》，具有重要的学术价值。

3. 光绪十六年，山东书局刻清朱克己撰《井田图考》二卷。

朱克己，活动于乾隆、嘉庆年间，会稽人。诸生。聪明静穆，嗜古读书，凡经史百家通考诸书，无不毕览。于古先哲王制作名物象数，无不穷搜博采，详加考订，务使古制行于当世，被山阴陈基称为“非复寻常考订家也”。

朱克己撰著此书费时很久。从乾隆五十一年(1786)至嘉庆二年(1797)，历时十二年，五易其稿而成。朱克己嘉庆二年十二月识曰：“余向观书，至井田图，规方若棊局，然其沟洫之制无从见，心窃憾焉。参考十余年，颇有会意，敢集众说而折衷之，并绘诸图，以发前人之覆。然非敢为是也，聊存此以俟异日之订定云尔。”述此书之所由来。

书分上下卷。上卷包括周尺图(并说)、一井之图(并说)、四井为邑之图(并说)、一成之图(并说)、小国五十里图(并说)、次国七十里图(并说)、大国百里之图(并说)、王畿千里之图(并说)、王城图(并说)、方里十二巷之图、民居同巷之图(并说)、全市之图、一肆之图(并说)、井田兴废考、古尺步考、古今尺步量衡考、沟洫考、隄防考、授田考、余夫考、五亩之宅考(附树桑)。下卷包括乡遂考、经涂环涂野涂考、四境封树考、车乘考、制军考、登民数考、乡学考、分田制考、九州舆地考。计“图”十三，“考”十七，附郑氏沟洫井田图说辨(附图七)。

山东书局本是此书的唯一版本。封面题：“光绪庚寅夏五，井田图考，山东书局锓。”并刻有“山阴陈氏藏书”木记。前有嘉庆五年陈基序、光绪十六年陈锦识，目录后有嘉庆二年朱克己识。十一行二十二字，小字双行二十二字，白口，四周双边，单黑鱼尾。

4. 光绪十六年，山东学政裕德编辑并刊刻《经籍要略》一卷，附《劝学八则》。

裕德，字荣俊，号寿田，氏喜塔腊，隶正白旗。光绪二年进士，散馆授编修，升侍读，充咸安宫总裁，督山东学政。累官兵部尚书。光绪二十九年协办大学士，授体仁阁大学士。卒谥文慎。

裕德在任山东学政期间，为给学者指明问学门径，编成《经籍要略》，以提要形式推荐书籍。全书分经、史、子、集四类，收书三百三十三种，其中经部九十八种、史部九十四种、子部六十五种、集部五十六种。《经籍要略》吸收了龙启瑞《经籍举要》新颖的解题形式和张之洞《书目答问》成熟的分类体系，成为鸦片战争以后国学导读书目的最佳者。

此书成后，即由山东书局刊成，而这个版本也是其唯一的版本。书有牌记："光绪庚寅秋山东书局刊。"封面题："板存学署。"前有《凡例》十则，后有《劝学八则》。有光绪十六年长白裕德序，称："甲申、乙酉间，前辈汪柳门侍郎视学此邦，尝重刊龙翰臣方伯《经籍举要》以嘉惠士林。予奉命督学之明年，思为印行以广其传，而板已不存，间与同年友孙君佩南商及，君因出阮文达公督学时所刊书目相示，予喜，亟以告朗斋宫保，并属书局重为梓行。复思文达督学山东，至今近百年矣，治教昌明，学问之途日辟。其间淹贯经史、著述宏富者更不乏人。自粤匪所至，图籍焚如。今海内敉安，各直省承诏开局刊刻书籍，经、史、子、集渐次大备，寒畯之士诚能节衣贬食，按籍购求，亦不至无书可读。特患穷乡僻壤，问学未得门径，则弇陋者固囿于见闻之不广，而务为泛滥者又终于勤苦而鲜成。予暇日因参阅龙氏书目，稍为增删，名曰《经籍要略》。于时朗斋宫保方饬各府州县振兴书院，见此编而善之，亟属付梓，与阮本并行，俾多士有所观摩，庶几人尚实学，正教益明，于士习所趋不无裨益。"十行二十三字，小字双行二十三字，黑口，四周单边，单黑鱼尾。

裕德此书，不仅是山东士子读书目录的最佳者，而且在全国来看也是极具实用价值的。它的内容以《经籍举要》为本，分类以《书目答问》为纲，编纂目的是为寒士所备，多列通行之本。至于择取标准，于经学不偏主汉宋，史学不专尚文章，子书必期有用，集部必取正轨。其中，凡山东人著述尽力收入，但不载应试之书。

此书的提要与《经籍举要》相比更完善。首先是版本著录很详尽。长泽规矩也说："举其易得之版本，为劝学之备。""比之'龙书'，虽少说明，而版本之注记完备。"[①]其次是关注山东地方文献，不仅收入山东人著述，还收入与山东有关的人的著述以及山东刻书。再次，是对《经籍举要》之误进行纠正。

---

① ［日］长泽规矩也编著：《中国版本目录学书籍解题》，梅宪华、郭宝林译，书目文献出版社 1990 年版，第 158 页。

5. 光绪十七年，山东书局刻明戚祚国撰《戚少保年谱节要》六卷。

此书的内容为戚继光年谱。戚继光是明代著名抗倭将领、军事家，登州人，被誉为民族英雄。著有《纪效新书》《练兵实纪》《止止堂集》等。

戚祚国(1567～1622后)，戚继光长子。袭祖职，任指挥佥事。天启初与兄弟编成《戚少保年谱耆编》十二卷、《首》一卷。书成即刻，未见传本。今存道光二十七年仙游崇勋祠刻本，卷端署："阃嗣祚国汇纂，缇嗣昌国集录，廪嗣报国详订，庠嗣兴国参校。"此本后有光绪四年仙游崇勋祠补刻本。

《戚少保年谱节要》六卷，系《戚少保年谱耆编》的删节之本。《凡例》云："原书共十二卷，纤悉毕录。今但节其大要，重编为六卷。重编此《谱》以简明为主，卷删其篇，篇删其句，句删其字，止有减省，并无增加。惟文势不顺之处，间有移易先后。至其体例，悉依原书。原书系戚公嗣君所编，故用家严等字，今悉改易。原书地名、人名、官名，前后每每歧称，今改归一例。戚公所作诗文，已载《止止堂集》中者，概不复载，仍注目录。戚公所著战守、呈议、条约、图谱，已载《纪效新书》《练兵实纪》二书中者，不复赘录。戚公有《奏议》一书，未见传本，今悉依原谱录入，以备遗佚。至寻常案牍，仍行删去。"说明删减之处。

此节本只有一个版本，即清光绪十七年山东书局刻本。有牌记："光绪十七年季夏山东书局开雕。"十行二十一字，白口，四周双边，单黑鱼尾。

(三)子部之书

1. 光绪十二年，山东书局刻清陆懋修撰《世补斋医书》三十三卷。

陆懋修(1818～1886)，字九芝，号江左下工，又号林屋山人，苏州人。前述山东学政陆润庠之父。懋修先世以儒著称，且皆通医。懋修初业儒，候选直隶州州判，七试省闱不得志，遂肆力于医，精《内经》、运气，治宗仲景家法，活人无算。治病之暇，研讨《黄帝素问》等医学典籍，著述不辍，有《内经运气病释》等专著问世。

同治五年，懋修撰《世补斋医书》成，计六种，包括《世补斋文集》十六卷、《不谢方》一卷、《伤寒论阳明病释》四卷、《内经运气病释》九卷(附《内经遗篇病释》一卷)、《内经运气表》一卷、《内经难字音义》一卷，计三十三卷。

书成，即有同治六年刻本、光绪四年刻本。光绪十年，其子陆润庠、子婿沈彦模、门人濮贤慈等再次校勘刊刻，流传颇广。光绪十二年，陆润庠在山东学政任上，时任山东布政使的崇保为之作序，山东巡抚张曜为其题写书名，交山东书局重新刊刻。

山东书局本封面题："世补斋医书前集，张曜署检。"有牌记："光绪丙戌季秋山左书局重印。"山左书局，即山东书局。亦有原刻牌记："光绪甲申四月校刊。"甲申为光绪十年。又有朱记："苏省来青阁号代印装订。"此书前有《山左书局重印世补斋医书序》，末署"光绪丙戌秋九月望后三日愚侄崇保顿首拜撰"。

是年秋刻成此书，到冬天陆懋修就去世了。宣统二年(1910)，陆润庠又将其父校刊的医书四种二十五卷(《重订傅青主女科》三卷、《重订戴北山广温热论》五卷、《重订绮石理虚元鉴》五卷、《校正王朴庄伤寒论注》十二卷)刻成。

2. 光绪十六年，陈锦主持刊刻清徐大椿撰《慎疾刍言》一卷。

徐大椿(1693～1771)，字灵胎，江苏吴江人。清代著名医学家。学识广博，著述丰富，见重于当世。晚年隐于洄溪，自号洄溪老人。

《慎疾刍言》是徐灵胎晚年著作之一。他认为，"医法一误，必至伤生害命，尤不可不慎也"。此书着重剖析医界流弊，并论述误用补剂、内科杂病误治的原因，以期医家能谨慎治疾。"慎疾刍言，为溺于邪说俗见者痛下针砭，多惊心动魄之语。"《慎疾刍言》一书不但提出医生"慎疾"的方法即精研医术，而且在"延医篇"中对患者如何选择医生给出了中肯的建议。徐灵胎《慎疾刍言》体现了其严谨规范、审慎求真的从业态度，也对所有医者、患者有所警示。

此书一出，颇受欢迎，现存三十多个版本。光绪十六年山东书局本封面题："光绪庚寅夏月，山东书局重镌。"有徐大椿乾隆三十二年丁亥《慎疾刍言引》，后有两行："光绪元年乙亥春二月乌程汪曰桢校刊于会稽学署，光绪十六年庚辰夏四月山阴陈锦重刻于山东书局。"知此书据光绪元年乌程汪曰桢会稽学署刻本而来，此次重刊，由陈锦主持。十行二十二字，白口，左右双边，双对黑鱼尾。

3. 光绪十五年，山东书局刻宋朱熹撰、明陈选注《小学集注》六卷。

宋淳熙十四年(1187)，朱熹与弟子刘清之编成《小学》四卷，初刻于建阳。此书刊行后，一直是儒家启蒙教育的重要教材，多有注本，其中明代陈选注本流传最广，盛行于明清。

陈选(1430～1487)，字士贤，号克庵，临海人。明天顺四年(1460)进士。后授监察御史，巡按江西，旋督学南畿。成化六年(1470)，升任河南副使，不久改督学使，因治教有成，遂擢按察使，官至广东布政使。正德年间，追赠光禄卿，谥忠愍。著有《小学注》《孝经注》《冠祭仪礼注》。

陈选认为克己求仁为进修之要，追求克制自我，因自号"克庵"。他在督察南畿时，在学宫颁布冠、婚、祭、射的礼仪，命令诸生按时练习。他重教兴学，为生徒讲授《易经》。"尝病学者忽放骛远，处下窥高，而率无以得诸己，爰取文公《小学》，笔为《句读》《俗讲》二书，以端蒙养。"为变浮华之习，陈选作《小学集注》以教导诸生。

陈选《小学集注》六卷，分为内、外二篇。内篇设立教、明伦、敬身、鉴古四个纲目，外篇分嘉言、善行两个部分。格局简明，加之陈选注释时根据启蒙读物的要求，按原文指陈大义，务求浅近易读。因此，这一注解很受欢迎，被广泛采用，几成官方教材。

陈选注本最早的是弘治十八年(1505)王镲刻本，其后刻本有十余种。其中，崇祯、雍正二帝先后撰序刊刻于内府。晚清时期，同治六年金陵书局、光绪十五年山东书局、光绪二十三年金陵书局、八旗官学先后刊刻。

光绪十五年山东书局本有牌记："光绪十五年秋山东书局重刊。"有雍正五年十二月初三《御制小学序》，有《四库提要》一条，知所据为武英殿本及《四库全书》本。九行十八字，白口，上下双边，单黑鱼尾。

(四)集部之书

1. 光绪十四年，巡抚张曜主持刊刻明戚继光撰《止止堂集》五卷。

戚继光在抗倭过程中不仅刻了《维摩诘所说经注》《楞伽阿跋多罗宝经》《金刚般若波罗蜜经集解》等六部佛经，还以"镇守福浙地方总兵官中军都督府署都督同知"的身份在福建参与了千卷《文苑英华》的刊刻。但他自己的集子，如《纪效新书》《练兵实纪》虽然各有二十余个版本，但都是他去世后由别人所刻。在山东书局本之前，《止止堂集》有且仅有一个刻本，即明万历间刻本。目前所知，这个版本只有南京图书馆收藏。

《止止堂集》由戚继光于万历十年(1582)九月汇编而成。"止止堂"是他蓟州总理署中兼作理政之用的三间书房。"止止"者，取《周易》"大畜"卦意，意为"健而止"，即刚健而不妄行，可止则止，进退有度。此书包括《横槊稿》上、中、下三卷，《愚愚稿》二卷，共五卷。《横槊稿》上卷收诗歌两百余首，中卷汇集了不同时期撰写的赠序、纪行、墓表、墓志铭及贺表等，下卷为祭文、告文、盟誓文。《愚愚稿》上卷有对儒家经典的解读，有对兵书的摘抄记录；下卷主要是短篇小说和杂论，其中也记载了许多异闻奇事。《四库全书总目》称其诗“伉健近燕、赵之音”。

书成后，万历年间即刻行于世。此本前有万历二年(1574)工部尚书郭朝宾《序》，但书内有万历八年之事，知此书汇编始于万历二年，至万历九年(1581)汇成。戚继光原《横槊稿》和《愚愚稿》均为单刻单行，王重民《中国善本书提要》提及国家图书馆所藏明万历刻本《练兵实纪》“首行或铲作墨槽，或仍留‘止止堂集卷之’六字”，可知其篇章在汇编过程中是有变化的。万历之后是否刻过，不可得知，目前仅存这一万历本。直至乾隆年间，才被收入《四库全书》。光绪十四年，山东书局重刻时所据之本就是这个明刻本。

山东书局本封面题：“明戚武毅公止止堂集五卷，后学顺德李文田写题。”有牌记：“光绪十四年十二月山东书局谨依四库馆明本重刻。”书衣有黄纸黑框题签：“明戚武毅公止止堂集。”

前有《四库提要》，亦有《四库馆抽毁书目》本条：“《止止堂集》五本。查《止止堂集》系明戚继光撰，集内‘杨王启运’一条、‘宋瀛国公’一条皆有偏缪，应请抽毁。”有《明戚武毅公遗像》。有明万历二年郭朝宾原序。清光绪十五年三月翰林院编修王懿荣《重刻明戚武毅公〈止止堂集〉叙》：“光绪己卯、庚辰间，登州志局方纂《艺文志》，求戚武毅公此集不得，仅于其家得书一卷，乃后人所辑公诗十余首及私传数事，遂以著录，盖强名集。后三、四年，懿荣乃从翰林院署借得此集明刻五本，即乾隆间四库馆收录之底本也。中有杨王启运一条，宋瀛国公一条，当时奏准抽毁。又末缺数叶，亦无从搜补。于是募工对临一通，悉如原刻，谨以官本还署。又后三、四年，懿荣以服阙诣省会取咨，见巡抚张公，论及戚武毅兵法诸书，如《练兵实纪》《纪效新书》，童年时即爱而读之，其文集犹未得见也。时值山东书局方谋刻国朝以来海内未刻之书，爰举此集邮介张公重刻之……光绪十五年春三月翰林院编修福山后学王懿荣记。”知此书所据之本为明刻本，系《四库全书》底本，由翰林院编修、福山王懿荣从四库馆抄出，故有“光绪十四年十二月山东书局谨依四库馆明本重刻”的牌记。十行二十一字，小字双行二十一字，白口，四周双边，单黑鱼尾。

2. 光绪十五年，山东书局刻明姜埰撰《敬亭集》十卷、《补遗》一卷、《附录》一卷，清姜安节编《姜贞毅先生自著年谱》一卷、《姜贞毅先生年谱续编》一卷。

姜埰(1607～1673)，字如农，莱阳人。崇祯四年(1631)进士，授仪真县知县，官礼科给事中。以建言受廷杖，谪戍宣州卫。明亡后流寓苏州，镌私印曰“宣州老兵”。临殁遗命葬宣城，以明帝未有赦令不敢归也。著有《正气集》《嘤鸣录》《纪事摘谬》《敬亭集》。长子安节，字勉中，刻有《仰幸录》《孝经正义》《古大学释》《大衍正义》等理学著作，著有《永思堂诗钞》。季子实节(1647～1709)，字学在，号鹤涧，居吴中。有孝行，笃友谊。明礼科给事中，入清隐遁，布衣终老。有《鹤涧老人题画诗》一卷。

宣州境内有敬亭山，姜埰以“敬亭”名集，反映其遗民心境，故《敬亭集》是其在江山沧亡后抒发愤懑郁积的情感寄托。姜埰为诗始于得罪遣戍宣州后，其作诗效仿陶潜，取法杜甫。《四库全书总目》称：“朱彝尊《静志居诗话》称其风格一本杜陵。今观所作，大抵才本清刚，气尤激壮，故诗文皆直抒胸臆，自能落落不凡。然纵笔所如，不暇锻炼，故粗犷之语亦时时错杂其间，盖性情用事居多也。集本埰自定，分《敬亭》《馎饦》二集。其子安节等刊行，乃并合为一，统名《敬亭集》。后有《补遗》一卷，又埰殁后安节掇拾而成。”

考安节编《年谱续编》，有：“壬寅年五十六岁。是年选所作诗文，刻《敬亭集》，藏版于家，不以示人。”壬寅年为康熙元年(1662)，当时姜埰五十六岁，由此可知《敬亭集》为姜埰自刻。此年实节十五岁，《拾遗》《附录》《自著年谱》《年谱续编》等当为后来续刻，也应在康熙年间。

康熙本《敬亭集》收姜埰诗、文各五卷。卷一为四、五言古诗，卷二为七言古诗，卷三为五言律诗，卷四为七言律诗，卷五为五言绝句，卷六为跋、书后、序，卷七为奏疏，卷八、卷九为传，卷十为墓表、墓志铭、祭文。《补遗》一卷有赋、诗、序文、跋、墓志、说等。

卷端题：“明前礼科给事中姜埰字如农。”《姜贞毅公先生自著年谱》卷端有像，题“不肖次男实节泣血敬摹”。《年谱续编》署：“长男安节谨编，次男实节谨订。”《年谱》后正文前有黄周星序、钱澄之序、自序。《附录》一卷有魏禧、徐枋为其所作《传》，又有钱澄之撰《姜贞毅先生元配董孺人迁葬墓志铭》，康熙十九年魏僖撰《姜贞毅先生副室王孺人墓志铭》，皆江南遗民所作。十行二十字，小字双行字不一，白口，左右双边，双鱼尾。

此书自康熙年间刻后，未有再刻，直到光绪十五年，山东书局开雕。这是此书的第二次刊刻，也是最后一次刊刻。

书有牌记：“光绪己丑山东书局重刊。”书衣黄纸黑框题签：“姜贞毅先生敬亭集。”封面题：“姜贞毅先生敬亭集。”有《四库全书总目提要》一条。

有《姜贞毅先生荷戈遗像》，此叶版心下刻“不肖次男实节泣血敬摹”。十行二十一字，白口，四周双边，单黑鱼尾，行款与康熙本不同。

3.光绪十五年，山东书局刻清张尔岐撰《蒿庵集》三卷、《拾遗》一卷、《附录》一卷，《蒿庵闲话》二卷。

张尔岐(1612～1678)，字稷若，取“蓼蓼者莪，匪莪伊蒿”(《诗经·小雅·蓼莪》)之义，号蒿庵，山东济阳人。晚明诸生，入清不仕，教授乡里以终。尔岐学问渊博，好古深思，长于经学，尤精“三礼”，是明清之际的经学大家。著有《仪礼郑注句读》《易经说略》《诗经说略》《书经直解》《老子说略》《春秋三传驳义》《蒿庵集》《蒿庵闲话》等。

《蒿庵集》为张尔岐手定之本。《四库全书总目》曰：“是集尔岐所自定，凡杂文七十篇。大抵才锋骏利，纵横曼衍，多似苏轼，而持论不免驳杂。盖尔岐之专门名家，究在郑氏学也。”

《蒿庵集》最早版本为乾隆三十八年临桂胡德琳刻本。胡氏于乾隆二十五年(1760)任济阳县令，对张尔岐事迹多有了解。刻此书时，胡德琳在东昌府尹任上，故有乾隆三十八年胡德琳东昌郡斋识：“承乏济阳凡五六年，求其集未得。”另有李焕章序。书刻成后，板归济阳县衙，封面题：“乾隆三十八年栞，济阳县衙藏板。”目录题：“济阳张尔岐著，秀水后学盛百二订，桂林后学胡德琳编，历城后学周永年校。”与胡德琳为友的盛百二、周永年也做了此书的校订工作。十一行二十一字，白口，左右双边。

张翰勋《〈蒿庵集〉〈蒿庵集捃逸〉整理简记》言此书又有嘉庆十八年王赓言校勘重刻本①，但此本未见。

光绪十五年山东书局刻本，系将《蒿庵集》《蒿庵闲话》合刻，书衣黄纸黑框题书名：“蒿庵集，蒿庵闲话。”有牌记：“光绪十五年山东书局重刊。”封面题：“蒿庵集三卷坿蒿庵闲话二卷，黄岩后学张濬署检。”

《蒿庵集》首录《四库全书总目》一条，《附录》亦载尔岐去世后的传记、遗事、赞挽等。胡德琳序、李焕章序均在，知此本据胡氏本而来。山东书局本较之胡本，多《拾遗》一卷，此为山东书局自潍县高鸿裁、陈介祺家藏稿补入，凡诗文词十余篇。②

---

① 张翰勋：《〈蒿庵集〉〈蒿庵集捃逸〉整理简记》，《古籍整理研究学刊》1989年第3期。

② 参见张翰勋：《〈蒿庵集〉〈蒿庵集捃逸〉整理简记》，《古籍整理研究学刊》1989年第3期。

《蒿庵闲话》二卷，成于康熙九年(1670)，是张尔岐二十年的随手所记，“以其经学则无关大义，于世务亦不切得失，故命之《闲话》焉”。

此书成后，首有康熙间徐氏真合斋磁版印本，历城周永年有藏，益都李文藻从而抄刻。于是在李文藻任职广东潮阳县衙时，有了此书的第二个刻本，即乾隆四十年李文藻潮阳县衙刻本。潮阳本封面题：“乾隆乙未锓，潮阳县衙存版。”首有张尔岐自序，末有乾隆四十年李文藻跋、蒋因培《附记》。李文藻跋曰：“《蒿庵闲话》二卷，凡二百九十九条，向有真合斋瓷版印本。予假抄于历城周书昌永年，携至岭南，藏行箧五年，始校而刻之。”此书收入历城周永年汇印的《贷园丛书初集》。十一行二十二字，黑口，左右双边，单黑鱼尾。

此书后有嘉庆二十一年蒋氏刻本、道光刻《昭代丛书》本、咸丰刻《粤雅堂丛书》本等。

《蒿庵闲话》光绪十五年山东书局本，与《蒿庵集》同刻，如上述。录《四库全书总目》一条，罗有高序、李文藻刻书跋一如潮阳本，知山东书局本来自潮阳本。但行款不同，为十行二十一字，白口，四周双边，双黑鱼尾。

(五)丛部之书

光绪十五年，山东书局奉巡抚张曜之令，取章丘李氏藏板补刻、重印马国翰的《玉函山房辑佚书》系列书，名《马氏全书》，刷印六十部。

丁宝桢刷印时，只补刻了匡源的序和《总目》。张曜此次补刻，内容较多，有马国翰辑并撰《玉函山房辑佚书续补》十一种十四卷、《目耕帖续补》二卷，后附蒋式瑆撰《书后》一卷、《手稿存目》一卷。封面题：“玉函山房辑佚书目耕帖续补十六卷坿二，蒋式瑆署。”有牌记：“光绪己丑章丘李氏校刻。”有光绪十四年蒋式瑆《校勘马氏手稿记》、光绪十五年马国翰外孙李元琎识。这次补刻、刷印所成，应该是马氏著述的最全之本，张曜及山东书局对马氏著述整理，功莫大焉。

五、福润抚鲁时期

福润(约1834～1900)，字少农，蒙古正红旗。副贡。同治元年签兵部行走，历任工部员外郎、司务厅武选司掌印，赏戴花翎。同治八年选授山东莱州府知府，光绪九年调补济南府知府，十年补授山东督粮道，十二年补授山东盐运使，旋调补山东按察使，十四年署理山东布政使，十七年任山东巡抚，二十年调安徽巡抚，二十二年离安徽任，二十六年（1900）八国联军入侵北京时，阖家遇难。

福润自同治八年十一月任山东莱州知府，至光绪十七年七月任山东巡抚，除了任湖北按察使短暂的三个月，他在山东为官整二十年，先后任莱州知府、济南知府、山东督粮道、山东盐运使、山东按察使、山东布政使。自任山东督粮道始，历陈士杰、张曜两任巡抚。自光绪十七年七月至光绪二十年七月调任安徽巡抚，他在山东巡抚任上又整整三年。故，光绪二十年七月十六日上谕山东巡抚著李秉衡调补，福润著调补安徽巡抚，福润在七月二十七日的奏折中说："奴才服官山左，已历廿年，承乏疆圻，又历三载。"①为政山东二十三年，福润与山东有着深厚的感情，他对山东文化是了解的，对山东书局的刻书也是有影响的。在其巡抚任上，山东书局共刻过五部书。

（一）风教之书

光绪十八年，山东书局刻清周保珪撰《制服成诵编》一卷、《制服表》一卷、《丧服通释》一卷。

周保珪（1844～1885），字桐侯，自号环溪，嘉定人。同治十二年举人，为王文韶幕宾。擅长诗文书法，精医术。卒于时疫，年四十二岁。著有《制服成诵编》《环溪杂识》《环溪诗录》等，任光绪《嘉定县志》分纂。其孪兄周保璋（1844～1897），字礼南，号峨卿，自号境湄居士。同治九年举人。精通声韵之学，擅长诗文书法，兼通医术。曾在震川书院执教。有《蚕桑辑说》《童蒙记诵编》《境湄长短句》。保珪、保璋时称"周氏二难"。

《制服成诵编》为周保珪平生精力所萃，六削其稿，阅数年而成。其书汇繁举要，据《仪礼》《开元礼》《政和礼》《明会典》《大清律例》《大清会典》《大清通礼》等书，辑中国古代之丧服制度，表以明之，歌以括之，使人因文求情，以察于伦理，俾家喻户晓，闾塾子弟易于学习。其先为《制服表》，后为正文，皆以七言诗言其制，有疑难者加注于下。内有五服冠服绖杖履通例、本宗九族五服、妇为夫族服、女出嫁为本宗降服、异姓亲服、三父八母服、为人后者为本生亲属降服、兼祧分祧服、丁忧给假通判、丧服通释等目。

---

① 中国第一历史档案馆编：《光绪朝硃批奏折》第九辑《内政》，中华书局1995年版，第926页。

光绪十一年，保珪客杭州王文韶小和山庄，教文韶次子读书。冒暑为人治病，积劳感疫去世。光绪十三年，周保璋校勘此书，王文韶为之作序并刻于武林红蝠山房。光绪二十一年又有王氏石印本。

王文韶(1830～1908)，字夔石，号耕娱(一作"赓虞")，晚号退圃，浙江仁和人。咸丰二年进士，历湖北按察使、湖南布政使、湖南巡抚。光绪十五年擢云贵总督，二十年署理直隶总督。为军机大臣先后十五年。红蝠山房为王文韶在杭州的寓邸。

因王文韶曾任湖南巡抚，故此书在杭州刻后，又刻于湖南，但未见传本。光绪十五年，王文韶升云贵总督，次年此书在云南书局又刻，此本现存。另此书在光绪十七年收入湘西李氏所刻《读礼丛钞》中。

光绪十八年山东书局本有牌记："光绪壬辰夏重刊于山东书局。"有光绪十八年山东巡抚福润《重刻制服成诵编序》："嘉定周桐侯孝廉，约五服今制为韵语十一章。首为《表》，末为《通释》。其弟峨卿校勘卒业。桐侯、峨卿，皆今云贵制府王夔石大司马高第弟子也。大司马览而善之，为刻于浙，刻于湘，又刻于滇。汤幼盦方伯自滇来，将推大司马之意，重付梓人，以广其传，而问序于余。"述此书刊刻始末甚详。

汤幼盦方伯，即汤聘珍。汤聘珍，字幼庵，湖南善化人。贡生。曾于咸丰初年在湖北巡抚胡林翼军营效力，因有军功，奉旨以知县用，赏六品顶戴。光绪十六年由云南临安开广道道员升任广西按察使，光绪十七年升任山东布政使。刻此书时，即在山东布政使任上。

(二)修身之书

1. 光绪十九年，巡抚福润主持刊刻清萧培元撰、王寿三注《二十四孝弟诗辑注》二卷。

萧培元(1816～1873)，字钟之，号质斋，云南昆明人。咸丰二年进士，选庶吉士，授翰林院编修。同治元年任济南府知府。修文庙，设义学，军事防御、治理黄河皆有成效。同治七年，升任济东泰武临道道员。同治十二年，升任代理山东按察使。同年去世，葬于济南辛甸。光绪元年，入祀山东名宦祠。

萧培元在同治八年刻有《二十四孝图诗合刊》，前有同治七年匡源序，称："萧质斋观察同年复命寮佐李君按图重绘，各系试律一首。"以故事配以图、诗。同治九年，萧培元复采古之有弟行者，起虞舜，讫明代陈世恩，共二十四人，仿前式，刻《二十四弟图诗合刊》。又有匡源同治八年序。二书成后，有多个版本，济南聚和堂、济南文英堂、济南同文堂等刻书铺子相继刊刻。济南雕藻斋鲍连元是同治时省城济南有名刻工，同治十二年也刻过此书。民国二十二年，黄县李氏又重刻。

萧培元弟子王寿三，字鲁卿，牟平人，又将其师《二十四孝弟诗》加以注释，成《二十四孝弟诗辑注》一书。此书无图，仅有诗及注释。

光绪十九年山东书局本有牌记："光绪十有九年岁次癸巳夏五月山东书局刊。"卷端题："滇南萧培元质斋著，牟平王寿三鲁卿注。"有光绪十九年福润《二十四孝弟诗辑注序》，备述此书对于敦风化俗的作用。八行二十字，小字双行二十字，白口，四周双边，单黑鱼尾。

2. 光绪二十年，巡抚福润主持刊刻清蔡云撰《文昌阴骘文诗》一卷。

蔡云（1764～1824），原名靖，字立青，号铁耕，别号岁寒居士，江苏昆山人。嘉庆九年贡生。钱大昕弟子，曾与瞿中溶、陆准等同侍坐于潜研堂，共论汉五铢、唐开通等钱得失。著有《癖谈》《借秋亭诗草》《吴歈百绝》《清白士集校补》等。

此书目前仅知有光绪二十年山东书局刻本。另，宁波市天一阁博物馆藏蔡云撰《文昌帝君阴骘文试帖》一卷，为光绪九年刻本，不知与此本是否有关系。

山东书局本有牌记："光绪二十年岁在甲午春三月山东书局刊行。"有光绪二十年福润于山东节署序："岁癸巳，予刊刻萧质斋观察《二十四孝诗》，分布学校，俾广流传。兹峄县萧广文震峰又以蔡铁耕先生所著《阴骘文诗》、全辛斋农部所著《朱子家训诗》二种见贻。予受而读之，爱其格律谨严，吐嘱华贵，不失风人忠厚之旨，而于帝君醒世之苦心、柏庐治家之至意，均能阐发靡遗，洵善本也。因续付剞劂，俾与《二十四孝诗》并垂不朽。"述刊刻源流及意旨。与此书并行的还有《朱子家训诗》。十行二十一字，白口，四周双边，单黑鱼尾，无行格。

3. 光绪二十年，巡抚福润主持刊刻《朱柏庐治家格言诗》一卷。

《朱柏庐治家格言诗》一书未署著者，内容源于朱用纯《治家格言》。朱用纯（1627～1698），字致一，号柏庐，昆山人。明诸生，入清隐居教读，居乡教授学生，潜心治学，以程朱理学为本，提倡知行并进，躬行实践。著有《大学讲义》《中庸讲义》《毋欺录》《朱柏庐先生治家格言》《朱子家训》《治家模范》等。

此书将朱用纯四字一句的《治家格言》用五言诗的形式表现出来，与蔡云的《文昌帝君阴骘文诗》同时刊刻（见上条山东巡抚福润序《文昌帝君阴骘文诗》）。此书即序中所述《朱子家训诗》，言“全辛斋农部所著”，但不知全辛斋农部到底是何人。

此书目前仅知有光绪二十年山东书局本，有牌记：“光绪二十年岁在甲午春三月山东书局刊行。”十行二十一字，白口，四周双边，单黑鱼尾，无行格。

（三）先辈之书

光绪二十年，山东书局刻清倭仁撰《倭文端公遗书》十一卷、《首》二卷。

倭仁（1804～1871），字艮峰，号艮斋，蒙古正红旗人。道光九年（1829）进士，累升为大理寺卿。同治元年晋工部尚书，旋授文渊阁大学士。倭仁是晚清著名理学家，在道、咸、同士林中颇具影响。他反对新政，主张“立国之道，尚礼义不尚权谋。根本之图，在人心不在技艺”。主修《钦定户部则例》一百卷，著有《为学大指》《莎车行纪》等。

倭仁在世时，其著述以抄本流传；去世后，始陆续刊行。《倭文端公遗书》就在其身后刻成。《倭文端公遗书》包括《讲义》《奏疏》《为学大指》《日记》《杂稿》《吏治辑要》《莎车行纪》《嘉善录》等。有光绪元年六安涂氏求我斋刻本、光绪三年广东翰元楼刻本、洪氏唐石经馆丛书本、光绪二十年山东书局刻本。山东书局本是倭仁此书收集资料最多之本，有牌记：“时光绪二十年秋七月，山东书局重刊。”十行二十一字，白口，四周双边，单黑鱼尾。

倭仁此书能在山东书局刊刻，得益于福润，福润是他的胞侄。光绪二十年春，福润僚属吴幼琴向他出示其祖吴卿弼的《蕢华屋蜕稿（蕢华屋蜕余）》一书。[吴卿弼（1791～1845），字岩夫，号伯明，毗陵人]福润极为赞赏，怂恿其付梓刊刻，为序曰：“余少侍先文端公，侧闻评骘海内人物，文辞巨丽，盛推江左。”“嗣与老友吴君琴甫相遇山左……余雅慕高躅，进求遗箸，乃墨本远在江南，仅就琴甫所记录者讽诵一二，未多见也。今更十余年，琴甫子幼琴年甫冠，自江南来，招入余幕，出是稿。……而先文端公之遗训固愈不可没已。亟怂恿付梓，并志其缘起而为之序。光绪二十年仲春，蒙古福润序于山东节署。”

“余少侍先文端公”，说明他与倭仁的亲密关系；“而先文端公之遗训固愈不可没已”，说明他已意识到刊刻倭仁遗书的必要性。此书刊于光绪二十年秋，福润正是于此年七月离任赴安徽任，这是他在山东刻的最后一部书。

六、李秉衡至周馥抚鲁时期

光绪二十年，李秉衡任山东巡抚，因办理防务需要经费，遂将山东书局并入山东通志局，山东书局的出版开始进入萧条期，中间历张汝梅、毓贤、袁世凯三任巡抚。至光绪二十八年周馥在任，全国开始新设官书局，进入全新的新学出版时代。八年间，山东书局仅见出版物四种。

1. 光绪二十一年，山东书局刻佚名撰《圣谕广训衍说》一卷。

此书未标明作者，内容是对《圣谕广训》的讲解。

清初统治者为教化百姓忠君爱国、尊老爱幼、弃恶向善、和睦乡里，保持社会稳定，巩固封建政权，于康熙九年颁布了《圣谕十六条》。雍正二年，雍正帝又对每条加以注释，用通俗语言解说，并附载简明律例，称《圣谕广训》。

《大清会典》载："雍正二年，御制《圣谕广训》万言，颁发直省督抚学臣，转行该地方文武各官暨教职衙门，晓谕军民生童人等，通行讲读。"这是由清政府官方颁布，并运用政治力量使之广为刊行的官方书籍。从此，大量《圣谕广训》衍生产品，像《圣谕广训直解》《圣谕广训衍》《圣谕广训衍说》《圣谕广训通俗》《圣谕广训集说》《圣谕广训集证》等应运而出。

《圣谕广训衍说》通篇用白话文写成，明白易晓，很容易达到对士民百姓的宣讲效果。周振鹤通过比对，发现《圣谕广训衍说》与《圣谕广训直解》几乎雷同。[①]

现存《圣谕广训衍说》有雍正二年刻本、同治元年陂邑同善堂刻本、光绪二年京师观善堂刻本、光绪二十一年山东书局刻本。

山东书局本有牌记："光绪二十一年山东书局恭刊。"首《上谕》，包括《训饬士子文》等四篇，次《圣谕》《圣谕广训序》，又有《圣谕广训衍说目录》。十行二十二字，白口，四周双边，单黑鱼尾。

2. 光绪二十四年，山东书局刻清张之洞撰《劝学篇》。

张之洞(1837～1909)，字孝达，号香涛、香岩、无竞居士，晚年自号抱

---

① 参见周振鹤：《〈圣谕〉〈圣谕广训〉及其相关的文化现象》，王远化主编《学术集林》卷十六，上海远东出版社 1999 年版，第 104 页。

冰，直隶南皮人。同治二年探花，授翰林院编修。历任湖北学政、四川学政、内阁学士、山西巡抚等职，后任两广总督六年，先后两次任湖广总督，两次调任两江总督。光绪二十八年任督办商务大臣。三十二年擢体仁阁大学士，授军机大臣。宣统继位，晋为太子太保。著有《书目答问》《輶轩语》《劝学篇》《广雅堂诗集》等。

张之洞一生为官四十余年，仕宦所到之处，主张实业救国，创办书院、学堂，主持崇文书局，创设广雅书局，是清代著名政治家、思想家、教育家，是清末最有贡献和影响力的封疆大吏之一。

《劝学篇》撰成于光绪二十四年，时张之洞在湖广总督任上。面对“戊戌变法”之后激烈的新旧斗争形势，他试图通过推行新政，力促变局，求富强之道，以挽救风雨飘摇的大清王朝。《劝学篇》可谓他新政实践的理论纲领。

全书共二十四篇，分内篇、外篇，系统阐明了“中体西用”的思想。书成于五月，到六月，其门生翰林院侍讲黄绍箕进呈光绪帝，光绪帝于六月七日颁下谕旨：“朕详加披览，持论平正通达，与学术人心大有裨益。著将所备副本四十部，由军机处颁发各省督抚学正各一部，俾得广为刊布，实力劝导，以重名教而杜卮言。”[①]这样，《劝学篇》得以“挟朝廷之力以行之”，“不胫而遍于海内”。

据此谕可知，当时各省督抚学政皆获颁一部，并翻刻重印。现存近二十个版本，仅光绪二十四年版，就有江苏书局、江南书局、桂垣书局、长沙府署、襄阳鹿门书院、船山书院、两湖书院、山东书局、南菁精舍、北洋石印官书局、京师同文馆等官方出版机构陆续出版。

山东书局本有牌记：“光绪二十四年山东书局刊印。”版心下刻“山东书局刊印”。十行二十二字，白口，左右双边。

3. 光绪二十七年，山东书局刻清罗泽南撰《小学韵语》一卷。

罗泽南(1808～1856)，字仲岳，号罗山，湖南湘乡人。咸丰元年由附生举孝廉方正。次年举办团练，抵抗太平军，因功擢知县。三年率湘军援南昌，攻陷岳州、武昌，授浙江宁绍道台。咸丰五年加布政使衔。咸丰六年攻武昌时中弹身亡。他既是湘军早期知名将领之一，也是道咸时期有名的湖湘士子，为学固守理学门户，讲求治学之道，宗程朱而黜陆王是其

① (清)朱寿朋:《光绪朝东华录》，中华书局 1958 年版，第 4142 页。

基本的学术立场。著有《西铭讲义》《姚江学辨》等。

《小学韵语》经始于道光二十八年。时罗泽南在家乡左氏芭蕉山房与诸生讲授朱熹《小学》，因其句式参差不齐，诸生阅读、背诵困难，于是他便择其大要，辑为《韵语》，并取古人注疏附其下，使诸生读能上口，并随读随解。

军务之暇，罗泽南不忘与诸生参订此书。咸丰六年正月定稿，罗泽南序于湖北洪山军营。此年三月，罗泽南战死于武昌城下。时任湖北巡抚胡林翼上奏罗泽南战功时，首先称他“以诸生讲学，宗法程朱，所著《小学韵语》诸书，体用兼备，洵堪比名教”。可见，对此书评价很高。

此书自咸丰六年至清末，有二十多个版本，官刻本就有山西解州书院、浙江书局、江苏书局、广州府署、江南制造总局、山东书局、济南新设官书局、北洋官报局(石印本)等，足见其流传之广。

光绪二十七年山东书局本有牌记：“光绪辛丑仲冬山东书局重刊。”卷端题：“湘乡罗泽南著，及门诸子参订。”封面有朱印二方：“定价大洋叁角”“库平足银柒钱贰分合大洋壹元正”。有罗泽南咸丰六年洪山原叙，光绪九年关中贺瑞麟《重刻小学韵语序》，末署“山左诸城尹彭寿书”。又有光绪二十七年关中吕申《重刻小学韵语序》，述刊刻源流。末附《重刻小学韵语捐赀姓氏》。十行，大字八字，小字双行二十一字，白口，四周双边，单黑鱼尾。

4.光绪二十八年，山东书局刻江钟秀撰《尊宗赘议》。

江钟秀(？～1926)，字寿亭、寿峰，历城人。十六岁起专心诵读“四书”“五经”，固守孔孟之道。著《尊孔大义》《道教正义》等。民国七年(1918)，江钟秀等在济南南门星宿庙创立万国道德会筹备处。民国十年(1921)八月，在泰安岱庙召开“万国道德会”成立大会，推荐衍圣公孔德成为会长，康有为、田步蟾为副会长，江钟秀为监理，总理会务。美国基督教牧师、上海尚贤堂创办人李佳白为名誉会长，与该会有密切往来。同年八月，北京政府准其立案。民国十五年，江钟秀病故。江氏著书数十万言，辑为《江氏著书七种》。其次子江希张，字慕渠，亦为万国道德会创办人。幼年时被呼为“神童”，九岁著《四书白话解说》，又著《息战论》和《道德经白话解说》。

《尊宗赘议》是《江氏著书七种》之一，凡十三篇，内容多关于整顿乡约。后附江氏《五节孝碑》及《曲旌君传》。

此书是时代的产物，成书后，只有光绪二十八年山东书局一个刊本。有牌记："光绪壬寅仲冬山东书局刊印。"有山东督粮道翰林院庶吉士郭鉴襄序、朱钟琪序、江钟秀自序。末有《尊宗赘议校刊姓氏》《续入校刊尊宗赘议姓氏》。

以上山东书局所刻书共四十余种，加上子目约八十种。与丁宝桢初始时期相比，仅从数量就可看出，此期确实是山东书局的中兴时期。

第三节　"新学"再兴

"新学"是相对于"旧学"而言、与传统学术相对应的学术，在清末指的是西学，即清末到"五四"以前由西方传入的资产阶级新文化。鸦片战争后，签订了一系列不平等条约，土地被迫割让，广州、福州、厦门、宁波和上海被迫开放为通商口岸，大批洋人涌入。他们在中国传播宗教，开设学堂，开办医院，使西方文化在中国广泛而快速地传播，既对中国传统文化造成强烈冲击，又给国人带来不同的观感，促使有识之士转而学习西方技术，以图"师夷长技以制夷"。自太平天国失败，清廷由两宫太后垂帘听政、议政王奕訢主持政务，两者互相配合，推行新政，形成了"同治中兴"的局面，中国开始走向开放、进步。

甲午战争，"倭人构衅，创巨痛深。一二文人学士，默参消息。审知富强之端，基乎学问。讲肄所积，爰出人才。砥砺奋兴，消除畛域。期以洞中外之情形，保国家于久大"①。戊戌变法虽然以失败告终，但它开始触动封建政治体制。义和团兴起，八国联军入侵北京，清政府面对这些强烈的刺激，不得不思考如何由内而外地施行新政，改革教育，以挽救垂危的政权。

光绪二十六年十二月，清廷谕令军机大臣、大学士、六部、九卿、出使各国大臣、各省督抚"各就现在情形，参酌中西政要，举凡朝章国故，吏治民生，学校科举，军制财政，当因当革，当省当并，或取诸人，或求诸己，如何而国势始兴，如何而人才始出，如何而度支始裕，如何而武备始修，各举

---

① （清）孙家鼐：《官书局奏开办章程》，张静庐编《中国近现代出版史料·近代初编》，上海书店出版社2003年版，第47页。

所知，各抒所见”①。从以上谕令可知，清廷亟待解决的问题无非四个方面：兴邦，育人，富国，强兵。作为舆论先导的出版业，也紧跟形势，印刷各种新学书籍，以应时需。

山东书局出版“新学”书籍之始，当在光绪二十八年。此年，原先被并入山东通志局的山东书局获得“新生”，有了新的名称：山东新设官书局、山东官书局。经第一章辩证，山东官印书局、山东印书局，大抵也是山东书局的称呼。这些名称混用的情况一直持续到光绪末年。光绪二十八年这一年，山东官书局的经营方式发生了改变，原来由政府经营，现改为由政府拨款招商进行经营。此年，山东书局开始全面接受新技术，以新的印刷方式出版书籍。在此之前，山东书局完全采用传统的雕版印刷技术，而在此之后，山东书局几乎所有的出版物都是铅印本、石印本。

自光绪二十八年至光绪三十四年(1908)，在这七年时间里，山东书局共出版二十余种书。其中虽未必全是“新学”，但为方便起见，一并在此节介绍。

一、睁眼看世界

甲午战败以及战后出现的民族危机，迫使国人重新思考中国的问题，从欧美、日本致富求强的历史经验中取得借鉴。这样，在中日甲午战争前后流行的一些西方史学译著，如李提摩太译的《泰西新史学揽要》、林乐知著的《中东战争本末》、黎谦译的《华盛顿传》、沈敦和辑译的《英法俄德四国志略》等，以及反映外国经济状况的《万国通商史》，理所当然地受到维新志士们的重视，成为他们汲取思想营养的重要源泉。

(一)《英法俄德四国志略》

光绪二十八年，山东书局石印沈敦和辑译的《英法俄德四国志略》四卷。

沈敦和(1856～1920)，字仲礼，浙江鄞县人。他生于茶商世家，父亲沈雄充尚书崇厚的文案。敦和自小习英语，光绪初从剑桥大学肄业，专攻法政。回国后曾任金陵同文馆教习、江南水师学堂提调、吴淞自强军营机处总办、上海四明公所董事、上海总商会理事等职，署记名海关道。光绪

① 王彦威、王亮辑编，李育民、刘利民、李传斌等点校整理：《清季外交史料》(六)，湖南师范大学出版社2015年版，第2809页。

二十八年至三十二年出任山西大学堂督办。三十年发起成立中、英、美、德、法五国合办的上海万国红十字会，被推举为中方办事总董，为中国红十字会的缔造者。创办若干医院、医学堂，创办济良分所等慈善机构。创办或投资华安人寿保险公司、四明银行、同利制铁公司、中国荣线纱厂等企业，是20世纪初上海工商界极有影响力的人物，时人视之为“江南第一红道台”。

沈敦和曾游历英、法、俄、德诸国，凡所闻所见辄加以记录，撰成《英吉利国志略》《法兰西国志略》《俄罗斯国志略》《德意志国志略》四篇，对其国之沿革、疆域、政治、财赋、文学、武备、风俗、物产、制作等，均有所记述。

书成当年即刻，有光绪十八年四明耳学庐刻本，被收入《富强斋丛书续集》《小方壶斋舆地丛钞补编》。此书版本不多，山东书局本在光绪二十八年石印，合四篇为《英法俄德四国志略》，有牌记：“光绪二十八年春二月山东书局石印。”卷端题：“四明沈敦和辑译。”有光绪十八年沈氏自序，是年桂嵩庆、何镛序。

(二)《万国通商史》

清光绪二十九年后，山东书局又石印英国学者琐米尔士(Sawmills)撰的《万国通商史》。

此书成于光绪十六年。书分九章，详于西事而不及东方，多记旧闻而漏于近事。但一些考证，如航海之风起于腓尼西亚，加尔达额人商法、商学盛于威尼斯人，均可与他书互为参证。

此书原作为《学艺全书》之一种，光绪十六年在纽约印行。光绪二十一年由日本经济杂志社翻译成日文，增加地图两幅，即《上古及中古通商地图》《近世通商地图》。前有译者序：“商业学一科，关系邦国贸易之源流沿革，然此种箸述于今罕睹，学者憾焉。”“序事简明，瞭然于古今各国通商之大势，知其有益初学也。”

之后，日本古城贞吉重译此书。古城贞吉(1866～1949)，字坦堂，又称古城坦堂，日本熊本人，著名汉学家。曾自修中国文学、经学，历任东洋大学教授、东方文化学院研究所评议员。致力于晚近中国研究，并翻译日文书报，转输西学于中国。应黄遵宪之请，在中国近代史上重要的译报《时务报》“东文报译”栏目任主持人，主持五十六期，发表译文六百多篇。著有《支那文学史》。

大约在光绪二十九年，此书由南洋公学译学院翻译出版，主持者为张元济。与张元济主持翻译的其他东西洋政治、经济、军事、社会、科学、教育、商业、史地等各类书籍一样,此书成为南洋公学的教材。

天津书局也出版过此书。《时务报》拟出版中外时务书籍,将《万国通商史》写样,但未及付印。

山东书局石印本封面有书名,书名左下方印长方形小牌记:"山东书局石印。"卷端题:"英国琐米尔士原本,日本经济杂志社译,日本古城贞吉重译,阳湖孟森校订,闽县郑孝柽覆校。"孟森、郑孝柽为南洋公学师范院毕业生,故山东书局此书是据南洋公学本而来,时间当在光绪二十九年之后。

二、资政资治

国家体制是一个国家兴盛的重要基石,是治国理政的根本,它所确立的阶级统治关系以及各阶级的地位,是一个国家正常运转的保证。清朝末年,处于大变革时代的清廷统治者,以及所有希冀挽救民族于危亡之际的国人,都在思考清朝到底是什么样子的,中国历史能够给清廷怎样的启示,西方体制能够给清廷怎样的启示。所以,这时的出版物既有国人看清史,亦有外人看清史;既有审视自己,考察政治得失,又有放眼世界及历史,汲取前代经验,借鉴国外良方。

(一)《熙朝纪政》

光绪二十八年,山东书局铅印清王庆云撰的《熙朝纪政》四卷。

王庆云(1798～1862),字家镮、贤关,号雁汀,闽县人。道光九年进士,任翰林院编修、贵州学政、通政使司副使。得曾国藩保举,擢顺天府尹。之后历任户部侍郎、陕西巡抚、山西巡抚、四川总督、两广总督、工部尚书等职。谥文勤。著有《石延寿馆文集》《熙朝纪政》《王文勤奏稿》等。

《熙朝纪政》书成于王庆云官翰林时,大约在道光年间。原名《熙朝纪政》,定稿时改为《石渠余记》。石渠为西汉皇家藏书处,盖寓其书资料丰富并有资政之意义。

书有八十七篇,以"纪"的形式分类,有节俭、赈贷、治河、科举、赋税、漕运、八旗、开矿、关税、市舶、英夷入贡、畿辅营田水利等项,包括科举制度、漕运税收、屯田劝垦、盐钱货币等,事无巨细,罗列备至,并附图表。

书有四卷本、六卷本、八卷本,版本众多。最早刻本为光绪十四年宁乡黄氏刻本,之后有光绪十六年攸县龙璋刻本,两本均为六卷,均名《石渠余记》。后许叶菜刻时，合并为四卷。山东书局本即据许氏本而来。

山东书局本又恢复其名《熙朝纪政》，有牌记："光绪二十八年山东书局排印。"卷端署："闽县王庆云敬述。"版心下印："山东书局排印。"前有光绪二十四年宛平许叶棻识，后有光绪十六年攸县龙璋识。末附《勘误表》。

(二)《皇朝政典挈要》

光绪二十八年，山东书局铅印日本增田贡撰、清毛淦补编的《皇朝政典挈要》八卷。

增田贡(1825～1899)，名允孝，号岳阳，日本骏河藩人。早年就学昌平黉，曾任藩校日知馆教授、骏河藩家老，明治维新后任东京高等师范学校汉文教谕。能诗，通汉学，与王韬、黄遵宪交好。著有《清史揽要》《满清史略》《唐宋八大家丛话》等。

毛淦，生卒年不详，字景澄，号丽堂，遂安人。少随宦滇南，以廪贡授武康教谕，擢建昌、南城知县。服官清慎，以劳瘁卒于官。著有《粤寇窜遂安纪略》。

日本明治时期，增田贡用朱熹《通鉴纲目》体例，据摭有清二百多年之大事，专详治乱盛衰之迹，成《大清揽要》六卷。是书成后，即有明治十年(清光绪三年)日本刻本。传至国内，大受欢迎。经遂安毛淦编补，增为八卷，易名为《皇朝政典挈要》。

《皇朝政典挈要》现存最早版本为光绪二十七年知新书局石印本。山东书局本有牌记："光绪二十八年山东书局排印。"版心下印："山东书局排印。"卷端题："日本增田贡原著，遂安毛淦补编，仁和汪厚昌、钱塘顾梓田订正。"

(三)《评鉴阐要》

光绪二十八年，山东书局石印清高宗弘历撰、刘统勋等辑的《评鉴阐要》十二卷。

乾隆帝读明人李东阳《历代通鉴纂要》时，"以编内采录尚未精审，特敕重加订正，并增入明代事迹"，设局纂修《通鉴辑览》。大学士傅恒、来保、尹继善、刘统勋为总裁，"析疑正陋，有感而发，以垂教于后世"。乾隆三十三年(1768)书成，名《御批通鉴辑览》。乾隆三十六年，刘统勋等从中选出七百九十八则，录辑成书，名《评鉴阐要》。其中十之三是乾隆亲批的，十之七是大臣批后由乾隆改签的。

此书当时被视为"万世君臣法戒"，《四库全书总目》评曰："《钦定评鉴阐要》昭示来兹，日月著明，爝火可息。百家谰言，原可无存。”此评语未免有过誉之嫌，但此书事赅词简，条理井然，便于浏览，在清代为一般读书人常备之书。

此书有乾隆三十六年武英殿刻本、乾隆三十九年江西刻本等，山东书局本为光绪二十八年石印本。

山东书局本有圆形牌记：“光绪二十八年阳月山东书局石印。”版心下印：“山东书局石印。”前有《通鉴辑览序》。

(四)《周礼政要》

光绪二十九年，山东书局石印清孙诒让撰的《周礼政要》二卷。

孙诒让(1848～1908)，字仲容，别号籀庼，浙江瑞安人。著名学者孙衣言之子。同治六年举人，五应会试不中。官刑部主事，旋归不复出，专攻学术，精研古学垂四十年，著《周礼正义》《墨子间诂》《契文举例》《温州经籍志》等。

孙诒让专注于《周礼》，自同治十二年开始撰《周礼正义》，至光绪二十五年(1899)成书八十六卷。此书颇负盛名，章太炎称“古今之言《周礼》者莫能先也”。梁启超对此书推崇备至：“这部书可算清代经学家最后的一部书，也是最好的一部书。”但此书屡次计划刊刻而不成。先是张之洞主持的广雅书局曾计划将此书作为诸经新疏之一进行刊刻，但后因张调离两广总督鞭长莫及而搁浅。孙诒让更张义例进行大幅修改后，汪康年等人又谋划刊刻，却因资金等问题而中断。① 光绪二十七年，孙诒让代盛宣怀撰写《周礼政要》，以换取《周礼正义》的出版。作为“交换”产品的《周礼政要》，不仅早出版，而且流传快且广。究其原因，皆因“应时”。

“庚子事变”之后，清廷谕令官员们献言献策，以救危亡。此时，通商大臣盛宣怀采用表弟费念慈之议，请专研《周礼》的孙诒让“以《周官》为之纲，以历代政治之因革损益诸大端为之目，包举西政，寻其源之出于中法，不谬戾于经义，可实见施行者，条举而件系之”，具文以便上奏，并许诺出资出版其《周礼正义》。于是，孙诒让杜门十日，于光绪二十七年五月成《变法条议》四十篇。费念慈又请文廷式补写五篇，题书名为《周礼政要》。此书主要以《周礼》所设计的六官系统为依托，结合中国从秦汉直到晚清

---

① 参见邱林：《〈周礼正义〉刊刻周折考述——兼论清末书籍印刷》，《社会科学论坛》2017 年第 2 期。

的历代治理经验，比照欧美、日本诸国的新式政治举措，提出了革新吏治、裁汰冗官、设立议院、立商部、废科举、兴学堂等一系列具体建议。

此书既应时而作，又应时而传。书成第二年四月，孙诒让就在自己创办的瑞安普通学堂将其刊刻出版。该书出版后，一时翻刻众多，山东书局本即是其一。

山东书局本内封面题："光绪癸卯山东书局石印。"卷端题："瑞安孙诒让箸。"前有孙诒让光绪二十八年序。

三、富国强兵

贫穷就要挨打。近代中国受尽屈辱，最根本的原因就是国不富，民不强。只有国家富足，兵力强大，才有可能抵御一切外来欺侮。山东书局在这一时期出版的《大清岁计政要》《续富国策》，既用数字、图表说明努力的方向，又提出根本的解决方案。《读史方舆纪要序》通过考察明以前各代州郡位置、形势及其与用兵进退之策、成败的关系，而《圣武记》通过歌颂清初的"盛世武功"，激发统治者"御侮"的决心，此二书的目的都是务使清王朝自身强大，以抵制外来侵略。

（一）《续富国策》

光绪二十八年，山东书局石印清陈炽撰的《续富国策》四卷。

陈炽（1855～1900），字次亮，原名家瑶，后号瑶林馆主，江西瑞金人。光绪八年举人，历任户部郎中、刑部郎中、军机处章京、户部员外郎等职。他曾遍历沿海各大商埠，至香港、澳门考察。博览西书中译本，广交通晓洋务者。支持康有为发起组织强学会，协助《时务报》的筹建工作，积极参与、推动维新运动。光绪二十年，陈炽著《庸书》，提出了改革主张。光绪二十二年，撰成《续富国策》。

《续富国策》之名起于《富国策》一书。"富国策"原为京师同文馆所设置的西方政治经济学科的中文称呼。因该课程没有现成教材，光绪六年，丁韪良督率同文馆副教习汪凤藻翻译了英国经济学家法思德的《政治经济学提要》，取名为《富国策》。

《富国策》是近代中国第一部专门介绍西方经济学的著作，从框架体系、制度原则、概念术语乃至思想观念等方面，将西方的经济学理论移植到了中国，从而对中国学术界产生了巨大的启蒙作用。丁韪良在此书译本《凡例》中说："《富国策》为西国之新学，近代最重之，其义在使民足衣足食也。”此书被多次翻印。光绪二十二年，陈炽与朋友联合重新翻译、出版此书。早在此书出版前，陈炽已经完成了《续富国策》的撰写。

《续富国策》是陈炽在吸收了《富国策》的某些观点的基础上，抄录引用中国古代圣贤的论述和陈法作为依据而撰写的经济学著作。全书分为《农书》《矿书》《工书》《商书》四卷，共六十篇，就如何实现中国经济近代化、国家富强而进行探索，是近代中国经济思想史上一份宝贵的遗产。

此书甫一出，就有光绪二十二年刻本。两年内，先后有光绪二十三年桂垣书局刻本、光绪二十三年上海慎记书庄刻本、光绪二十四年刻本、光绪二十四年上海飞鸿阁书庄石印本等，山东书局本为光绪二十八年石印本。

山东书局本封面书名为双钩，内封面有圆形牌记：“光绪二十八年夏四月山东书局石印。”前有光绪二十二年瑶林馆主陈炽《自叙》。

（二）《大清岁计政要》

光绪末年，山东书局铅印清傅运森、白作霖等译纂的《大清岁计政要》二卷、《附录》一卷。

傅运森(1872～1946)，字纬平，湖南宁乡人。光绪二十年进士。光绪二十三年考入南洋公学，后在广州武备学堂任教习。光绪三十三年(1907)，受张元济之邀进商务印书馆编译所国文部任编辑。先后参与《共和国新教科书》《新字典》《辞源》《中学师范学校用教科书》《新法教科书》《新学制教科书》的编写。民国二十五年，与王云五一起主编《中国文化史丛书》。

白作霖(？～1917)，字振民，号质盦，通州人。光绪二十三年举人，同年入南洋公学，两年后留校任教。后入上海澄衷蒙学堂任教，开始自己的译著事业，《各国教育制度》《比较行政法》《小学各科教授法》《各科教授法精义》先后出于其手。光绪三十四年任京师译学馆提调。

《大清岁计政要》编成于光绪二十七年之前。先是，光绪元年，江南制造总局出版英国麦丁富得力撰、美国林乐知译、中国郑昌棪笔述的《列国岁计政要》，主要是欧洲部分，由日本博文馆编印。光绪二十三年，英国咳咖路地编、中国周灵生翻译的《丁酉列国岁计政要》出版，开始增加中国部分。光绪二十七年，傅运森、白作霖、张相文译纂的《新译列国岁计政要》，将《大清国》置于亚细亚洲、置于各国之前予以介绍，特别突出对中国的介绍，这部分内容占全书篇幅的六分之一。此书有光绪二十七年海上译社铅印本。

山东书局将其中的《大清国》部分抽出，单独排印出版。书签题书名："皇朝岁计政要。"卷端题书名："大清岁计政要。"卷端署："宁乡傅运森译纂，通州白作霖校正。"山东书局本与海上译社本版式相同，印刷时间当在光绪二十七年后。

（三）《圣武记》

光绪二十八年，山东书局石印清魏源撰的《圣武记》十四卷。

魏源（1794～1857），原名远达，字默深，又字汉士，湖南邵阳人。道光二年（1822）举人，二十五年（1845）进士，历任内阁中书，江苏东台、兴化县知县，两淮盐运司海州分司运判，高邮州知州等。著有《书古微》《诗古微》《老子本义》《圣武记》《元史新编》《海国图志》《皇朝经世文编》等。

魏源中举之后到进士及第，跨度时间很长。就是在这段时间里，他留心当代掌故，重经世致用之学，辑《皇朝经世文编》，撰《圣武记》《海国图志》。道光二十年，鸦片战争爆发，他目睹江华瑶民起义，深感清廷的腐败，外国侵略危机使他更加愤激。二十一年，他入两江总督裕谦幕府，直接参与抗英战争，在鸦片战争的连天炮火中编写《圣武记》，后于二十二年完成，"告成于海夷就款江宁之月"，即鸦片战争战败后被迫签订的中国近代史上第一个不平等条约——《南京条约》之时。

《圣武记》全书共十四卷，分两部分。前十卷用纪事本末体，历数爱新觉罗氏的崛起，统一东北，进攻明朝，继而从进入关内直到道光年间的对内对外战争。后四卷《武功余记》，阐述对于军事问题的看法。此书取材甚为丰富，并以"臣源曰"考订史地，辩证事实，直抒己见，反映了他的思想主张。

此书在当年即道光二十二年刊成于魏源的古微堂，索观者甚众。魏源因当时匆促写就，不免有不宜之处，于是在二十四年和二十六年两次修订，使此书日益精审完善。

山东书局石印本有牌记："光绪二十八年夏六月山东书局石印。"卷端题："邵阳魏源譔。"前有魏源自序。

（四）《读史方舆纪要序》

光绪二十八年，山东书局铅印清顾祖禹撰的《读史方舆纪要序》一卷。

顾祖禹（1631～1692），字景范，一字端五、复初，号廊下，人称"宛溪先生"，常熟人。明末清初著名军事家、历史地理学家。著有《读史方舆纪要》《宛溪集》等。

《读史方舆纪要》成于康熙三十一年(1692),是顾祖禹潜心磨砺,历时三十余年完成的巨著。全书共一百三十卷,分三部分。一是历代州域形势,综述明以前各代州郡位置、形势及其与用兵进退之策、成败的关系。二是各省方舆,按明末清初的政区分述十五省的府、州、县形势与沿革、区划,以及各处历代所发生的重要战争。三是舆图要览,由概况说明、图、表组成,是明代最完备的兵要图籍。

此书成后,全本未得到及时刊印。康熙五年刻的《二十一史方舆纪要》只是其中的州域形势五卷。百年间,此书以抄本形式流传,最早的全本是乾隆间敷文阁刻本,从此天下人可遍览此书。

然此书虽为名著,但卷帙浩繁,阅读匪易。于是有人将其中的历代州域形势及分省序文单独集为一书,曰《读史方舆纪要序》。《读史方舆纪要序》包括总序三、历代州域形势,以及直隶、江南、山东、山西、河南、陕西、四川、湖广、江西、浙江、福建、广东、广西、云南、贵州十五省序文及《川渎异同》《分野》。

《读史方舆纪要序》最早的刻本为道光长沙黄冕刻本,但现存最早的是咸丰间尊经广业书局刻本。山东书局为铅印本,有牌记:"光绪二十八年岁在壬寅山东书局排印。"封面书名为双钩。卷端题:"常熟顾祖禹景范著。"版心下印:"山东书局排印。"末附《刊误》。

四、作育人才

教育国民、培养新式人才既是救亡图存的关键,也是清末新政的主要内容。光绪二十七年,清政府颁布"兴学诏书",认为"兴学育才,实为当务之急",鼓励兴办学堂。第二年,清政府颁布《钦定学堂章程》,这是中国新学制的开端。虽然《钦定学堂章程》没有实施,但其注重国民教育与实业教育的思想对中国教育影响很大。光绪三十年,清政府颁布《奏定学堂章程》,这是中国教育史上第一个完整的学制系统文件,把中国教育推上了近代化轨道。

办学堂就要有教材,《京师大学堂编书处章程——一九零二年(光绪二十八年)》对于学堂所用教材作了如下规定:"一、编纂课本,拟案照中小学堂课程门目分类编纂,一曰经学课本,二曰史学课本,三曰地理课本,四曰修身伦理课本，五曰诸子课本，六曰文章课本，七曰诗学课本。”①山东书局在此期间出版的教材基本符合这一规定。

(一)经学课本

1. 光绪二十七年后，山东书局铅印清王锡蕃选辑的《经义约选》。

王锡蕃(1850～1920后)，字季樵，黄县人。光绪元年举人，翌年中进士。此后，在翰林院供职多年，由庶吉士升至编修。光绪十七年，曾奉派主持湖南乡试。十九年，外放福建学政，取侯官林旭为举人。二十二年，任詹事府少詹事。二十四年，戊戌变法，举荐包括林旭在内的福建人才，并向朝廷奏陈新政，旋被擢升署礼部左侍郎。变法失败，王锡蕃与张元济等被革职，永不叙用，于是主讲于河南信陵书院。后朝廷实施新政，光绪三十年，山东巡抚周馥聘请其总办登、莱二府渔业公司，并于次年在烟台创办山东渔业公司，由王锡蕃任总办。山东渔业公司开展了大量生产、教育、维权等工作，包括创办水产小学堂。宣统改元，王锡蕃复官，补翰林院侍读学士。清朝灭亡后，先后任山东议绅、曲阜学校监督、《山东通志》局总校、孔道会会长。曾积极拥护袁世凯称帝，拥护段祺瑞建立独裁统治。编著有《经义约选》《康侯遗诗》《季樵函稿》，校勘《马端敏公奏议》。

《经义约选》成于光绪二十七年。时王锡蕃在信陵书院，应河南巡抚锡良之托，顺应教育改章之需，为诸生选宋、元、明、清人文章三十六首，成此书。书分《四书义》《五经义》两部分。前有光绪二十七年王锡蕃序，陈教育改良之必要。《目录》后又有《附识》，述选取标准及原因。

书成后，即有当年刻本。此刻本，河南开封市图书馆、新乡市图书馆皆有收藏。山东书局本为铅印本，当出版于刻本之后。书衣题书名“四书五经义约选”，卷端题名“经义约选”，卷端署：“黄县王锡蕃选辑。”版心下印：“山东书局排印。”后有《经义正误》，即《勘误表》。

2. 光绪末年，山东书局铅印宋苏洵等撰的《四书义》。

此书为宋代文学大家苏洵、王安石、苏轼、苏辙、刘安节、刘安上、杨万里、陆九渊、陈傅良、汪立信、文天祥十一人的“四书”讲文。这是废八股之后、废科举之前这段时间内，为士子应试而编的参考用书。

山东书局铅印本《四书义》，编者不详，流传亦不广，各大书目未见著

① 张静庐：《中国近现代出版史料·近代初编》，上海书店出版社2003年版，第207页。

录。书衣题书名“宋十一家四书义”，版心下印：“山东书局排印。”

3.光绪二十八年，山东书局铅印宋吕祖谦撰、清张文炳点定的《东莱博议》四卷。

吕祖谦(1137～1181)，字伯恭，婺州人。吕祖谦曾祖吕好问以恩封东莱郡侯，学人多称其伯祖吕本中为“东莱先生”，称吕祖谦为“小东莱先生”。后来，一般称吕祖谦为“东莱先生”。隆兴元年(1163)进士，复中博学鸿词科。授太学博士，官至直秘阁、著作郎兼国史院编修。参与重修《徽宗实录》，编辑刊行《皇朝文鉴》。其学主明理躬行，反对空谈心性，开浙东学派先声。与朱熹、张栻并称“东南三贤”。著有《古周易》《书说》《吕氏家塾读诗记》《东莱左氏博议》《历代制度详说》等，与朱熹合撰《近思录》。

《东莱博议》，又称《左氏博议》《东莱左氏博议》，成于乾道四年(1168)。时吕祖谦在东阳武川讲学，为了佐助生徒应试，他根据《左传》的内容将历史事件、人物按时间顺序组合成篇，然后加以评论，以旬月时间撰就。

此书因实用且观点明确、论理充分、文风畅达，而广受历代士子欢迎。此书的辑注、点定者众多，以清代张文炳本最为通行。

张文炳，生卒年不详，字明德，绛州人。康熙年间，张文炳新任泗州知州，到任所后，因见该州之童子“文气卑靡，体裁庞杂，胸无成竹，空弄笔头”(《重刻东莱博议序》)，决定重刻《东莱博议》。他在整理之际颇有更动：“(原本)评之者不一家，予取其确当者仍之，篇末必附己意，僭评数语，以志景仰。”

《东莱博议》有全本和句解本两种。全本有二十五卷、二十卷之分，句解本有十六卷、十二卷、八卷、四卷之别。张文炳的是四卷本，在清代最为通行，有十余次刊刻，山东书局本即是其一。

山东书局本封面书名为双钩。内封题：“光绪二十八年岁在壬寅山东书局排印。”版心下印：“山东书局排印。”前有《东莱先生传略》，吕祖谦《自序》。

(二)史学课本

1.光绪二十八年，山东书局石印清齐召南编的《历代帝王年表》。

齐召南(1703～1768)，字次风，号琼台，晚号息园，浙江天台人。雍正十一年(1733)副贡，乾隆元年(1736)举博学鸿词。乾隆三年(1738)参与修《大清一统志》，先后充武英殿校勘经史官、《明鉴纲目》馆纂修官、《大清会典》馆纂修官、《续文献通考》副总裁。乾隆十三年（1748）后任内阁学士、侍读学士、礼部右侍郎等。乾隆十五年（1750）离京回籍，二十年（1755）任教于杭州敷文书院。著有《水道提纲》《汉书考证》等。

此书未知成于哪一年。书前有齐召南序，署“乾隆丁酉”，此年为乾隆四十二年，时齐召南已去世，猜测或为“丁丑”，即乾隆二十二年（1757），或为“乙酉”，即乾隆三十年（1765），时齐召南在书院任教，有时间，也有撰作此书的因由，正如他在序中所说“或亦初学之一助也”。清平步青《历代帝王年表序字误》认为当为“乙酉”年，即乾隆三十年。①

此书系上古至明代各帝王的年表。每表先列干支纪年，再列年号纪年，每年大事，都记载在纪年之下。前十三表，即“三王”“五帝”至元代，由齐召南编；第十四表，即明代，由阮福编。目录后有道光四年扬州阮福识：“天台齐次风先生尝编《历代史表》而缺明代，福爰敬录《御批通鉴辑览》明纪所载纲领以续之。原表之例以月系年，夹书其下。今续表皆钦遵《通鉴辑览》之例以书也。”

此书版本众多，光绪二十八年山东书局石印本有椭圆形牌记：“光绪壬寅秋七月山东书局石印。”卷端题“史官天台齐召南编”。前有山阴胡天游序，乾隆丁酉齐召南《自序》。

2. 光绪二十八年，山东书局石印清陆费墀撰的《帝王庙谥年讳谱》一卷。

陆费墀（1731～1790），字丹叔，号颐斋，晚号吴泾灌叟，浙江桐乡人。乾隆三十一年（1766）进士，授编修，任《四库全书》馆总校、副总裁，后因《四库全书》有讹谬之处，被革职。著有《颐斋赋稿》《枝荫阁诗文集》等，曾与纪昀等编纂《历代职官表》。

《帝王庙谥年讳谱》成于乾隆四十年，是陆费墀编制的一部专门记述帝王谥号、历年、名讳等的工具书。从西汉到明代，录各朝诸帝，列为表谱，包括庙谥、姓名、世次、历年、纪元、陵、讳字七项。形式简明，内容扼要，利于寻检，颇便学者。

此书最早版本为乾隆刻本，后印本颇多。光绪二十八年山东书局石

① 参见（清）平步青：《霞外攟屑》第六卷，《笔记小说大观》三十三编第四册，江苏广陵古籍刻印社1983年版，第429页。

印本，附于齐召南编、阮福续编的《历代帝王年表》之后。卷端有乾隆四十年陆费墀识，继为阮福原识。

3.光绪二十八年，山东书局石印明许令瑜撰的《十年读书之庐重刊韵史》二卷，清朱玉岑撰的《韵史补》一卷。

许令瑜(1594～1650)，字钟叔，一字元忠，号芝田，海宁人。崇祯十六年(1643)进士，同年选授兴化府仙游县知县，在任三年。由都察院观政官擢吏科给事中。入清后隐居清薄山，自号灵泉遯翁。著有《孝经释义》《孤臣述》《容庵存稿》等。

《韵史》成于许令瑜归隐清薄山后。陈确《许令瑜韵史序》曰："《韵史》之作，自以课女无所习，偶櫽括成书。"并言与许氏对山而居情事。是编以四字韵语叙述上古至宋代之史实，叙述宋代尤详，几占全书三分之一，大部分是对宋代内忧外患的愤激感伤之言，这大抵与明清鼎革有关。

因内有违碍文字，此书长期仅以抄本流传。朱玉岑补作元、明两代后，才在咸丰年间出版，有咸丰十一年十年读书之庐刻本。十年读书庐，为满洲正白旗李钟文堂号。山东书局光绪二十八年石印本即据此本而来。

山东书局本封面题书名为双钩。内封面有牌记："光绪二十八年岁在壬寅九月山东书局石印。"卷端题书名"十年读书之庐重刊韵史"。《韵史》卷端署："灵泉遯翁高阳氏著，开原继芳得香庭校。"前有陈确序。《韵史补》卷端题："檇李玉岑紫阳氏著，开原继芳香庭校。"

4.光绪二十八年，山东书局铅印日本那珂通世编的《支那通史》四卷、《续编》二卷、《图表》一卷。

那珂通世(1851～1908)，日本岩手县人。文学博士。庆应义塾毕业，历任东京女子师范校长，东京高等师范学校教授兼第一高等学校、东京大学教授。日本明治时期著名的东洋史学家，被称为日本"东洋史之创始者"。著有《支那通史》，并校订出版《元史译文证补》《成吉思汗实录》等。

《支那通史》作为日本中学的教科书，其目的是让人们重新认识中国历史。那珂通世从明治二十一年(清光绪十四年)至二十三年，随写随出，完成四卷，原计划上世史、中世史、近世史七卷中的近世史未成。

光绪二十五年，此书由罗振玉介绍到中国。因其采西洋体例，用汉文编写，一度在清末史学界、教育界影响很大，被誉为"世界第一部近代性质的中国通史"。

山东书局本有牌记:"光绪二十八年山东书局排印。"版心下印:"山东书局排印。"

(三)地理课本

1.光绪二十八年,山东书局石印清蒋升撰的《皇朝直省府厅州县歌括》一卷。

蒋升(1843～1915),字邑虚,别号"南窗侍者""种蕉艺兰生""子虚氏",江苏无锡人。晚清上海天主教士,司铎,光绪四年开始掌上海徐汇公学达二十余年,为近代教育和文化传播做出杰出贡献。著有《五洲括地歌》《异闻益智丛录》《书契便蒙》等,译有《圣亚尔方骚劳特里垓传》《省慈编》《师主吟》《默想正则》等。

《皇朝直省府厅州县歌括》大约成于光绪二十三年,是以七言歌诀形式让读者掌握各省府厅州县的地理知识。该书通俗易记,便于童蒙学习。

此书有光绪二十三年江楚书局刻本、光绪二十四年上海慈母堂印书局铅印本、光绪二十八年山东书局石印本。山东书局本有牌记:"光绪二十八年夏四月山东书局石印。"牌记为圆形,比较特别。前有光绪二十三年蒋升自序。

2.光绪三十年,山东新设官书局刻清潘清荫编的《山东州县歌略并图》。

潘清荫(1851～1912),字季约,一字梧冈,巴县人。同治十二年举人,出张之洞门下。先后受聘于忠州白鹿书院、南川专经书院、巴县字水书院,教诸生,订学约。光绪二十三年,参与创办重庆《渝报》并任正主笔。光绪二十七年,选山东济宁直隶州州同,逾年为山东大学堂监督。光绪三十三年,任京师法政学堂庶务长。好学,购书数万卷,建藏书楼,但民国二十七年毁于大火。著有《四本堂文集》《外集》《诗集》,编有《国民必读》《故事俗说百课》《求我篇》等。

光绪二十七年,潘清荫在北京,编《直省分道属境歌略并图》一卷,但此书未涉及州县。"既而思童子寖长,即将有事四方,若于本籍州县尚难记识,亦觉阔疏。"于是,先撰四川各州县歌并寄回家中。二十八年秋,潘清荫来山东大学堂,学务之余,"复取蒋氏升所撰山东十二首,重加删订,并摹石印《一统志》之分府各图,以相比坿",成《山东州县歌略并图》一书。蒋升曾撰《皇朝直省府厅州县歌括》一书,潘氏所取为此书中关于山东的十二首州县歌。

《山东州县歌略并图》有光绪二十八年刻本，不知是谁刊刻。山东新设官书局刻在光绪三十年。此二书的区别在于，光绪二十八年时，胶州是属莱州府的，所以此年刻本中《山东全省总歌》曰："共辖府十直州二，九州九十六县城。"光绪三十年时，胶州已为直隶州，所以此年刻本中《山东全省总歌》曰："共辖府十直州三，八州九十六县城。"三十年刻本中《莱州府属歌》与二十八年刻本中的也不同，因为新增了《胶州属歌》；关于青岛洋埠建立之事，也由先前的《莱州府属歌》移至新加的《胶州属歌》。

山东书局本有牌记："光绪甲辰年山东新设官书局校刊。"后有光绪二十八年冬月潘清荫识，述编纂大略。此书流传极少，现仅山东省图书馆有藏。六行十四字，白口，四周双边。图文并茂，字大悦目。

3. 光绪三十年，山东新设官书局刻清潘清荫撰的《直省分道属境歌略并图》。

光绪三十年山东新设官书局刻《山东州县歌略并图》时，一并刊刻了潘氏在北京所作《直省分道属境歌略并图》。[①] 此书有图二十三幅。以直省总歌、总图为首，次为直隶、盛京、吉林、黑龙江、江苏、安徽、山东、山西、河南、陕西、甘肃、新疆、福建、浙江、江西、湖北、湖南、四川、广东、广西、云南、贵州诸省的歌略并图。歌诀间涉及行政区划变革及隶属关系。[②]

此书在山东书局重刻前有一刻本，大约刻于光绪二十七年。有光绪二十七年潘清荫跋。山东书局本为六行十六字，白口，四周单边，无栏线。

（四）修身伦理课本

罗泽南所撰的《小学韵语》，山东书局光绪二十七年曾刊刻过，至光绪三十年，山东新设官书局重刻。封面题："小学韵语。甲辰年刊。淑笙署。"有牌记："光绪甲辰春二月中浣济南新设官书局校。"卷端题："湘乡罗泽南著，及门诸子参订。"有罗泽南湖北洪山原序。六行，行八字，小字双行二十一字。

（五）综合性课本

光绪末年，山东书局铅印清张一鹏撰的《普通学歌诀》一卷。

---

① 参见赵钟云：《山东书局始末》，济南市政协文史资料委员会编《济南文史精华》，济南出版社 1997 年版，第 259 页。

② 参见王兆明、傅朗云：《中华古文献大辞典·地理卷》，吉林文史出版社 1991 年版，第 194 页。

张一鹏，生卒年不详，江苏元和人，光绪十九年举人。对西学有研究，在《实学报》发表多篇关于西学的议论、考证文章。著有《读毛诗日记》《皇明掌故》等。

《普通学歌诀》成书于光绪二十六年，是张一鹏"课十龄内外之童子"时所编的四字歌诀，目的是"使之澜翻于口即默识于心"。书中取材"于经学则本之注疏，于理学则本诸宗传，于诸子则本诸四库目，于史学掌故则本诸正史、《圣武记》《中西纪事》诸书，于格致地理则本诸近译西书《瀛寰志略》诸书"，故书中包括经史源流、理学宗传、中外地理、声光电化、历史、掌故等。

是书成后，版本众多。现存有光绪二十六年苏州中西小学堂刻本、光绪二十七年杭州小学堂刻本、清末江南普通学堂刻本、湖北江楚书局刻本、光绪二十六年味中官书局铅印本、光绪中秦中官书局铅印本、山东书局铅印本等。

山东书局本版心下印："山东书局排印。"前有光绪二十六年王荫沂序，是年张一鹏自序。末有《普通学歌诀刊误》。

以上教材，有三个特点。一是大多为韵语形式，如《普通学歌诀》《小学韵语》《皇朝直省府厅州县歌括》《山东州县歌略并图》《直省分道属境歌略并图》《韵史》等，因朗朗上口，便于记诵，颇受学童、学堂欢迎。二是引进日本教材，如《支那通史》以及在日本《大清揽要》基础上形成的《皇朝政典挈要》。三是出现商科教材，如《万国通商史》，由张元济率先主持出版，成为南洋公学的教材。

除了上述新学书籍，山东书局此期还出版了学术札记《东塾读书记》和两部售书目录。两部售书目录，一是清末刻本，一是光绪二十九年铅印本。刻本在前，铅印本在后。二书将于第五章进行介绍。

《东塾读书记》是广东番禺陈澧所做的学术笔记。陈澧（1810～1882），人称"东塾先生"。少时从羊城书院、粤秀书院肄业。道光十二年（1832）中举，此后屡应会试不中。道光二十年，补为学海堂学长。同治六年，任菊坡精舍山长，直至去世，前后计四十余年。著有《汉儒通义》《朱子语类日钞》《声律通考》《切韵考》等。

陈澧于咸丰八年开始撰著《学思录》。同治十年，将《学思录》改名为《东塾读书记》。此书一直到光绪八年陈澧病逝都未能完成，仅作十五卷，其余列有目录，但标"未成"。

此书经陈澧之子及门人整理，刊刻成书。现存光绪八年刻本、广州镕经铸史斋刻本、光绪二十四年纫兰书馆刻本等十余个版本。

山东书局本封面题："番禺陈兰甫先生著，东塾读书记。"有牌记："光绪二十九年岁在癸卯，山东书局排印。"卷端署："番禺陈澧撰。"

总之，在清末政体改良、学体改革的大潮中，山东书局出版了大量新学书籍。这些书籍成为这一时期的出版主体，无一不体现了清廷及国人在学习先进、富国强兵、化育人才方面所做的努力，体现了他们寻求救国图强良方的美好愿望。

第三章　山东书局出版特点

晚清各省地方书局刻书各有特色，像金陵官书局刻书精校勘，由张文虎校订的《史记》为最善之本；浙江官书局所刻《二十二子》皆以各家校刊及明世德堂本为依据，是子书丛刻中的最善之本；湖北官书局刻书侧重实用，但校勘不够精审；湖南官书局侧重选刻近人著作；江西官书局主要重刻《武英殿聚珍版丛书》；广雅书局所刻皆为大部头著作，如《广雅丛书》《武英殿聚珍版丛书》《全唐文》等。

山东书局的出版有着与其他地方书局一样的特点。内容上，既刻经史，又重实用；既有传统国学著作，又有适应新时代要求而产生的大量应时之作；既关注地方著述，又具有全球视野。形式上，既有覆刻翻印，又有新著新刻；既兼采诸本，又访求善本。因这些内容和形式上的高标准、高要求，山东书局的出版物以校勘精审而得名，这些都与它拥有强大的编辑队伍有密切关系。

第一节　出版内容

从刊刻内容上看，山东书局所刻经史书有之，实用书有之，教育教化书有之，地方文献有之。

一、经史大部

鲍源深《请购刊经史疏》曰："现在江宁省城已设局刊刻四书、五经，惟所刊皆系学中读本，经史大部尚未遑及。""诚令学校经史重完，士子深于经者，窥圣学之原；深于史者，达政事之要。体用兼赅，益卜人才蔚起，于以光列圣右文之治，广皇上教育之仁，岂非黼黻中兴之盛举哉。”①

以经史之书来正人心，唯世道，培养“深于经”“深于史”之人才，进而稳定封建文化秩序，巩固封建王朝统治，这是清廷设立地方书局的初衷。所以，各书局甫一成立，就以刊刻经史之书为第一要务。经部书，有广东书局、湖南书局、江西书局重刻的《十三经注疏》，广东书局又刻的《通志堂经解》《古经解汇函》等经学巨著。史部书，有“五局”合刻的《二十四史》，成都书局刻的《四史》，金陵书局、崇文书局单刻的《史记》。而广雅书局“所刻多乙部切用之书”②，以刻史书闻名。

山东巡抚丁宝桢以《十三经读本》开局，既响应了上谕“首刊经史”的号召，又避开了金陵书局、淮南书局、浙江书局、苏州书局、崇文书局“五局”于同治八年开始刊刻的《二十四史》。在刻竟《十三经读本》后，他又选刻了虽非正史却是史部经典的《资治通鉴纲目四编合刻》，两大巨帙在书局本中颇受人瞩目。

（一）经书

“十三经”是中国文化的源头，是中华文明成果的重要组成部分，是中华传统文化最具代表性的经典之作。它是自西汉武帝设置“五经”博士，罢黜百家，独尊儒术，历经汉魏晋唐，至北宋逐渐形成的。从西汉的《易》《书》《诗》《礼》《春秋》“五经”，到东汉加上《论语》《孝经》组成“七经”，再到唐代初年组成“九经”，即《易》《书》《诗》再加上“三礼”和“《春秋》三传”，到唐代晚期加上《论语》《孝经》《尔雅》组成“十二经”，最后到宋代《孟子》入经。“十三经”的形成，走过了千年历程。之后，经近千年宋、元、明、清历代学者的阐发、笺释，“十三经”作为儒家文献的集大成者，其地位之尊崇，影响之深广，是其他任何典籍所无法比拟的。

《易》为“六经”之首，《连山》《归藏》《周易》“三易”中，经伏羲氏画八卦，文王演为六十四卦，孔子为之作传注，流传下来的唯有《周易》一书。宋代理学家朱熹为探讨《周易》的本来面貌，继承和发挥程颐义理之学和邵雍象数之学，兼采两汉、魏晋、隋唐易说，融占筮、象数、义理于一体，卓然而成《周易本义》一书。朱熹此书，有“原本”“别本”两个版本系统，山东

---

① 沈云龙主编，陈韬辑：《近代中国史料丛刊》第十三辑《同治中兴京外奏议约编》，（台北）文海出版社 1973 年版，第 376 页。

② 伦明著，雷梦水校补：《辛亥以来藏书纪事诗》，东莞图书馆编《伦明全集》（一），广东人民出版社 2012 年版，第 90 页。

书局《十三经读本》中用的是“别本”，即四卷本。后来，荣成孙葆田因现存“别本”皆非精善，于是，用殿版“原本”，参以《周易折中》，重新校刊“原本”十二卷。山东书局对《周易本义》的两次刊刻，表明了对此书的重视。

“十三经”之一的《孝经》，是中国古代儒家的伦理学著作，是孝文化的重要元典。传说是孔子所作，但南宋时已有人怀疑这是后人的附会。清代纪昀在《四库全书总目》中指出该书是孔子“七十子之徒之遗言”，成书于秦汉之际。自西汉至魏晋南北朝，注解者及百家。唐明皇李隆基注、宋代邢昺疏的版本最为流行，即《孝经注疏》三卷，收入《十三经注疏》。南宋朱熹认为《孝经》非孔子所作，于淳熙十三年作《孝经刊误》，综合今古文，开删改《孝经》之端，人称其为“《孝经》学之宋学”。明清从朱熹路数者所在多有，版本众多，使得《孝经》广为流传。清代统治者清醒地认识到儒家道德规范之核心孝道的重要性，便把孝和国家统治结合起来，使整个社会形成一种浓厚的“孝”的氛围。耿文光《万卷精华楼藏书记·孝经类序》：“世祖章皇帝御注《孝经》，阐明微旨，颁赐海内，用端治本，以视开元《御注》度越远矣。世宗宪皇帝御纂《孝经集注》，书近而旨远，别择群书，勒为大训。”[①]此处所说的即清世祖福临撰《御注孝经》，清世宗胤禛撰《御纂孝经集注》。顺治帝《御制序文》曰：“孝者，首百行而为五伦之本，天地所以成化，圣人所以立教，通之乎万世而无致，放之于四海而皆准，至矣哉！”雍正帝《御制序》曰：“诚使内外臣庶，父以教其子，师以教其徒，口讽其文，心知其理，身践其事；为士大夫者能资孝作忠，扬名显亲；为庶人者能谨身节用，竭力致养；家庭务敦于本行，闾里胥向于淳风。如此，则亲逊成化，和气薰蒸，跻比户可封之俗。”二书在倡导孝文化上，与唐玄宗注一样，有着重要影响。山东书局将此二书一起刊刻，既符合刊刻经史之要求，也符合刊刻御纂御注之要求。在这一点上，山东书局对于朝廷的谕令，是积极响应并严格执行的。

山东高密人郑玄，是汉代最著名的经学家，是汉代经学的集大成者，曾遍注群经，世称“郑学”。顾炎武《述古诗》曰：“大哉郑康成，探赜靡不举。六艺既该通，百家亦兼取。至今三礼存，其学非小补。”[②]但除《三礼注》及《毛诗笺》基本完整外，郑氏著述大都散佚。郑氏的学术成就在清代

① 《中华大典》工作委员会、《中华大典》编纂委员会编纂：《中华大典·文献目录典·古籍目录分典·经总部》(三)，广西师范大学出版社 2015 年版，第 1416 页。

② (清)顾炎武：《亭林诗集》卷四，清光绪二十一年(1895)刻本。

得到汉学家的一致推崇，清人从事其著作辑佚的不乏其人。比如，被阮元称为“海内治经之人无其专勤”的曲阜孔广林，与黄奭、袁钧一起，成为清代辑佚郑玄著作成就较为突出的三人。孔广林《通德遗书所见录》共辑郑氏著述十八种，这既是对郑玄著作的辑佚，也是孔氏辑佚学的代表作。其中，《郑志》一书，尤得卢文弨欣赏。

孔广林的另一部经学著作《孔丛伯说经五稿》，反映的是孔氏研礼成果。孔广林研礼，是受其父孔继汾的影响。孔继汾著有《阙里文献考》《孔氏家仪》《家仪答问》《劻仪纠谬集》《丧服表》等，主要是研究家礼；而孔广林《说经五稿》则遍及“三礼”，如《周官肊测》专研《周礼》，《仪礼肊测》专研《仪礼》，《吉凶服名用篇》专研古代礼学服制，《禘祫觿解篇》《明堂亿》考证禘祫、明堂制度，《仪礼士冠礼笺》是补《仪礼》郑玄注作笺之未备。在研究过程中，孔广林广征诸家，悉加甄采，并施以严正的裁断，不专主郑玄一家之说，力图还原经礼之本义。可以说，《说经五稿》是孔广林研究“三礼”的代表作。

“亚圣”孟子，作为儒家最重要的代表人物之一，其《孟子》一书，自汉代起，历代学者研习不已，为之作注者颇多。南宋著名理学家朱熹一生研读《孟子》，著有《孟子集注》等系列书，成果丰厚。其《孟子要略》成书后一度亡佚，所幸朱子三传弟子金履祥撰有《孟子集注考证》，清代著名汉学家刘传莹便从金履祥书中辑出《孟子要略》。因刘氏得病未来得及整理，于是托付好友曾国藩将该书重编并加按语而付梓刊行，曾国藩乐而成之。

山东书局所刻以上经书，《十三经读本》《周易本义》《御注孝经》《御纂孝经集注》都是历代重要的经学典籍。其中，孔氏两书均为第一次刊刻，《孟子要略》也属旧籍新刊，对经学的阐扬均有重要意义。

（二）史书

山东书局刊刻的首部资政大书《资治通鉴纲目四编合刻》，包括四种书，首为朱熹所撰的《通鉴纲目》。这是我国最早的纲目体史书。朱熹认为司马光二百九十四卷的《资治通鉴》记事太详，书法不完备，观点不够明确，于是从中截取事实，仿《春秋》列纲，仿《左传》列目，编成《资治通鉴纲目》五十九卷。叙事依照《资治通鉴》的时间顺序，先标提纲，以大字书之，再用小字分注，叙其细节。此书因阅读方便，很快便流行开来，宋明以后，许多人丢弃《资治通鉴》而直接读《通鉴纲目》。赓续此书者，有宋金履祥《资治通鉴纲目前编》，明商辂《续资治通鉴纲目》，清乾隆年间修《御撰资治通鉴纲目三编》,还有《通鉴纲目发明》《通鉴纲目书法》等。对《通鉴纲目》诸书的合编合刻,山东书局首开其先。

同类的资政史书还有光绪二十八年山东书局石印本《评鉴阐要》。此书为乾隆帝所批,为“万世君臣法戒”。毛泽东在省立高等学校读书时,符定一看他有志向,有抱负,就送给他一部《御批通鉴辑览》。而作为此书的节缩本《评鉴阐要》,更受一般读史书者的喜爱。

杨景仁的《筹济编》,既是“救荒活民”的实用之书,也是“巩固政权”的必需之书。它对救荒各个环节进行梳理、总结,是救荒活动的理论结晶,非常实用。尤其是它强调“防”灾重于“救”灾这一点,具有积极意义。同治元年,秦聚奎为重刊明代耿荫楼所撰的《国脉民天》作序:“权篆蠡吾,思所以足民之道,因检阅《筹济编》,其中言区田之利甚悉。”①说明这部书确是为官一方者“利民足民”的重要参考书籍,因此得到了诸位重要人物的褒扬。吴县潘世恩(1769～1854),乾隆五十八年状元,历事四朝,官至武英殿大学士、太子太傅。杨景仁在此书《凡例》中说:“初稿甫脱,与内弟陶静涵孝廉贵鉴往复商榷,旋寄郡城质诸潘芝轩尚书世恩,又酌定数处,怂恿付刊。”时潘世恩在吴县老家。潘称杨能“仰体圣天子视民如伤之心,下慰吾民慈父母之望”,称此书为“牧民之谱”。林则徐,道光十二年初任江苏巡抚,因与杨景仁次子杨希铨为同年举进士,得见此书并称:“常熟杨静闲比部所辑,盖取古今荒政之可行者,类次排纂,条分件系之,疏通证明之。”并以医喻之:“先生是书,古方之大成也。”李鸿章也盛赞此书:“先生是编有治本之要,有济急之法,有先事之备,有临事之机,有事后之培养,有事外之补救。譬如医者治疾,可谓集古方之大成者已。”②至于当朝皇帝,在得此书后更是极力推广。杨景仁在自序中说:“圣人治天下,必先救民饥,以制治于未乱也。”荒政是统治阶级通过赈济灾民以达到维持政权统治的重要政策,康熙曾将其视为“三大政”之一。荒政不力,直接动摇统治阶级的根基。光绪初年,自然灾害不断,特别是最初的三年,更是集中爆发。在此情况下,《筹济编》作为记录中国古代荒政的文献资料,对救荒活动具有重要的指导意义。故在光绪四年,杨景仁之孙杨恩海将此书进呈光绪皇帝时,上谕称:“是书于荒政事宜极为详备,实为有用之书。”并命

① 王毓瑚辑:《区种十种》,财政经济出版社 1955 年版,第 17 页。

② 《李鸿章全集》,时代文艺出版社 1998 年版,第 7352 页。此序为薛福成代作,薛福成《代李伯相重锲筹济编序》,见王珂编纂《薛福成年谱》,2001 年,第 47 页。

两江总督沈葆桢等“俟板片刊竣，酌量刷印若干，分咨行各省，用裨荒政”。在皇帝的直接推动下，地方官方出版机构山东书局、江苏书局、武昌书局、山西濬文书局、河南藩库等先后对此书进行刊刻。

《井田图考》是研究井田的重要著述。关于“井田”的记载，中国古代典籍《易》《书》《诗》《周礼》《王制》《孟子》皆有论及，尤其是《孟子》，极力主张恢复古代井田制。故陈锦在此书序中说：“井田为王政权舆，譬若黄钟为万事根本。”此书首定“尺”之标准，首载周尺图及“说”。有两图：一为周尺图，“虑傂尺即周尺式”，图上刻有“虑傂尺建初六年八月十五日造”；一为“乾隆部颁营造尺半式”图。“说”中解释道，阙里孔尚任所得建初六年虑傂尺即周尺，与刘歆之铜尺、建武之铜尺、祖冲之之铜尺、荀勖之晋前尺均同，相当于乾隆部颁营造尺之七寸四分，相当于浙省裁尺之六寸七分，并云本书“图中步亩皆以此起算”。次列“一井之图”，云周制一井九百亩。以下邑、成、国、王畿、王城皆以“井”计之，如“四井为邑，四邑为邱，四邱为甸，四甸为县，四县为都”。故陈锦曰：“分田制禄必自经界始，经界之正必自尺步始，是编首推虑傂铜尺为周尺之准，然后各图尺步积算无差，而不至游移鲜据。”有了标准，下面的考证就有依归。“图”后为“考”，考沟洫，考隄防，考授田，考乡遂，考车乘，考制军，考乡学，计十七“考”，无不考证精详、折中至当。所引用经传及百家论说，各加按语，令学者有所适从，自此别有心得。此书在书末有《郑氏沟洫井田图说辨》，对于郑玄所论沟、洫、井、田之制，作者朱克己录《遂人》《匠人》《小司徒》《载师》诸注，误者辨之，略者详之，并手绘七图，补郑氏之阙。

二、兴教育才

教育是出版的重要主题之一，山东又是教育平民化的发源地，全民教育之风自孔子兴起，渊源有自。所以，山东书局出版的教育书籍最有特色。

（一）传统教育

山东书局在传统教育方面主要是刊刻了两部士子读书目录：《经籍举要》《经籍要略》。

龙启瑞的《经籍举要》被称为我国第一部导学性举要书目，为后来的举要书目如《书目答问》奠定了初步的基础。它的举要内容很丰富，包括交代成书背景，揭示图书内容，概括学术源流，评论图书内容之得失，反映版本情况，交代特殊类例的依据等。尤其是评论图书内容之得失，颇有见地。比如，"明蔡清《四书蒙引》"条下注："是书虽为科举而设，然发明义理，犹有宋儒之遗意，视时下高头讲章卑卑不足道矣。""国朝郝懿行《尔雅义疏》"条下注："是书引据精博，直掩前贤而上之，与高邮王氏《广雅疏证》同为近今之绝学。""《水经注》"条下注："戴震、全祖望、赵一清、董祐诚各校本最善。"说的是这些书好在哪里，为什么选入此目。再就是版本著录详尽，比如，"唐陆德明《经典释文》"条下注："是书以德州卢氏刻者为胜。""国朝纳兰成德《通志堂经解》"条下注："板存江宁藩署。"此条交代板藏地。"《皇清经解》"条下注："皆本朝人说经之书，板存粤东省城学海堂。案，通志堂所刻多宋元诸儒发明义理之书，此则汉儒专门训诂实事求是之学，似相反而适相成，有是二者，而说经之书始备。至其中亦有不必尽读者，则在学者博观而慎择之，要使言义理者无空疏之失，说训诂者去支离之弊，斯可为通经致用者矣。"此条不仅有内容介绍、藏板介绍、与他书区别，还指示读者要有选择地读书。

《经籍举要》除了以上提要内容，还介绍读书方法。对于庞大的正史书，该怎样取舍？"《廿一史》"条下注："《史记》为历代文章之鼻祖，班《书》实后世国史之权舆，其二者定当熟复。"又《后汉书》《三国志》及李延寿、欧阳修所修志书，"皆学人所当先务者"。指明读书要有先后，有主次。此书目还介绍做札记的益处，"宋司马光《资治通鉴》"条下注："读史必须手边置一札记，随其所得，分类记之。""当时记录一过，较之随手翻阅，自当久而不忘。且偶尔忆及与蓄疑思问，其检查亦自易易。此为读史要诀，诸生所宜尽心。"

山东学政汪鸣銮序此书称："顾读书而不识径涂，不循次序，虽读犹不读也。适检箧中，得是编，重付剞劂，以诒诸生。诚能各就性之所近，依类以求，扩而充之以极其博，约而守之以致其精，岂独于近时诸老先生之言必有合，进而究两汉经师之学，又进而窥先圣昔贤之教，殆亦不外乎是，又奚待余之谆谆哉。"可知，汪鸣銮刊刻此书的目的，无非是取其简便易读，示诸生一读书门径而已，希望诸生能够借此扩充极博，约守致精，最终窥圣贤之教。这是身为学政者最朴素的愿望。

山东学政裕德亲自编辑的《经籍要略》，因后出转精，比《经籍举要》有更多的进步。

一是编纂有原则。关于此点，本书第二章第二节已述。这些原则，一直贯彻于整部书中。如关于通行本的著录,因为书局本晚出而易得,史部著录局本最多,尤其是“五局”合刻《二十一史》。子部大多为浙江局本,因为浙江书局刻的《二十二子》最为有名。

二是分类有章法。仿《书目答问》五部分类法,而非《经籍举要》的四类之外再加六类。经、史、子、集,是《经籍要略》的四个大类,但至于大类以下的小类,《经籍要略》与《书目答问》还是有区别的。比如,《书目答问》经部分为三类:正经正注、列朝经注经说经本考证、小学。《经籍要略》经部首列《御纂七经》,次列《十三经注疏》,之后是易、书、诗、礼、春秋、孝经、论语、孟子、四书、诸经总义、尔雅、小学类训诂、小学类音韵,其分类与《四库总目》相仿。

三是选书有标准。虽然《经籍要略》云据《经籍举要》而来,但在收录条目上有明显的不同。易类,《经籍要略》收宋李衡的《周易义海撮要》而去《经籍举要》明蔡清的《易经蒙引》,以宋人著述易明人著述。在易类末,加惠栋的《周易述》《易汉学》《易例》。《经籍要略》之所以选此三书,是因为“此书专主发挥汉儒之学”。诗类,《经籍举要》只收朱熹《诗集传》,非常单薄,《经籍要略》则收《韩诗外传》《吕氏家塾读诗记》《诗缉》,并戴震、马瑞辰、陈奂的作品。礼类,《经籍举要》收方苞《周官集注》,并注曰:“训诂简明,最便初学。”桐城派大家龙启瑞在《经籍举要》中极力推荐桐城派著述,未免带有倾向性,《经籍要略》则去掉此注,只保留条目,比较客观。

四是提要更完善。第一,版本著录更详尽。就朱熹《周易本义》条,《经籍举要》只有简单的内容介绍,没有版本。《经籍要略》先是介绍了坊刻本与原本在卷数次第上的差异,又介绍了内府仿宋本、曹寅扬州诗局本、宝应刘氏本均另附吕祖谦的《音训》,这是各个版本内容上的不同。对于书籍的母体雕板,《经籍要略》多有记录。《御纂七经》下注:“按,前四经于雍正时奉敕各直省布政使敬谨刊刻,今山东藩库有存板,不完。”说明经过了一百五十余年,山东布政司刊刻的《御纂四经》书板还有存,只是不全了。其他如《大戴礼记》“板存曲阜”,《山左金石志》“板存衍圣公府”,《绎史》“原板购入内府,今通行乃翻刻本”等,不一而足。第二,关注山东地方文献。首先是收山东人著述。裕德对清代山东人在经学、史学、诸子、文章方面的成就是十分了解的,像济阳张尔岐的《仪礼郑注句读》,是清前期重要的礼学著述,济阳高廷枢于乾隆八年刻成,被山东书局收入《十三经读本》中。此书和邹平马骕的《左传事纬》、曲阜孔广森的《春秋公羊通义》，均未收入龙启瑞的《经籍举要》，而为《经籍要略》所收入，因为它们是山东人的著述，又是毋庸置疑的名著。其次是收与山东有关的人的著述。《经籍要略》在易类末加沈起元的《周易孔义集说》。此书本身的影响并不大，缘何收入，《经籍要略》注曰："按，沈子大光禄尝主讲泺源书院，是书由历城周编修永年进呈收入，《四库提要》称为有本之学。"除了沈氏主讲泺源书院、周永年进呈两点之外，此书有可能撰成于山东，这恐怕是入选的第三个因素。再次是收山东刻书。据统计，《经籍要略》共收书三百一十三种，仅收山东刻书就有四十八次(有的一种有数个版本介绍)。其中，除为人熟知的雅雨堂、微波榭、孔氏、布政司、《贷园丛书》外，就数山东书局本最多。山东书局先于此书目刊刻的《资治通鉴四编合刻》《仪礼郑注句读》《通德遗书所见录》《山东考古录》《续山东考古录》《蒿庵闲话》《农政全书》《小学集注》，均被收入此目。而其他的山东刻书，像聊城杨以增刻的《独断》，福山王德瑛刻的《今古文孝经汇刻》，安丘王筠父子刻的《说文句读》《说文释例》，栖霞郝氏刻的《列女传补注》，滋阳牛氏刻的《空山堂十七史论》等，也被收入此目。第三，纠正《经籍举要》之误。关于唐陆德明的《经典释文》，《经籍举要》注曰："是书以德州卢氏刻者为胜。"实际上，此卢氏非德州卢氏雅雨堂，而是仁和卢文弨抱经堂。故《经籍要略》注曰："抱经堂本。湖北局本。广东局本。四川局本。"但《经籍要略》的完善并不是完美，如《五种遗规》下注"潍县陈氏刻本"，显系错误，此为海丰吴重憙河南刻本。《齐乘》六卷下注"周氏刻本附考证"，此书为周嘉猷作的考证不假，但非周嘉猷刻本，应为乾隆时胡德琳刻本。这些版本著录错误还是存在的。

五是著录更规范。《经籍要略》各著录项目仿《经籍举要》，先列条目，下小字双行注提要，提要包括内容介绍、版本、刊刻背景等。相关内容每一小类或有"小序"。但《经籍举要》的条目不标卷数，著者列于书名前。《经籍要略》则在书名后标卷数，下双行小字注著者朝代、姓名及撰作方式，与今天的标准著录无差。在条目的编排顺序上，《经籍要略》与《经籍举要》略有不同。像经部书类，《经籍举要》的《尚书古文疏证》在《禹贡锥指》后，《经籍要略》则将其置于《禹贡锥指》前。《经籍要略》将"传说"放在"分篇"之前，体现了目录学款目组织的基本原则。

六是格式更美观。《经籍要略》条目比《经籍举要》略显清晰。像《十三经注疏》，《经籍举要》接续列出"十三经"，《经籍要略》则是每经占一列，十分疏朗。至于小字提要，各项目之间用“○”符号隔开，清晰美观。

七是官员更重视。此书是由当时的山东学政裕德编纂并刊刻的。乾隆时，翁方纲、阮元先后任山东学政，对士子用书进行规范，尤其是阮元还刊刻了《士子习读书目》。阮氏书目分经学书籍等类别，首列御纂诸书，如《御纂四经》《御纂性理精义》《钦定三礼义疏》等。之后列《十三经注疏》，用的版本可选择监板，或汲古阁板。对于唐陆德明的《经典释文》，他主张用通志堂板，并告知士子坊间有单行本。对于惠栋的《九经古义》，推荐李文藻刻本，并告知板存于历城周永年家。此书亦列书法名帖，以书体分类，如楷体收颜鲁公《多宝佛塔碑》《麻姑仙坛记》，赵松雪小楷石刻等，行草收王右军《兰亭诗序》、颜鲁公《争坐位帖》等。阮刻此本，是山东首次由学政主持刊刻的士子读书目。光绪九年，汪鸣銮任山东学政，次年即刊刻龙启瑞的《经籍举要》。光绪十六年，长白裕德编纂刊行《经籍要略》，延续山东学政关注士人读书之一脉。

《经籍要略》有裕德序，称：“甲申、乙酉间，前辈汪柳门侍郎视学此邦，尝重刊龙翰臣方伯《经籍举要》以嘉惠士林。予奉命督学之明年，思为印行以广其传，而板已不存，间与同年友孙君佩南商及，君因出阮文达公督学时所刊书目相示，予喜，亟以告朗斋宫保，并属书局重为梓行。”据此知，荣成孙葆田原藏有山东学政阮元《士子习读书目》，他出示给裕德看，裕德非常高兴，禀报巡抚丁宝桢，并让山东书局重刊。至于重刊与否，不可得知。现上海图书馆及昌邑王伟波均藏有《士子习读书目》不分卷，卷端题名《山东阮学政择定童生应看书目》，均作清乾隆五十九年刻本。或许山东书局并未真正刻过，只是裕德有此想法而已。

(二)新式教育

光绪末期的教育改革，是清廷在内外交困的情势下不得不采取的措施。光绪二十九年的《奏定学堂章程》规定：“无论何等学堂，均以忠孝为本，以中国经史之学为基，俾学生心术壹归于纯正，而后以西学沦其智识，练其艺能，务期他日成材，各适实用，以仰副国家造就通才、慎防流弊之意。”[①]规定了经、史仍然为学堂教材的主要内容。

山东书局所刻经书主要有《经义约选》《四书义》《东莱博议》等。

---

① 璩鑫圭、唐良炎编：《中国近代教育史资料汇编·学制演变》，上海教育出版社 2007 年版，第 298 页。

《经义约选》成书于光绪二十七年，是王锡蕃应河南巡抚锡良之托，顺应教育改章之需，为诸生所选之文章。前有光绪二十七年王锡蕃序，陈教育改良之必要。对于新章，王锡蕃也大加赞赏。王锡蕃在《附识》云："撷名作之精英，便学人之诵习。"此书的功用显而自明。山东书局铅印的另一部书《四书义》，选的是宋代十一位文学大家的"四书"讲文，仅限于宋人。王锡蕃此书所选为宋、元、明、清四代经义名文，搜罗范围更广，有真德秀、张庭坚、杨时、苏轼、欧阳元、陈傅良、刘安上、熊禾、刘安节、司马光、戴表元、归有光、许獬、王夫之、姚鼐、张伯行、李光地、蔡新、赵青藜、齐召南、任启运、倭仁、赵申乔。有的人选录不止一篇。同时，王锡蕃的《经义约选》文章在目录皆注出处，对诸生更具导引作用。

吕祖谦《东莱博议》专"为诸生课试之作"，所以随科举考试而广为流传，备受士子欢迎，自宋至清，达五个世纪之久，甚至成为私塾的必修课。同时，又因其专就《左传》某些史实进行广泛的议论，观点明确，论理充分，文风畅达，使得它并不单纯是一部评论史事的著作，对于经学、科举史、评点学、文章学等也有重要参考价值，并包含不少吕祖谦对道德、学业、人生、社会的真知灼见，集中体现了吕氏经学思想的核心，是吕祖谦以理视经的代表之作。

山东书局所刊史书主要有《读史方舆纪要序》《圣武记》《历代帝王年表》《帝王庙谥年讳谱》《韵史》《韵史补》《皇朝直省府厅州县歌括》《普通学歌诀》《支那通史》《皇朝政典挈要》(据《清史揽要》而来)等，主要分为以下几类。

从日本引进的应急史学教材。光绪二十七年，清廷下令各省改书院为学堂。二十八年，颁布《钦定学堂章程》，即"壬寅学制"。二十九年，颁布《奏定学堂章程》，即"癸卯学制"。两个学制都是模仿日本学制制定的，历史学科第一次成为新式学堂的法定学科，其学科程度、授课时间、学习内容也受到日本很大的影响。但清政府苦于没有历史教材，不得已，《支那通史》《清史揽要》等日本现成的教科书被引进学堂，这是一种无奈的选择。光绪二十九年，京师大学堂刊印的《暂定各学堂应用书目》之"中外史学门"，将那珂通世《支那通史》定为教科书，评此书"简要有法，若再删冗词三之一，补元明本朝，即成完书"。各地新式学堂也普遍以此书为指定教材。

地理、军事书。《读史方舆纪要》是重要的地理、军事名著，其最为世人重视者，在于历代州域形势说与各省纪要之序文，即《读史方舆纪要序》。此书因其京省序文各篇都在两千字上下，内容简洁，颇便童蒙，在清末得到广泛重视。清末瑞安人李式揆作《注解读史方舆纪要序》以授诸生。兖州府中学堂以此本为基础，增加明代之事，编印《方舆纪要州域形势编校注》。民国时期，桐城人疏达作《顾氏读史方舆纪要京省序文详注》，商务印书馆收入《国学小丛书》。[①] 与《读史方舆纪要序》同一性质的《圣武记》，也备受各级学堂欢迎，南洋公学就将其作为文史教材使用。

"表谱"形式的史书。《历代帝王年表》系上古至明代各帝王的年表，是中国通史研究的成果。每表先列干支纪年，再列年号纪年，每年大事，都记载在纪年之下。齐召南《自序》："尝欲仿司马温公《通鉴目录》之意，总二十一史，提其纲，以便初学而未能也。今春多暇，乃作总表。三代以上但列世次之大都，自秦六国下至明洪武，皆以年序，亦略识其治乱得失，数千年间兴亡分合，一展卷而瞭如，或亦初学之一助也。"山阴胡天游序亦云："始自三皇，迄明洪武。周而上以世，秦后以年，纵横列之，统闰别之，惟地与事附而系之，如镜眉目，循挈衣领，示夫学者，简而有功矣。"《帝王庙谥年讳谱》是关于历代帝王情况的综合史表。收录自西汉到明代的帝王避讳字，分为七项，列为表谱。形式简明，内容扼要，利于寻检，颇便学者。前有陆费墀序，指出避讳之弊："避讳兴而经籍淆，汉唐以来，指不胜屈，宋人尤甚。""余因取而谱之，汰其僭闰，以从简约。""校理之余，用便检省焉。"阐明避讳造成了经籍文献记载的混乱，撰著此书的目的在于为学者提供一种便于查检的工具。阮福之识亦云："福既刻齐氏《纪年表》，复思彼书于大事差详，而于陵园讳名嫌字避字未及载也。因取桐乡陆丹叔先生所《谱》本，合刻于后，以便学者检阅。陆书不载闰统，独纪正统，以为读正史自足见之也。"简而宜初学是"表谱"形式史书的共同特点。

韵语形式的史书。《韵史》《韵史补》述自上古至明代之史实，陈确《许令瑜韵史序》："虽其文约，代不数事，事不数言，而四千余年之治乱兴衰已瞭若指掌。"同样地，《皇朝直省府厅州县歌括》与潘清荫的《直省分道属境歌略并图》《山东州县歌略并图》一样，都是韵歌形式，朗朗上口，像"中邦疆土实普覃，五大洲中列第三。行省共分二十二，府厅州县尽包函"。"廿二行省直隶首，省域乃在汉疆北。直隶东南山东省，其间尚有黄河隔。"还

---

① 参见王树民：《曙庵文史杂著》，中华书局1997年版，第276页。

有《普通学歌诀》等，都因方便学生习读背诵而受到学堂欢迎。

清代陈惟彦《幼学分年课程》将六岁入塾至八岁儿童划为第一级，这级应读书，山东书局所刻者就有《小学韵语》《韵史》《韵史补》。山东书局所刻《劝学篇》《续富国策》《历代帝王年表》，则被列在三级即十二岁至十六岁应习书内。这样看来，山东书局所印学堂用书是严格按照当时的朝廷要求所做的。

三、敦风化俗

同治七年，丁日昌上奏禁止邪说传奇，查禁小说，以端正士习民心："本部院前在藩司任内，曾通饬所属，宣讲《圣谕》，并颁发《小学》各书，饬令认真劝解，俾城乡士民，得以目染耳濡，纳身轨物。"①受儒家传统思想影响，历代统治者十分注重用道德教化来统治人民。作为封建统治御用宣传机构的地方书局，自然要承担刻印敦风化俗之书的重任。

（一）孝悌天下

《论语·学而》："弟子入则孝，出则弟。"孝悌也者，仁之本也。遵循"孝悌"之道是一个人为人处世的根本。兄友弟恭，长幼有序，家庭和睦，天下太平，这些都是儒家的基本伦理道德。

山东书局初始之时，就刊刻了清顺治、雍正二帝的两部《孝经》注，加上《十三经读本》中的唐玄宗《孝经注疏》，山东书局将现存的三位帝王有关"孝"的经典全部刊刻，无疑体现了统治者以孝治追求社会和谐、达到统治目的的初衷。

丁宝桢编刊的《劝孝歌》，书中多"天地为大，父母为尊""百行之先，莫过于孝""养儿待老，积谷防饥""不孝之人，断无好处"之类，且有"反哺有乌，跪乳有羊""黄香九龄，能温亲席""王祥卧冰，求鱼佐食"等例证，均为宣扬孝道，有裨风教。

萧培元的《二十四弟图诗合刊》首次将"孝""悌"合璧。"二十四孝"的故事由来已久，深入人心，那么"悌"呢？萧培元于是从史册中搜寻兄友其弟、弟恭其兄者，推及于嫂侄姊妹之间的友爱事迹，编辑成故事，上自虞舜，下至明代陈世恩，共二十四人，以《二十四弟》名之。"孝"与"悌"合璧

---

① （清）丁日昌：《札饬禁毁淫词小说》，载朱一玄编《〈水浒传〉资料汇编》，南开大学出版社2002年版，第471页。

成书。书前有匡源同治八年序："萧质斋观察同年既刊《二十四孝图诗》，分布庠塾，争相讽诵，几遍鲁齐。"他希望"读此两编者，勿视为迂谈而身体力行之，庶不负观察谆谆教诲之意也夫"，指明此书的编撰目的。之后，萧培元弟子王寿三，又将其师《二十四孝弟诗》加以注释，成《二十四孝弟诗辑注》一书，亦不失其宣扬孝悌之意。

（二）化蒸民俗

《圣谕广训》是教化百姓的重要官方书籍，其目的是使传统道德规范深入人心，维护古代道德环境，有清朝"圣经"之称。其推广是自上而下的，是借助政治力量的。在普通百姓间，各地都要于每月初一、十五进行宣讲。在读书人间，各地要刊刻印刷，分送各学。上谕规定，学子童蒙时就要诵读《圣谕广训》，凡求取科甲功名者，需熟读该书，无论县考、府考或科考，其中必有默写《圣谕广训》之内容，非但不可有错，亦不得误写或添改。山东书局刊刻《圣谕广训衍说》，亦具宣扬圣治、教化大众之至意。

《制服成诵编》讲的是中国古代的丧服制度，以表明之，以歌括之，目的是使人因文求情，以察于伦理，俾家喻户晓，闾塾子弟易于学习，实有功于名教。马丕瑶《覆王夔石制军》赞此书曰："承惠《制服成诵》一编，酌古准今，体例精审，足使民德归厚，拟发局刊布，以广宏规。"①福润《重刻制服成诵编序》曰："圣人，礼之宗也。山东，圣人之居也。为民上者果能发明大谊，而动以不容已之至情，修而为教，达而为治，翔而为德，化蒸而为风俗，彬彬乎百有七城，罔非邹鲁焉。"也点明了刻此书的目的。

（三）修身治平

光绪二十年，福润于山东节署序蔡云撰《文昌阴骘文诗》曰："予受而读之，爱其格律谨严，吐嘱华贵，不失风人忠厚之旨，而于帝君醒世之苦心、柏庐治家之至意，均能阐发靡遗，洵善本也。因续付剞劂，俾与《二十四孝诗》并垂不朽。孝弟为人之大本，又得是编以诵习之，庶修身齐家之道于是乎备。学者苟奉为准则，观感而兴起焉，是则予之所厚望也夫。"修身、齐家、治国、平天下，这是山东书局刊刻《文昌阴骘文诗》的主要目的。

山东书局所刊彭定求的《儒门法语辑要》，是儒学的重要著述，最能体现其风人之旨。

---

① 沈云龙主编，马吉森、马吉樟编：《近代中国史料丛刊》第五十八辑《马中丞（丕瑶）遗集》（二），（台北）文海出版社 1973 年版，第 858 页。

首先，此书为士子必读书。华亭张兴载尝贻书其师王芑孙，求《儒门法语》。鄢陵苏源生在咸丰光绪间刻《记过斋丛书》，内收《儒门法语辑要》，送给文清书院诸生学习。王先谦为杨风友通州重刻本作序，亦言此书为"贻学中弟子员"①。马秀儒在《牛氏家言》序中称，道光三十年，徐泽醇重刻此书，"予受而读之，真处处亲切有味，简要易观，诚儒门必不可少之书。予爱之重之，朝夕而玩味之"②。梁漱溟之父梁济曾说："《儒门法语》精实切近，人生至要不可不看之书。治舜臣在国子监命每人手抄一本，无不以为迂者。然人虽厌其迂腐，而钞至精妙处，切中病根，未有不心折首肯良心发现者。"③

其次，此书是各大家族课子书。如彭氏家族对于"实堪造就者，加助修金，授以《儒门法语》《弟子箴规》，熟读深思，务期文行交修"④。同为苏州名第的潘奕藻亦云："吾乡彭访濂（定求）先生喜刊善书行世，迄今科第连绵，积累非一日也。"所以，他教导子孙说："汝等既要读书，清晨须虔诵《感应篇》《阴骘文》，其余《儒门法语》《寸耕钞略》等书不可不读，庶几触目知感。"⑤

再次，此书是学者、官员的案头必备书。鄢陵苏源生曾将一套《记过斋丛书》赠送曾国藩，曾国藩接书后，"旋将《儒门法语》细读一过，又将《读书录》阅一卷，此昔年曾阅之书，故翻阅较易"⑥。知此书为曾国藩常读之书。同为苏州名门的翁同龢在其日记中亦载："阴，有时微雨，仍蒸溽。看《儒门法语》、杜诗。"⑦此为光绪二十六年庚子九月十二日。

山东书局所刻朱熹《小学集注》，系朱熹从经传史籍以及其他论著中

---

① 沈云龙主编，王先谦著：《近代中国史料丛刊》第六十九辑《虚受堂文集》，（台北）文海出版社 1973 年版，第 194 页。

② 郭汉儒编，政协定西市安定区委员会整理：《陇右文献录》，甘肃文化出版社 2014 年版，第 580 页。

③ 梁焕鼐：《桂林梁先生遗著》，（台北）华文书局 1968 年版，第 216 页。

④ 参见民国《彭氏宗谱》卷一二《庄规》，转引自中华文化通志编委会编《中华文化通志 31》第四《典制度文化宗族志》，上海人民出版社 2010 年版，第 425 页。

⑤ 唐力行等著：《苏州与徽州 16～20 世纪两地互动与社会变迁的比较研究》，商务印书馆 2007 年版，第 89 页。

⑥ （清）曾国藩：《曾国藩全集日记二》，岳麓出版社 1988 年版，第 1312 页。

⑦ （清）翁同龢著，翁万戈编，翁以钧校订：《翁同龢日记》第七卷，中西书局 2012 年版，第 3335 页。

采集有关忠君、孝亲、事长、守节、治家等的格言、训诫、故事等，编辑而成的儿童道德教育用书。朱熹序曰："古者，小学教人以洒扫应对进退之节，爱亲敬长、隆师亲友之道，皆所以为修身、齐家、治国、平天下之本。而必使其讲而习之于幼稚之时，欲其习与知长，化与心成，而无扞格不胜之患也。"风人之旨与上述诸书无异。

四、地方文献

胡丹凤曾在《嘉惠堂藏书目序》中云："浙省奏开书局，多藉君家藏本备勘，其于乡贤遗著网罗尤笃。"[①]关注地方文献，是每个地方书局的出版特色。山东书局也不例外，它不但刊刻山东学者的著述，刊刻有关山东的文献，而且对于与山东有关的人、事，多有关注并尽量宣传。

(一)原出山左

山东书局所刻地方名人著述有《蒿庵集》《敬亭集》《止止堂集》《孔丛伯说经五稿》《通德遗书所见录》《戚少保年谱节要》《尊宗赘议》等。《孔丛伯说经五稿》《通德遗书所见录》在经史类已述。

明代山东，戚继光是不可忽略的重要人物。他的《止止堂集》自明代刻后，一直未见其他刻本，且此明刻本亦不可得。福山王懿荣供职翰林院时见到明刻本，知为罕见之本，忙请人抄录一份。在与巡抚张曜交流时，知山东书局有刻系列山东人著述的打算，于是将所抄之本付山东书局刊刻。戚继光之子所编《戚少保年谱节要》也一并刊刻。

山东书局对张尔岐著述的推广尤为用力。除了光绪十五年同时刊刻《蒿庵集》《蒿庵闲话》外，还于同治时将张尔岐《仪礼郑注句读》十七卷刻入《十三经读本》。

《四库全书总目》评价该书："是书全录郑玄《注》，摘取贾公彦《仪礼注疏》而略以己意断之。因其文古奥难通，故并为之句读。至于字句异同，考证尤详。所校除监本外，还有唐开成古经本、元吴澄本以及陆德明《音义》、朱熹与黄干所次《经传通解》诸家。其谬误脱落、衍羡颠倒、经注混淆之处，皆参考得实，又晓明西安王尧惠所刻《石经补字》，最为舛误，遂也逐一驳正。"

---

① 周膺、吴晶主编：《杭州丁氏家族史料》第四卷，当代中国出版社 2016 年版，第 681 页。

顾炎武十分推重《仪礼郑注句读》一书，为之作序："又参定监本脱误，凡二百余字，并考石经脱误，凡五十余字，作《正误》二篇附于其后，藏之家塾，时方多故，无能板行之者。"顾炎武在致汪琬信中称此书"根本先儒，立言简当，以其人不求闻达，故无当世之名，而其书实似可传"①。并在《广师》一篇中曰："独精三《礼》，卓然经师，吾不如张稷若。"②张尔岐去世，顾炎武作《哭张蒿庵先生》云："从此山东问三《礼》，康成家法竟谁传？"③张尔岐及其《句读》一书声重学林，当与顾炎武之揄扬大有关系。

梁启超在《中国近三百年学术史》一书中评价："就专经解释的著作论，《仪礼》，算是最大的成功。凌、张、胡、邵四部大著，各走各的路，各做到登峰造极，合起来又能互相为用，这部经总算被他们把所有的工作都做尽了。"④对张尔岐研究《仪礼》之功给予了很高的评价。

此书一度受到各书局重视，金陵书局、山东书局、湖南书局、山西濬文书局、成都锦江书局、湖南宝庆尚德书局、学部图书局、务本书局先后刊刻此书。从同治七年至民国十三年（1924），此书共刻十二次，仅官书局本就有八个，山东书局是继金陵书局之后刊刻的。

张尔岐的《蒿庵闲话》，其序曰："以其经学则无关大义，于世务亦不切得失，故命之《闲话》焉。"后世评价多认为非也。李文藻跋曰："先生邃于经，练达于世务。所札记多精义，为前贤所未发；其下者亦专辨名物，匡谬误，非小说家所能有。""先生蓄道力学，能文章，正与顾同，是书盖《日知录》之亚也。"蒋因培《附记》曰："书中教人以说闲话、看闲书、管闲事为当戒，先生邃于经学，达于世务，凡所札记皆多精义，固非闲话之比。"

在清初的山东，从左懋第到姜埰，再到董樵，莱阳一地是最具反清意识的地方。姜埰虽然举家迁往苏州，但他毕竟是在莱阳成长起来的，在山东的影响还是很大的。他与隐士董樵交游，与被清廷杀害的左懋第是同榜进士，与仕清名宦宋琬是终生的朋友。他与莱阳有着千丝万缕的联系，是地道的山东人。山东书局刊刻姜埰的《敬亭集》以及其子姜安节编《姜贞毅先生自著年谱》《姜贞毅先生年谱续编》，无疑是对其人其事的肯定与褒扬。

---

① （清）顾炎武：《答汪苕文书》，《亭林文集》卷三，清刻本。

② （清）顾炎武：《广师》，《亭林文集》卷六，清刻本。

③ 《蒿庵集补》，清乾隆三十八年（1773）临桂胡德琳刻本。

④ 梁启超：《中国近三百年学术史》，中国人民大学出版社2012年版，第202页。

山东书局刊刻的有关山东的著述还有《山东军兴纪略》《山东考古录》《续山东考古录》《重纂三迁志》《山东州县歌略并图》。这些书虽皆由外地人所著，但都是有关山东的重要史书，得到了山东书局的推毂。

(二)情系东鲁

《儒门法语辑要》作者彭定求的后世子孙均与山东有很深的渊源关系。

乾隆年间，彭定求之孙彭启丰，曾孙彭绍谦、彭绍观与山东有交集。彭启丰两次来山东，一次是在乾隆元年初为山东乡试副考官；一次是在乾隆四十一年(1776)高宗东巡，彭启丰赶到山东迎驾，高宗赏给他尚书官衔。启丰长子彭绍谦，乾隆十二年(1747)举人，次子彭绍观、四子彭绍升均为进士。彭绍谦虽未考中进士，但在历任山东阳谷、茌平、新城、章丘等知县期间，颇有政绩。在新城时，曾在青沙泊筑堤御水，泽被后代，人称他所筑之堤为“彭公堤”。因他在山东为官，长洲彭氏与山东的关系变得紧密起来。在文化方面，聊城邓钟岳撰《知非录》，乾隆邓氏家刻本，末署：“男汝功、汝�，门人彭绍谦、彭绍观仝校。”有乾隆二十年彭启丰《知非录序》。邓钟岳又撰《寒香阁诗集》，乾隆聊城邓氏家刻本，有乾隆二十年彭启丰序，目录后有受业门人“彭绍谦、彭绍观参校”字样。莱阳宋琬撰《安雅堂未刻稿》，乾隆三十一年宋永年刻本，亦有彭启丰序。可见，彭绍谦在山东为官这段时间，还是有功于山东的文化建设的；也可以看出，他是喜欢校书、出书的。正是他出书这一爱好，差点让其子面临危境。他在任汶上县知县时，山东藩司尹嘉铨将自己的著作《近圣编》交给他，委托他寄到江苏老家刊刻。因为那里的刻书条件好，刻工技艺高。绍谦于乾隆三十六年告假回籍，三十七年(1772)刻竣，印出样本共十部。因路远难寄，只将两部寄给尹嘉铨，因未得回信，余存八部及板片俱未寄去。绍谦于乾隆四十年病故，刻书板片一直存置江苏。乾隆四十六年(1781)，尹嘉铨案发，乾隆帝命查缴他的悖逆之书，于是江苏巡抚闵鹗元急速派人查缴。此时，绍谦之子举人彭希韩在家，概述此事，并一再强调此书只印过十部，除寄尹嘉铨外，所余八部俱存，并未送过他人，亦未替他刻过别样书籍。于是将板片一百一十八块、封面签条三块并存书八部一并呈缴。《大清典礼》《孝经列传》《孝经分传》《圣功指要》《圣门指路》《家礼存义》《官箴切要》《作吏要言》八部书，俱系绍谦在山东时尹嘉铨所送。①

《儒门法语》《儒门法语辑要》颇受山东青睐，山东有两次刊刻。一次是道光三十年徐泽醇抚署刻《儒门法语》，即存惺斋刻本，一次是山东书局刻《儒门法语辑要》。

徐泽醇(1787～1858)，字梅桥，号乐天翁，卒谥恭勤。据台北“故宫博物院”图书文献处“清国史馆传包”，徐氏道光二十五年至二十七年任湖南按察使，二十七年至二十八年任山东布政使，二十八年至二十九年任山东巡抚，兼提督衔，二十九年至咸丰二年任四川总督，最后官至礼部尚书、户部尚书。徐泽醇撰《般若真诠》一书，有“板存山东抚署之存惺斋”“道光丁未镌，存惺斋藏板”标志，知“存惺斋”为其堂号。

《儒门法语》一书，有作“清咸丰二年存惺书屋刻本”。吴庆坻《蕉廊脞录》载：“道光己酉徐梅桥制府泽醇又刻于蜀。”②言为道光二十九年刻。而马秀儒在《牛氏家言》序中称：“庚戌之春，徐梅桥制军重镌彭南畇先生《儒门法语》一书，遍惠同寅。”③庚戌为道光三十年，则又是道光三十年所刻。无论是道光二十九年还是三十年，据台湾资料，他都不是在山东刻的。但今观此书，封面题：“儒门法语，板存山东抚署之存惺斋。”如若不是在山东所刻，那封面就不该题山东抚署。所以，此书大概刻得还要早。

山东书局本的源头是汤金钊嘉庆十九年节本，名《儒门法语辑要》，直接据彭定求六世孙彭祖贤湖北巡抚任上刻本而来，但行款不同。在节本系统中，山东书局本刻得最为干净漂亮。

《龙庄遗书》的作者汪辉祖也与山东有关系。汪辉祖先后辅佐江浙各地十六位官员，其中四人为山东人。山东海阳胡文伯，先任常州府知府，后任苏州府松常镇大粮储道，随后又到临清监督运粮，汪皆随任，共六年。山东济宁郑流贤，长洲县令，汪佐其一年。山东昌邑孙景溪，眼水县令，汪佐其一年八个月。孙景溪的儿子孙含中，绍台兵备道，汪佐其四个月。

《洗冤录详义》的作者许梿与山东也颇有因缘。许梿自道光十六年始任山东平度知州，在平度七年，多惠政。他莅任后，时值连年灾荒，他请准减免赋役，使民困渐苏。许梿重视教育，重修胶东书院，使民知重学，有功

---

① 上海书店出版社编：《清代文字狱档》，上海书店出版社 2007 年版，第 376 页。

② (清)吴庆坻：《蕉廊脞录》，中华书局 1990 年版，第 164 页。

③ 郭汉儒编，政协定西市安定区委员会整理：《陇右文献录》，甘肃文化出版社 2014 年版，第 580 页。

于当地文化。因他是刻书名家，不仅在平度刻《产宝》一书，还参与掖县翟云升《隶篇》的刊刻，为《隶篇续》《隶篇再续》题写书名。

以上所列山东书局所刊内容，只是以类归纳，并未囊括所有出版物。所以，仅从刊刻内容上看，山东书局的取材还是很丰富的，涉及的领域也是很广泛的。

第二节　出版形式

山东书局的出版形式，既包括书籍呈现出来的版本形式，即传统的雕版印刷技术与新兴的铅印、石印等技术，又包括书籍呈现的版本来源等版本特征，以及字体、牌记、版刻风格等艺术特征。

一、版本形式

由于晚清中国社会经历着空前的激荡和变革，曾经在人类文明史上有卓越贡献的古老的雕版印刷术，逐渐被适应大量印件印刷需要的西方近代铅活字、压印机械和平版石印术等先进印刷术取代。这个重大的转变过程，是所有出版界共同面对的过程。山东书局因延续时间长，两个阶段都有经历且有比较明确的分界线，即以光绪二十八年为界，此前为雕版印刷阶段，此后为新技术阶段。

（一）雕版印刷

印刷术，是我国古代四大发明之一。印刷术发明之前，文献的生产是以手划、手刻和手写等方式进行的。作为典籍产生的方式之一，手写一直到如今还存在着，但它在印刷术发明之后，就不再是主流方式了。

印刷术包括雕版印刷术和活字印刷术。雕版印刷术发明得早，有明确刻印年代记载的文献是唐代咸通九年（868）的《金刚经》；而活字印刷术出现得较晚，到了宋朝，毕昇发明泥活字。活字印刷有其明显的弊端，就是一部书印成后，为了活字的再使用，摆印的“原版”就被毁掉，无法复原，无法再次刷印。所以，即使有了宋代的泥活字、元代的木活字以及明清以来的铜活字，雕版印刷仍然是中国出版业的主要形式。尤其在明清时期，无论是官府还是私人，坊铺还是书院，慈善机构还是宗教机构，雕版印刷都得到了广泛使用，成为文献出版的最重要方式。

从技术层面上讲，雕版印刷首先要做好选料、开料、浸沤、干燥、刨光、打磨的板材处理工作，其次是写样、上浆、覆样、打薄、上油的雕刻前期准备，之后才是发刀、挑刀、清底的具体雕刻工作，最后是印样、装订等刷印成书。这些复杂的工序凝聚着写工、刻工、印工的心血，也是中华民族智慧的结晶。

雕版印刷发展到清代，技术已经达到相当高的水平，雕版印刷物数量空前，出版也达到了极盛期。山东这个并非全国刻书中心的省份，整个清代的刻书量尚在四千余种，可以想见江浙地区乃至全国的出版总量。在清末内忧外患的形势下，即使官府刻书大大萎缩，私家刻书、坊铺刻书依然蒸蒸日上。晚清地方书局的纷纷设立，即有挽救官方出版颓势之意。

山东书局在光绪二十八年新政之前，完全采用的是传统的雕版印刷技术印书，出版数量为四十余种，加上子目，在八十种左右。按理说，新的印刷技术在19世纪中期就已经传入中国，但山东一直固守着传统的印刷模式，这恐怕与其保守、闭塞有一定关系，也与其对雕版印刷有很强的自信心不无关系。

山东有丰富的刻书资源。首先，山东有良好的供印书用的纸。据历年出土的实物证明，早在蔡伦改进造纸技术以前，中国已有了植物纤维经帚化而抄造的纸。经东汉蔡伦的进一步改造，纸被用于书写。东汉末年，东莱左伯再度改良造纸技术和工艺，既使纸的功用范围得到拓展，也使东莱一带成了造好纸的地方。徐陵《玉台新咏序》称："五色花笺，河北、胶东之纸。"可以证明，历史上河北、胶东是生产好纸的地方；也可以证明，山东造纸源远流长。根据《金史・百官志》，贞祐二年（1214）设抄纸坊使，在全国各地设抄纸坊，其中属于山东者就有东平、益都两府及青州三处。这说明山东的造纸工厂，在全国也是数得着的。另据缪咏禾《中国出版通史・明代卷》，山东自明代始就是纸张供应大户。每年各省向内府贡纸的数量是：陕西十五万张，湖广十七万张，山西十万张，山东五万五千张，福建四万张，北京十万张，浙江二十五万张，江西二十万张，河南二万五千张，南直隶三十八万张。山东进纸数量虽然不是很多，但也位列第八。①

其次，山东有良好的刻书用的梨木、枣木。据许檀《明清时期山东经济的发展》一文，山东的果树种植以枣梨为最，核桃、柿子等次之。嘉靖

① 参见缪咏禾：《中国出版通史・明代卷》，中国书籍出版社2008年版，第19页。

《山东通志》称，梨“六府皆有……出东昌临清、武城者佳”；枣“六府皆有之，东昌属县尤多”。平原、恩县两县接壤的马颊河西岸临河一带，北自梅家口、董家口，南至津期店，五六十里多种植果树，枣梨桃李之属获利颇多。[①] 故山东刻书板材料好，易保存。清雍正、乾隆间所刻汉文《大藏经》，所用板片特选直隶、山东出产的优质梨木，每版长二尺四寸、宽九寸、厚一寸一分，共七万三千余块，全部是无结节、无拼凑的整版。

（二）铅印石印

如上所述，山东书局是较晚使用新式印刷技术的书局。

19 世纪中叶之后，西方新式印刷技术传入中国，铅印、石印在出版界得到日益普遍的使用。道光二十三年，英国传教士麦都思在上海设立墨海书馆，采用铅印技术，操作简单，节省人力，速度快，效率高，为时人称赏。到 19 世纪七八十年代，铅印技术日趋成熟。

另一种新式技术也为越来越多的人青睐。“用机器将原书摄影石上，字迹清晰，与原书无毫发爽，缩小放大，悉随人意。”[②]这种新式的石印技术属于平版印书，其法是以天然多微孔的石印石做版材，利用水油相拒的原理，用脂肪性转写墨直接把图文描绘在石面上，或通过转写纸转印于石面，经过处理，制成印版。这样简便易行的印刷方法广受欢迎。采用石印技术的点石斋石印书局、同文书局、拜石山房先后成立。光绪年间，仅上海一地的石印所就有数十家。

同治十三年，潍县陈介祺表弟谭雨帆客登莱青兵备道潘霨（蔼翁）署中，习照像技术。五月二十九日，陈介祺覆谭氏书，论以照像勾摹兰竹梅菊成谱，刻传海内，为艺林盛事，嘱谭氏怂恿蔼翁为之。光绪元年七月二十六日，覆潘祖荫书，谈洋照“照小易而照大佳”，不易拓者皆可照。[③] 表明他用照像技术进行出版的愿望，也体现了他与时俱进的出版思想。这可能是山东与石印技术有交集的最早记载。

成本低、出书快、简单易行的新式印刷术，逐渐取代成本高、费时费工的雕版印刷术，垄断了光绪中期以后的出版业。广雅书局、江苏书局、浙江书局等影响较大的官书局大都在这种印刷技术的变革中退出历史舞

---

① 参见许檀：《明清时期山东经济的发展》，《中国经济史研究》1995 年第 3 期。

② 徐润：《徐愚斋自叙年谱》，张静庐辑注《中国近代出版史料补编》，中华书局 1957 年版，第 79 页。

③ 陆明君：《簠斋研究》，荣宝斋出版社 2004 年版，第 179～260 页。

台，山东书局则不然。它虽然接受新技术较晚，但经历了并入通志局的沉寂之后，随着山东新设官书局的成立，它欣然接受新的印刷技术，全面迎接新时代。

山东书局采用新技术的改变是非常明显的。光绪二十八年前，其出版全部是雕版印刷；自此年始，其后来所印书，除三四种雕版印刷品外，几乎全部采用的是新式技术，且以铅印本居多。据当时报纸记载，它购进新的印字机，利用山东师范学堂的空屋，进行印书。

二、版本特征

王懿荣在《重刻明戚武毅公〈止止堂集〉叙》中说："时值山东书局方谋刻国朝以来海内未刻之书，爰举此集邮介张公重刻之。"山东书局"谋刻国朝以来海内未刻之书"，是迄今为止发现的山东书局有关"刻什么书"的唯一的明确表示。这个表示，无非是"新刊""稀见"。这是光绪年间张曜时期的选刻标准，通观现存的山东书局出版物，其版本特征体现在以下若干方面。

(一)新刊之本

新刊之本即首次刊刻。或新著新刻，或旧著新版。

孔广林《通德遗书所见录》书成未付梓，一直以抄本形式流传。光绪十六年，山东书局第一次刊刻，这是此书的最早刻本，也是唯一的一个刻本。其另一部经学著作《孔丛伯说经五稿》，各书成后，有单刻者，仅见《周官肊测》一种，曲阜孔广衡刻本。五书于嘉庆十七年合成后，一直未刻，直到光绪十六年，山东书局才得以刊行。刻二书时，正是张曜抚鲁时期，山东书局与孔府在这几年颇多来往。尤其是孔府于光绪九年大火后，书籍不存，王懿荣提出各书局刻书交山东巡抚转交孔府保存一折得到光绪帝同意。此事或许促成了山东书局刊刻孔氏著述之事。

《戚少保年谱节要》，最初由戚继光之子戚国祚等编纂于明天启初年，有刊刻，但未见传本。道光二十七年，仙游崇勋祠刻，光绪四年补刻，且道光本并不多见。王懿荣序《止止堂集》："有《年谱》十二卷，为公嗣祚国等所纂辑。道光丁未，福建仙游重刻之，登州仍未有也，故新《志》中亦未著录。"知，光绪初年登州修《艺文志》，亦未见此《年谱》，所以稀见。山东一直没有刻本流传，山东书局刊刻此书也在情理之中。

(二)稀见之本

《文昌阴骘文诗》，是蔡云稀见之书。作为钱大昕弟子，蔡云《癖谈》流传较广。其《蔡氏月令》也多为人知。顾颉刚称其“承吴中惠氏之学，辑蔡邕《明堂月令论》《月令章句》《月令问答》为一书，名之曰《蔡氏月令》，而又附以《月令集证》，实为伯喈书之集大成者”，又云“其诗文集则未尝见也”①。知其诗文集流传不广。

《文昌帝君阴骘文诗》，目前仅知有光绪二十年山东书局刻本。另宁波天一阁博物馆藏蔡云撰《文昌帝君阴骘文试帖》一卷。光绪九年刻本，不知与此本是否有关系。山西省图书馆、内蒙古自治区图书馆有《文昌帝君阴骘文诗》，嘉庆刻本，未署作者，应与蔡云无关。以上可知，《文昌阴骘文诗》确实稀见。与其同时刊刻的《朱柏庐治家格言诗》，目前也仅知有光绪二十年山东书局本。

戚继光的《止止堂集》流传绝少。现在所存，除山东书局本，只有一个刻本，即明万历间刻本。目前所知，这个本子也仅有南京图书馆收藏。据王懿荣序知，光绪五年、六年，登州方志局修《艺文志》时，找不到戚继光的集子，只在他后人家里得一卷，是后人辑的十多首诗以及记录的一些私下流传的事情。过了三四年，王懿荣在翰林院得知，四库馆得到戚继光《止止堂集》的明代万历本，于是他将这个万历本从翰林院借出，找人摹抄一本，字画悉如原刻。又过了三四年，王懿荣来省城济南，见到了巡抚张曜。张曜说从小喜欢读戚继光的《练兵实纪》《纪效新书》，而文集却未见。于是王懿荣将戚继光的《止止堂集》邮寄给张曜，让他重刻于山东书局，此书遂得以广泛流传。

（三）完全之本

《四库全书总目》关于《止止堂集》曰：“考继光有《登盘山绝顶》七律一首，格律颇壮。今石刻尚存，而两集中皆不收，殆作于刻集之后欤？”所谓“两集”，指书中的《横槊稿》和《愚愚稿》。《四库全书总目》极为称赏戚继光的《登盘山绝顶》诗。确实，此诗登高抒怀，激昂慷慨，悲壮淋漓，饱含雄浑苍凉之致。因为当时刻石尚在，而明刻本《止止堂集》中未载，故《四库全书总目》提出此条。山东书局本重刻时，不仅补刻了《登盘山绝顶》，还有其他未收之诗，共二十五首，以《补录》出之，列《横槊稿》之后，可谓完全之本。

① 王湜华：《玄妙观中三年少：追述王伯祥、顾颉刚、叶圣陶三人之友谊》，华艺出版社 2013 年版，第 151 页。

山东书局所刻的张尔岐《蒿庵集》也是最全之本。乾隆本、嘉庆本《蒿庵集》，均未收入张尔岐的诗词一类作品。山东书局本则加《拾遗》一卷，来自潍县高鸿裁、陈介祺家藏稿，凡诗文词十余篇。据张翰勋《〈蒿庵集〉〈蒿庵集捃逸〉整理简记》统计，有《蒿庵先生手书遗嘱》《瓦砚铭》及《庶生》《虎欲啮人不避豪贤篇》《精卫衔石填海》《送邑令杜明府归田》《谒苍屏陈先生》《东海篇赠方广文》《壬寅春访元明先生张隐君归赋》《重丝海棠》《送张非闻还里》《列仙诗》《沁园春·题〈髑髅〉图次梅花道人韵》《满江红·杜宇》诸诗词作品。同时，书局本的《附录》，除收入乾、嘉两本《附录》中的李焕章《张蒿庵处士传》、盛百二《蒿庵遗事》、顾炎武《答汪苕文书》(节录)、《广师》(节录)、《过张贡士尔岐》诗、《哭张高庵先生》诗、王琢璞《赠张蒿庵昆季》诗、邢其谏《读稷若〈蒿庵集〉书于后》诗外，还收入了乾隆本中列于卷前的陆燿《蒿庵书院碑文》，又收入周震甲(按：周永年之子)等《书张蒿庵先生〈自叙墓志〉后》的组文、罗有高《张尔岐传》、江藩《汉学师承记》和李元度《国朝先正事略》中的张尔岐的传记文字。①

倭仁的《倭文端公遗书》有若干版本，但卷数都有所不同。其中，求我斋本十一卷，翰元楼本十二卷，洪氏本十四卷，山东书局本十三卷。经过李细珠的比对，发现山东书局本最完整。李细珠在《〈倭文端公遗书〉考述》一文中说，山东书局本卷二增加五篇奏疏，有些篇目安排与其他版本不同，"相对来说，这是所见收集资料最多的《倭文端公遗书》刊本"②。

(四)翻刻之本

首先是翻刻内府本。鲍源深《请购刊经史疏》曰："窃维士子读书以穷经为本，经义以钦定为宗。臣伏读世祖章皇帝御注《孝经》，圣祖仁皇帝御纂《周易折中》、钦定《书》《诗》《春秋》三经传说汇纂，世宗宪皇帝御纂《孝经集注》，高宗纯皇帝御纂《周易述义》《诗义折中》《春秋自解》、钦定《三礼义疏》，皆阐发精微，权衡至当，足使穷经之士不淆于众说，得所指归。以上各书，请旨饬下各抚藩先行敬谨重刊，颁发各学……至穷经之外，读史为先。全史卷帙浩繁，现在经费未充，重刊匪易。恭请饬令先将圣祖仁皇帝《通鉴纲目》，高宗纯皇帝《御批通鉴辑览》敬谨先刊，分发各学。士子读

---

① 参见张翰勋：《〈蒿庵集〉〈蒿庵集捃逸〉整理简记》，《古籍整理研究学刊》1989 年第 3 期。

② 李细珠：《〈倭文端公遗书〉考述》，《清史研究》1997 年第 4 期。

之，已可贯穿古今，赅通全史。”[①]各书局积极响应，遵旨刊刻御纂、御撰之书。江西书局和广雅书局先后翻刻了《武英殿聚珍版书》，江南书局重刊殿本《仿宋相台五经附考证》，江苏书局重刻殿本《辽金元三史语解》，广雅书局的前身粤东书局重刻《通志堂经解》，浙江书局、江西书局、崇文书局、江南书局相继重刻《御纂七经》等。

山东书局翻刻的殿本有《筹济编》《小学集注》《劝学篇》《圣谕广训衍说》《御注孝经》《御纂孝经集注》等。山东书局翻殿本特别谨慎，一点一画不作丝毫改动，如《十三经读本》就对《钦定春秋左传读本》极为尊重与推崇。一是不作《校刊记》。各经皆有《校刊记》，附于各经之末，唯《春秋左传读本》系钦定之书，非汉儒注疏及宋儒传注可比，所有各本异同之处不敢采入。“校刊各经，一切点画，因诸本不无误刻，皆遵殿版诸书、《康熙字典》，敬谨更正。惟《钦定春秋左传读本》系遵道光二年武英殿刊本敬摹重刊，原本点画不敢有所增减。”“不敢采入”“不敢有所增减”，表现了山东书局对官书唯谨唯慎的态度。二是格式上体现的不同。《钦定春秋左传读本》进表后有：“同治十一年十月山东巡抚臣丁宝桢敬摹重刊。”《易经》《书经》《诗经》《周礼》《礼记》等衔名均以《山东书局校刊某某官绅职名》出现，唯《春秋左传》题：“《山东书局敬摹重刊钦定春秋左传读本官绅职名》。”“敬摹”二字，表其奉为圭臬、不敢更动之意。

其次是翻刻以前版本。为了更快地出版，书局往往取通行的版本进行翻刻。重刻所依据的底本一般是简便易寻、但在该地区又流传不广的本子。山东书局也是这样。如《孟子要略》仿刻汉阳刘氏椠本；《洗冤录详义》所据为许氏古均阁刻本；《续山东考古录》虽有叶圭绶咸丰元年济南刻本，但当时板已不存，故山东书局重刻之；《农政全书》所据为道光十七年贵州粮署刻本；《蒿庵集》为乾隆三十八年胡德琳刻本；《蒿庵闲话》为乾隆四十年李文藻潮阳郡斋刻本；《敬亭集》为康熙间莱阳姜安节等刻本；《慎疾刍言》为光绪元年乌程汪曰桢会稽学署刻本；《制服成诵编》《制服表》《丧服通释》有浙江、湖南、四川多个刻本，山东书局据以翻刻。

山东书局翻刻时尊重原版版权，往往标明版本来源。仿刻某书，即将原书牌记刻上，或保留原有的刻书特征。如《筹济编》封面题“光绪五年九

---

① 沈云龙主编，陈韬辑：《近代中国史料丛刊》第十三辑《同治中兴京外奏议约编》，(台北)文海出版社 1973 年版，第 375 页。

月山东书局重镌”，同时将原牌记刻上：“光绪四年戊寅季春之月重镌。”《儒门法语辑要》有“光绪八年七月山东书局重刊”牌记，在卷端亦有“六世孙祖贤重刊”字样。《洗冤录详义》有“光绪十二年丙戌秋九月开雕，山东书局藏版”的牌记，但封面题有“古均阁许氏藏版”。《世补斋医书》有“光绪丙戌季秋山左书局重印”牌记，亦有原刻牌记：“光绪甲申四月校。”《止止堂集》有“光绪十四年十二月山东书局谨依四库馆明本重刻”牌记，表明版本来自四库馆明本。《孟子要略》有“光绪戊子山东书局仿刻汉阳刘氏椠本”牌记，点明此本来自刘氏本。

（五）兼采众本

朱熹的重要研易成果《周易本义》，在元、明、清三代被广泛阐释，并受科举影响，渐渐烙上官方思想的印记，为三代官学所用，在长期流传中形成了众多版本，有“原本”“别本”两个系统，对此前已有述。

山东书局在《十三经读本》中用的是“别本”。光绪十七年，孙葆田认为“原本”最古，于是采“原本”体例，重新校勘，由山东书局重刻。其《新校周易本义跋》之主旨有三：(1)各本之比较。孙葆田认为，康熙内府影刻吴革本，不仅编排为古，且文字亦与后来通行本不同，字大悦目，世不多见，为藏书家所艳称。乾隆时宝应刘氏刻本，将吕祖谦《音训》附列于后，版式复古，惜行世不远。近世江南书局、淮南书局、山东书局所刻之书，皆不足取。“近江南书局于程子《易传》、朱子《本义》各为梓行，足正俗本之失。第所据乃浦城祝氏合刻《传义》《音训》本，承校之士尚未见内府仿宋刻，如‘象上传’下注有‘从王肃本’四字，《四库提要》辨证甚明，今并未能补正。而于每卷标题前列《易经》并卷数一行，盖尤失之。其他经文，内府仿宋本与开成石经合者，江南本皆未及审订。又淮南局覆刻刘氏本错误亦多，欲复古而反不足取信乎今，斯亦校雠之一蔽也。山东书局所刊经书读本，纯杂不齐，颇为通人所诟病。”看来各书局本皆有小眚。(2)工程之步骤。孙葆田校订朱熹著述先从《诗》《书》开始：“予既承宫保张公延司校订，与书局陆君、张君先取《诗》《书》二经用宋本校正。于《诗集传》后补《小序》《辨说》二卷，而朱子本书二十卷犹未能遽复也。《书》则补刻《小序》一卷、《问答》一卷，以符原本。”知，孙葆田受巡抚张曜之邀，校订朱熹著述，对原丁宝桢所刻《十三经读本》中的《诗经》《书经》加以校补。此二书校补后，分刻不同的书牌，再入《十三经读本》。《诗经》书牌为：“同治壬申山东书局开雕，光绪辛卯春重校并补刊。”《书经》书牌为：“光绪辛卯据宋本重校补刊书序一卷，书传问答一卷。”(3)《周易本义》的校订：“今更以《周易本义》付梓，谨遵内府仿宋本与《御纂周易折中》校定，参考传注，择善而从，兼附吕氏《音训》于后。《本义》既从通行本，悉加句读，与江南本同，其间点画错讹，仍恐不免。《音训》旧分二卷，今误刻一卷，视江南本各附十二卷之后，亦为小异云。”可见，重刻此书时，孙葆田不仅取内府仿宋本和《御纂周易折中》进行校定(二书皆为“原本”)，亦将《音训》刻为一卷。此书因与原《十三经读本》中的《周易本义》差异太大，故非原版补刻，而是重新发刻，故单行。

取《十三经读本》中的四卷本和孙葆田校刻单行的《周易本义》十二卷本进行比较，二本除了内容有区别外，编排顺序也有不同。四卷本先《筮仪》《卦歌》，次《易图》，再是目录、正文。十二卷本则先《易图》，后正文，最后附《五赞》《筮仪》。山东书局既刻四卷本，以应时需，又刻十二卷本，以复旧貌，表现其新旧并存、兼顾众本的出版态度。像山东书局这样兼采二本，先后发刻，在书局本中不多见。

三、艺术特征

山东书局所刻书大都讲究艺术性，封面、牌记喜用篆、隶，形成了“山东特色”。到了铅印、石印时代，山东书局承袭这个优良传统，在牌记形状、大字双钩、阴文牌记等方面都较以前有所突破。

(一)整齐划一的宋体字

铅印本、石印本字体自不必说，仅就刻本来讲，清代刻书大多用宋体字。因其点画整齐，易于刊刻，除了康、雍、乾三朝的官刻书以及非常讲究的私家刻书用软体字也就是写刻体外，一般采用宋体字。所以，出版数量激增，文献传播速度很快。

晚清地方书局的设立是由于典籍受到大范围毁灭，清廷急需迅速恢复受灾的文化，要求地方书局即刻刊印书籍，以应士子之需求。所以，地方书局的刻书用字也大多为宋体字。山东书局所有出版物几乎全部是瘦长的宋体字，唯《龙庄遗书》的序是写刻体。罗泽南《小学韵语》中的贺瑞麟序，由山东诸城尹彭寿手书上板。

尹彭寿(约1835～1904后)，字祝年，号慈经。淹博嗜古，精训诂，工篆隶，是晚清著名金石学家。此时，尹氏在尚志书院，写得一手好字，所以贺瑞麟序由他手书上版。

在字体问题上，潍县陈介祺于光绪元年四月初一致书王懿荣，称“古文字义理第一，文法第二，书法第三。书能毫发不失而有力即是佳刻，方足传古，非易易也”①。论刻书摹字要精。时陈介祺刚刚完成《十三经读本》的校刊。这种刻书理论，不一定对山东书局产生影响，即使有影响，山东书局也未必会采用。因为在当时的情势下，出版速度更为重要。

（二）黄白兼用的书衣题签

书衣题签主要用于题写书名，是一部书的“脸面”。山东学政汪鸣銮为《经籍举要》题写书签，用的是篆体。有些刻本是后印时加题签，或许与山东书局无甚关系。如《重纂三迁志》函套、书衣的书签均为王献唐题署，概后印时所书。

山东书局的铅印本、石印本书衣题签大多为白色签，字为楷书，干净清爽。刻本一般有两种颜色签，一种是黄色，一种是白色。字多为楷体，亦有个别隶书、篆书。《御注孝经》《御纂孝经集注》为黄色楷体，并印有“山东书局敬谨校刊”字样。

（三）篆隶并重的封面书名

山东书局的刻本，如光绪八年的《儒门法语辑要》《山东考古录》《山东考古续录》，光绪十五年的《小学集注》，光绪二十年的《文昌阴骘文诗》《朱柏庐格言诗》《倭仁端公遗集》，光绪二十四年的《劝学篇》，光绪二十八年的《尊宗赘议》，光绪三十年的《山东州县歌略并图》这些书的封面与牌记都是普普通通的楷书，非常规矩，干净利落。其余大多数封面都是篆书，排列整齐，行笔圆转，线条匀净，呈现出精巧秀美的风格，颇具艺术性，看得出来是经过精心策划的。还有一部分用的是隶书。隶书字体略微宽扁，横画长而直画短，结体扁平、工整，庄严凝重。铅印本、石印本封面书名有用双钩的，如《东莱博议》《读史方舆纪要序》《续富国策》《韵史》，大字双钩。虽然素雅，但与众不同。

有些封面书名有题写者署名，如《止止堂集》为“后学顺德李文田”题写，《蒿庵集》《蒿庵闲话》为“黄岩后学张濬”题写，《小学韵语》为“淑（澍）笙”题写。这些人中，不乏在清代书界颇为有名者。如李文田之书法，运碑入帖，笔力酣畅饱满，意态雍容厚重，功力颇深。李文田篆、隶、楷诸体皆能。其篆书，笔致温厚蕴藉；隶书则以楷法及碑法书写，挺拔有力，富于

① 陆明君：《簠斋研究》，荣宝斋出版社 2004 年版，第 179～260 页。

变化。张濬(1842～1921)(一说 1843～1917),字子远,黄岩人。光绪十一年优贡,官栖霞知县。后归主九峰书院讲席,从游者甚众。张濬善说经,学有师法。擅诗文,工书,大楷书屏,一笔不苟,墨气圆润,初师赵之谦,后为俞樾所赏识。题书名时当在山东。

(四)以篆为主的多样牌记

先说形状。山东书局刻本都是长方或正方形牌记。铅印本、石印本有圆形篆字牌记,如《皇朝直省府厅州县歌括》《评鉴阐要》《续富国策》的牌记,庄重中透着灵秀。

次说字体。山东书局铅印本、石印本牌记大多较为简洁,如《周礼政要》。但铅印本的《东莱博议》《读史方舆纪要序》《皇朝政典挈要》《熙朝纪政》《支那通史》牌记为篆字。石印本的《圣武记》《韵史》牌记亦为篆字。还出现了阴文正方篆字牌记,如《英法俄德四国志略》,这是山东书局唯一一个阴文牌记。

刻本牌记的字体与封面一样,篆、隶、楷皆有,以篆字居多。

(五)声明版权的版心题字

山东书局刻本版心有版权声明的,大概始自《劝学篇》。《劝学篇》版心下刻:“山东书局刊印。”《山东军兴纪略》版心下面也有字:“径北草堂编撰”,但这是著者,非版权声明。

山东书局的排印本大多在版心有“山东书局排印”字样,石印本版心有“山东书局石印”字样。

(六)精确严谨的图像刻画

山东书局所刻书,只要是有图画的,大多很精细。《敬亭集》首有《姜贞毅先生荷戈遗像》,《止止堂集》首有《明戚武毅公遗像》。这些图像须发毕现,形象生动。《山东州县歌略并图》的地图刻画精细,一丝不苟。还有《井田图考》的图,摹刻的第一幅周尺图即使超出栏外,也精确严谨,以示科学。后面的十余幅图亦刻画相当认真。

最能显示山东书局绘图水平的是《农政全书》。此书有图数十幅,主要是犁、耒耜等农具。单个的农具画法比较简单,但为了展现一些农具的使用方法,图画就比较复杂。比如,“秧马”,又称“秧凳”,是种植水稻时用于插秧和拔秧的工具。画这种农具时,不仅要画出“马”的形状,还要在其上画出人物,以及人物在“坐骑”上的动作。同样地,还有“砻”“窖”“窦”“风扇”“礳”等工具。每幅图都有若干人物,这些人物各司其职,动作、神态皆不同，对绘者、雕刻者均有很高的要求。像“辗”“海青碾”，既要画工具，又要画人物，还要画动物，要做到惟妙惟肖实属不易，而山东书局的这些图画均人物生动，栩栩如生。

（七）颇具特色的版刻风格

山东书局刻书有自己的风格，不仅体现在以上字体、封面、牌记、版心诸项，还体现在翻刻别本时，有自己的特色。

如果是谕令翻刻的本子，山东书局会按照原刻本行款版式风格。《十三经读本》中的《钦定春秋左传读本》即是完全摹刻内府本。

如果不是谕令翻刻的本子，山东书局往往撇开原牌记式样，作相关改变。如《孟子要略》，传忠书局仿汉阳刘氏本时，牌记照摹刘氏本，只是在其左下角又加了个小牌记：“同治十有三年传忠书局重刊。”山东书局重刻此书时，完全改变了原牌记的形貌，代之以一贯的山东书局的牌记风格。

长洲彭定求辑《儒门法语》，萧山汤金钊对其进行节选，成《儒门法语辑要》。此书自嘉庆十九年初刻，后来历有刊刻，但行款殊异。

汤氏嘉庆十九年刻本：十行十九字，黑口，左右双边，双顺黑鱼尾。江苏学政署光绪元年刻本：九行二十字，黑口，四周双边，双对黑鱼尾（长白广厚重订）；长洲彭祖贤光绪七年湖北刻本：十行二十一字，白口，四周双边，单黑鱼尾；山东书局光绪八年刻本：十行二十四字，白口，左右双边，单黑鱼尾；浙江书局光绪十六年刻本：十行二十一字，白口，四周双边，单黑鱼尾（六世孙祖贤重刊，祖润翻刻）。在以上《儒门法语》这个节本系统中，山东书局的本子是刻得最精美的。

第三节　出版质量

曾国荃在《致阎丹初》书札中说：“书局先刻《四书》，次刻《六经》，先拟仿山东丁稚翁刊本。”[①]“稚翁”即丁宝桢。知山西濬文书局刊印“四书”“六经”，拟以山东书局《十三经读本》为底本。这从侧面反映了山东书局本质量之精，影响之大。

---

① 转引自曹莉：《试析清末官书局刻本的特色与影响》，《故宫学刊》2015年第1期。

一、精校精刊之本

张之洞认为,“精校细勘”“不讹不缺”之本可谓“善本”。他还描绘了清朝人精校本的特色:“此有一简易法。初学购书,但看序跋,是本朝校刻,卷尾附有《校勘记》,而密行细字,写本精工者即佳。”张之洞认为有《校勘记》的本子是善本。

清代武英殿刻《十三经注疏》有考证,开了一个好头。嘉庆间阮元刻《十三经注疏》优于诸本的原因,也是有《校勘记》。光绪十三年,上海点石斋重校缩印阮本前有俞樾《序》:“问所据何本,曰:‘江西阮刻本也’,余闻之益喜。或曰:‘刻《十三经》何不遵武英殿本而用阮本为?’余曰:‘是无它,取其有《校勘记》。有阮文达之为《校勘记》,罗列诸家异同,使人读一本如读诸本。’”皮锡瑞曰:“阮元《十三经校勘记》,为经学之渊海。”[①]日本学者加藤虎之亮氏在《周礼经注疏音义校勘记》一书的序中说:“清儒校勘之书颇多,然其惠后学,无若阮元《十三经校勘记》。凡志儒学者,无不藏《十三经》,读注疏者,必看《校勘记》,是学者不可一日无之书也。”[②]足证阮刻本优于《十三经注疏》其他版本之原因,在于其有价值较高的《校勘记》。

山东书局《十三经读本》《资治通鉴纲目四编合刻》亦分别附有《校刊记》《校勘记》,系张之洞所云“善本”无疑。其他各书,虽多习见之书,但不乏质量上乘之作。

(一)《校刊记》

1. 底本精善

《十三经注疏》的刊刻历史为山东书局本提供了“底本”依据。

由汉迄唐,经书皆有注,有的也有疏。这些注、疏对理解经典有重要作用。北宋时,十三经注疏基本形成,但所刻梓者都是经、注、疏各自单行之本。南宋绍兴年间,两浙东路茶盐司为了读者方便,刊刻了《易》《书》《周礼》三种经、注、疏合刻本。绍熙二年(1191),三山黄唐又在此司刊刻了《毛诗》《礼记》。庆元六年(1200),绍兴府知府沈作宾刻成《春秋左传正义》。这就是“越州本六经”,是八行本经、注、单疏合刻的开山之作。这不但是经学发展史上的大事,也是出版史上的创举。

---

① (清)皮锡瑞:《经学历史》,中华书局1981年版,第330页。

② 转引自刘大钧主编:《百年易学菁华集成初编:易学史》(三),上海科学技术文献出版社2010年版,第1256页。

“十三经”经、注、疏、释文最早合刻，始于南宋建阳书坊。元泰定前后，宋刻附释文的注疏本被翻刻行世，其书板流传至明代正德年间，递经修补刷印，即后人所谓“十行本”“正德本”。此后，相继出现了明嘉靖李元阳刻《十三经注疏》、明万历北京国子监刻《十三经注疏》、明末汲古阁刻《十三经注疏》、清乾隆武英殿刻《十三经注疏》、清嘉庆间阮元于南昌府学刻《十三经注疏》等。

山东书局刻本，大多采用上述善本，其所选底本有三个来源：

一是《易》《书》《诗》《礼记》“四书”，以朱熹、蔡沈、陈澔原书校对重刻。因其是“宋元以后说经之宗，且科举用以试士”，故不作更动。

二是《周礼》《仪礼》《公羊》《穀梁》《孝经》《尔雅》等书，只存郑玄、何休、范宁等注，无疏，为方便阅读。因为“《十三经》注疏繁重，乡塾寒素未能家置一编”。

三是《春秋左传》，取《钦定春秋左传读本》摹刻。这有两个原因：第一，此书杜林注原本与《书经集传》《礼记集说》诸书并行，但坊间刻的通行本，经常是章解、句释、注与经传参错互见，不便初学。第二，《钦定春秋左传读本》，“荟萃古今训诂，而芟其繁说，简明赅洽，允集诸儒之大成”，既简且专，“至古地释以今名，传各为篇，附注于后”，以今名释古地名，经、传分开，“尤便读者”。

这个比较特殊的《钦定春秋左传读本》，由英和、黄钺率同编修程恩泽、祁寯藻等奉敕编纂。全书经文和传文用大字，注文另起行用双行小字，简洁醒目，段落清晰，于初学者颇为便利。此书有道光二年武英殿刻本、同治八年江苏书局刻本、同治八至九年张之万刻本、同治十一年山东书局刻本、光绪八年山西濬文书局刻本。

还有两个本子比较特殊，一是《周礼》，用福履堂原本，因其刊刻精工。“福履堂”应为“福礼堂”，所说即乾隆五十二年福礼堂刻本。嘉庆十一年，张青选清芬阁又据此本重刻，山东书局所本即张氏重刻的福礼堂原本，后有嘉庆十一年顺德张青选跋：“青选曩在京师，见福礼堂《周礼读本》，集录郑康成《注》，陆德明《音义》，喜其便于初学诵习，询而知为嘉善周氏刊本。及来宰是邑，即为访求，已不可得。因于桐乡冯鹭庭太史处借得一本，重加校勘，以付梓人。”二是《仪礼》，用济阳张尔岐所定《仪礼郑注句读》。因其详细考明石本、吴澄本与监本脱误舛错处，为顾炎武所极为推崇，四库馆臣也对其称赞有加。乾隆八年，由济阳人高廷枢刻成，一度成为《仪礼》

最精审的本子。

2.校勘内容

山东书局《十三经读本》选取底本既善，其《校刊记》又极具特色。

(1)字体处理

《十三经读本》先提出校刊经书的首要任务，即“校刊经书宜先辨字体”，而坊间刻本沿讹踵误。具体处理办法有以下几条：

关于坊刻用俗字，或在将俗字改成正字的过程中把正字改错，或偏旁点画相似、三体形似但字体实不相同者，山东书局这次重刊遵《康熙字典》剖析详明。

关于篆籀古文，虽楷法所其从出，但为免开初学好异之渐，山东书局校正点画，不敢泥古。

关于承用之字，如“教”作“教”，“爲”作“為”之类，虽方便应试，但山东书局校刊者认为刊书与应试不同，仍作“教”，作“爲”，以符体式。

对于经传之字只能因循。刊刻经传与刊刻诗文不同，诗文所用字可于未刻之先参考字书。定准一体；经传之字则互有不同，不只是此经之字有不能用之他经，即使一经之中亦前后互异。如《易经》“罔”字，《周礼》“灋”字，《仪礼》“廟”字，《尔雅》“陞”字，诸经中作“網”作“法”作“廟”作“升”。又有两字点画微有不同，而面貌相似，义复相通。山东书局的处理是：“均遵经书写，不敢臆为同异。”

对于《周礼》《仪礼》二经，一切体例仍依原书，仅于点画偶殊而音义迥异处进行校正。

(2)简化《校刊记》

各本除《禹贡》水道古今不同，因将全部书传与纂疏诸本异同之处备载存参外，其余省繁从简，目的是“取便初学”。

句读四声加圈，这是为了方便初学者，但坊本及各家藏本往往句外加句，读中添读。四声加圈，原来是一字两声或一字三四声，不得不加圈以示区别。而各本有时因方音之差，在并没有两读的字旁纷纷加圈。山东书局这次重刊，“概不敢从”，以归简易。

各经句读，今本与古本异同之处很多，若一一载入《校刊记》，体量将相当庞大。山东书局仅录数条，以例其余，希望士子能略知古今异同，仍专志遵守《集传》《集说》诸书，“庶不致歧于所向”。

(3)校本选择

《十三经读本附校刊记》所用校本，除了其在《凡例》中所列唐石经、汲古阁本、阮刻本、“四书”里如堂本以及用于校字的《康熙字典》之外，经考察《校刊记》，知其参校的本子还有不少。比如：《易经》还有《十一经音训》《周易本义》《御纂周易折中》以及不知名坊刻本；《书经》除有《十一经音训》及不知名坊刻本外，还有《钦定书经传说汇纂》《书传旁通》《书传纂疏》；《诗经》还有宋本、监本、武英殿仿宋本、《钦定诗经传说汇纂》；《周礼》还有《钦定周礼注疏》《注疏》各本、卢刻《经典释文》；《孝经》还有宋相台本、明万历刊本、《钦定孝经注疏》等。

(4)依世传“监本”校刊的经书处理

对于依原书校对重刻的“四书”《易》《书》《诗》《礼》各经，所依据的“原书”即监本，通常会有两种情况。第一种，监本流传多依靠坊间翻刻，而坊刻本“未能点画无讹”。所以，山东书局此次重刻，就遵照殿版诸书、《康熙字典》，将坊刻错误之处进行更正。第二种，“其监本所遵，实出朱子原书、蔡氏陈氏原本，经文与传注相同，并非坊刻错误者，仍依原本校刊，谨将各本异同之处，附录《校刊记》，以备参稽，不敢参入原本，致涉两歧”。这是比较科学的做法。

这是山东书局创设后刊刻的第一部大书，在全国起到了示范的作用。民国十四年，张宗昌《重印十三经序》称此书“校正尚鲜脱误，注解悉采通行，取便诵习，俾识途轨”。

(二)《校勘记》

《资治通鉴纲目四编合刻》共四种书，《资治通鉴纲目》《续资治通鉴纲目》两种有《校勘记》。

1.底本不善

温嘉钰在单独成册的《资治通鉴纲目正编校勘记凡例》中说：“《通鉴纲目》，近时书肆出售者，皆系明史官陈明卿评阅本，原刻不可见。东省仅有敬业堂、敬书堂、聚文堂各刻本，价值虽廉，舛错甚多，诸生则以敬书堂刻本粘签添注地理，又照钞清本交书局写刻。是本书亦重刻坊本矣。坊本当校，钞坊本者尤不可不校也。”说明此书底本是据坊本而来，坊本又是据陈仁锡批阅本而来。尚志堂诸生在坊本上加签添注地理，然后抄清，送交书局。既是据坊本抄出，校勘时，便既要校坊本，也要校抄本，因为抄写过程中恐亦有误。温嘉钰《刻通鉴纲目校勘记跋》再次强调：“光绪乙亥由诸生誊来《纲目》一卷，传宫保命，饬钰监刻。始读而疑之，细读而大疑，即询诸生《纲目》原文照何本誊写，以坊刻本对。以坊本校钞本，诸生虽已有改正，然坊本讹误脱漏甚多，有沿其误而不自知者，写时又不免笔误，何以不取殿本及元明诸刻为蓝本。则以添注《地理》，割裂心所不安，涂改又觉可惜。坊本价廉，便于粘签，又恐手民缮写，失各签伦次，故另謄清本，以便照刻。诸生用意，未始不善，惟所重者在《续考地理》，学者所取者，在朱子原文。如以讹传讹，必致贻误后学，非宫保嘉惠士林之意也。"此有不得已之苦衷，所以校勘工作相当艰苦。

2. 校勘内容

(1)关于字体。校勘《凡例》曰："读书，小学亦不可不讲，有一字点画稍殊而音义迥别者，前刻《十三经》已细为分晰。今刻《纲目》，字数浩繁，同人虽逐字搜查，遗漏颇多，拟将各字分别正俗异同，另刻一册附后。"

(2)抄写讹误。对于抄写中的错误，《凡例》认为："缮写笔误，古今难免，如遇讹字，查系写时偶尔疏忽，即据各本改正其讹字。""《校勘记》中所称陈本，即坊间重刻、诸生所照謄者。遇钞本错讹、原出陈本，则注陈本误。"如果所据底本即陈本有误，则直接注"陈本误"。还有一些自称据明本改易，"当时又无明本可查，误刻并印多部，散行各处，嗣后又得元明各刻复校，毫无证据者，虽思改刻，初印各部已不及改矣，则注明据别本误，并注明所考各书，以便日后改正"。对于误改的，也不能进行更正了。

(3)校勘目的。《凡例》曰："《通鉴纲目》虽原本于涑水《通鉴》，而增损隐括，朱子自成义例，年月、事实、辞句皆同，而详略则不能同也，此刻只求还紫阳原文。"还朱子《资治通鉴纲目》以原貌，是这次山东书局的校勘目的。

(4)参校之本。《资治通鉴纲目》以初刻各部为蓝本，选五本进行通校：一为赵府居敬堂初刻本，一为明嘉靖甲午江西按察司仿刻本，一为明万历庚子苏府朱燮元重刻本，一为张朝珍摹刻本，一为清康熙戊子吏部侍郎宋荦奉旨校刊陈仁锡本。各旧本互相进行校对，如遇异同，更稽正史、《通鉴》与经传，查与《纲目》合者从之，不合而纰缪者改之。

(5)校勘形式。《凡例》曰："《校勘记》窃取阮文达校勘《十三经》体例，惟阮文达不改《十三经》原文，仅加圈于误字之旁，故《校勘记》仍标原文而自注其所正。是书先将原文照所校改刻，故《校勘记》即标已改之文，而历注其所误，间亦有仍标原文，注中备述他本异同者，则成书后补校，不及徧改故也。读者分别观省，自知所从。”可知，此书与通行的《校勘记》格式有所不同，即在原文中改正，而在《校勘记》中记其所误。

(6)校勘过程。“逐字审定，无稍歧异，始敢刊刻。”其中讹字，有各校者先行校出、温嘉钰复考证明确而改者，有由温嘉钰校出而补遗添注者，更有照别本误改而更正另刻者。

以上可知，因底本不善，《资治通鉴纲目》《续资治通鉴纲目》的校勘工作相当辛苦。仅《资治通鉴纲目》一书，自光绪二年正月起，至七年六月止，前后用了五年半时间。

(三)《勘误表》

山东书局严谨的出版作风，一直延续到清光绪末期。《熙朝纪政》附《勘误表》，《读史方舆纪要序》附《刊误》，《经义约选》附《经义正误》(即《勘误表》)，《普通学歌诀》附《普通学歌诀刊误》，充分体现了山东书局认真的出版态度。

书附《勘误表》，大概起于铅印技术大规模使用的年代。雕版印刷时期，如果字刻错了，一般将此字铲掉，再刻一木钉，嵌入木板，这是直接在原处改正。石印是依原书影印，无法对内容进行再加工。恰恰是铅印，需要工人手工检字、排字，这就难免会出现取错字模的现象。所以，印刷之后再回过头来检查，就会发现错误。这个时候，补救的办法通常有两种：一种是将正确的字以朱色钤印在原字旁边，一种是做一份《勘误表》附于书后。

《勘误表》虽然有碍观瞻，但从另一方面来说又显示了出版者的真诚和有错必纠的勇气。当然，把错误消灭在出书之前是出版者的职责，《勘误表》的出现是不得已而为之的结果。但一旦有误，纠或不纠，其结果是完全不一样的。首先是避免以讹传讹，贻误读者；其次是体现出版者的严谨作风和科学态度。尤其像山东书局这样的官方出版机构，它出版的书体现着政府的形象和权威，而这种形象和权威是要通过高质量来保证的。如果发现差错，不采取积极有效的措施进行弥补，那就是掩耳盗铃，反而会自毁形象。

《熙朝纪政》仅四卷，四册小书，《勘误表》中的勘误竟有六十二条之多。从数量上看确实不少，但细细比对，此表除了对正文中不该出现的错误进行更正外，还指出了所据原本的错误，以及其他版本与原本的不同。这样看，山东书局所刻此书的《勘误表》不限于“更正”，反而更像是一篇

《校勘记》。

此书《勘误表》末有按语："按：是编善本甚少，兹所据龙氏刻本及上海石印本，两本互有脱误，间有据他书更正者，其余无从考证者，姑阙疑。又有排印错误，当时未及校出者，爰列表如右。"说明山东书局此本所据，不只通行的龙氏本和上海本，还有其他本子。至于为何用这么多本子来校勘，原因是"是编善本甚少"。

此《勘误表》列四项：卷数、页数、行数、校勘内容，主要从以下方面进行辨误：

格式问题，如："世宗上应空格"；"赐字上应空格"；"纪进士下应加注字"；"凡七恩科下应加圈"；"乡试下应加圈"；"盛京上应空格"。

原本错误，如："泗州，原本误作洲"；"河夫，原本误作洪夫"；"潘耒，原本误作来"；"严绳孙，原本误作豫"；"黩武，原本误作赎"；"死绥，绥字原本误维"；"潘思榘，误作榘思"；"弭盗，原本误作弥"。

衍字情况，如："分发众多，一本无多字"；"杨度，一本作杨度汪"。

脱字情况，如："金甫，一本作钱金甫"；"巡捕营，落营字"；"在立内务府，落立字"；"十年一修纂，落一字"。

怀疑有误的，如："一会推，一字疑有误"；"又卷二卷四两卷中各表细数与总数多不符合，原本疑有脱误。"

其中，原本有误的最多，约占四分之一，这表明对其所用底本的不满。落字的也不少，有落六字的，有落八字的。

以上数种勘误，格式的错误一般是本书不该有的错误。作"原本误作"的，有两种情况：一种是正文延续了原本的错误，故出校；一种是将原本错误改正，在此加以说明。"一本作"的，均未按"一本"改，故说明。

《勘误表》后又有《附记》，称"原本注皆双行，今改用单行上加注字，末加圈以别之"。这是格式的变化，将原来的双行改成单行，并在起讫位置以符号标识，不仅疏朗美观，而且易于阅读，这些都体现了山东书局为读者着想的思想。

山东书局出书注重校勘，将《十三经读本》《通鉴纲目四编合刻》两部经史大书进行梳理，校正讹误，一归于正，成就山东书局出版史上的辉煌之作，并形成其一贯的优良传统，奠定了它在晚清地方书局中的地位。

二、编校力量之强

地方书局的出版质量，与编校人员有莫大的关系。崇文书局的胡丹凤；广东书局的陈澧；金陵书局的张文虎、李善兰、汪士铎、唐仁寿、刘毓崧；广雅书局的屠敬山、王仁俊、叶昌炽；淮南书局的莫友芝、何绍基、莫纯孙、薛寿；江楚编译局的总办刘世珩、总纂缪荃孙；江苏书局的提调刘履芬、诸可宝，总校莫友芝，分校吴大澂、薛福成；浙江书局的总办薛时雨、孙衣言、俞樾，襄办丁丙，总校高均儒、李慈铭、谭献、张景祁，都是全国有名的学术“大佬”，是各书局出版质量的保障。山东书局之所以能出精品，也得力于书局的学者型编辑们。

（一）编校层次

《十三经读本》前有《山东书局校刊某某官绅职名》，《通鉴纲目四编合刻》前有《山东书局重刊资治通鉴纲目（增入地理续考）督刊、总阅、监理、总校、监造（兼校对）、分校官绅衔名》。这两个“编委会”名单，显示了当时校刊两书的编辑层次。

1. 督刊

此层次在《十三经读本》中未列具体名头，《通鉴纲目四编合刻》中则列为“督刊”。

《十三经读本》列有：太子少保头品顶戴山东巡抚丁宝桢；署理山东巡抚漕运总督文彬；山东布政使司布政使李元华；布政使衔署理山东布政使按察使司按察使长赓；布政使衔山东盐运使司盐运使郑兰；布政使衔山东济东泰武临道萧培元；布政使衔山东登莱青兵备道龚易图；布政使衔署理山东兖沂曹济道潘骏文；布政使衔提调局务署理山东督粮道候补道丁彦臣；道员用山东候补知县陈用宾；盐运使衔山东候补知府积庆；前任吏部左侍郎翰林院编修匡源；三品卿衔翰林院编修陈介祺。此十三人在“十三经”各经中均列在前，未有更动。

《通鉴纲目四编合刻》列有：太子少保头品顶戴山东巡抚升任四川总督丁宝桢；署山东巡抚漕运总督文彬；署山东巡抚前布政使李元华；山东巡抚文格；山东巡抚升任漕运总督周恒祺；头品顶戴山东巡抚任道镕。

2. 总阅

《十三经读本》没有总阅，《通鉴纲目四编合刻》有总阅，是三品衔前吏部左侍郎匡源。

《通鉴纲目四编合刻》还有监理，列有：署布政使山东按察使升任浙江巡抚陈士杰；前山东布政使余思枢；山东布政使升任刑部左侍郎薛允升；头品顶戴山东布政使崇保；署布政使山东按察使宗室灵杰；署按察使山东盐运使升任顺天府尹李朝仪；署按察使山东济东泰武临道河南按察使豫山；布政使衔山东按察使潘骏文；二品顶戴山东盐运使傅观海；按察使衔山东盐运使林述训；布政使衔署盐运使山东济东泰武临道李宗岱；二品顶戴署山东盐运使候补道张桐；二品顶戴新授安徽徽宁池太广道张荫桓；二品顶戴前山东济东泰武临道薛福辰；三品衔升任山东兖沂曹济道黄大鹤。这些人都是后面校对人员所属机构的领导，应该是虚衔，不从事具体工作。

3.总校

《十三经读本》中的总校各经不一，为一至三人。布政使衔前署山东布政使司候补道李宗岱，校过《易经》《诗经》《礼记》《孝经》“四书”；陕西候补同知直隶州知州薛福保，校过《易经》《书经》《诗经》《礼记》《春秋左传》《公羊》《穀梁》《尔雅》《孝经》“四书”；按察使衔山东济东泰武临道薛福辰，校过《周礼》《春秋左传》《孝经》。

《通鉴纲目四编合刻》总校有四人：二品顶戴署济东泰武临道候补道陈锦，盐运使衔署济东泰武临道候补道王作孚，二品顶戴署兖沂曹济道候补道姚济勋，三品衔署兖沂曹济道候补道张曜。

4.正校、襄校与监造、校对

总校之下，《十三经读本》有正校、襄校，《通鉴纲目四编合刻》有监造、校对，大约都是介于“总校”与“分校”之间的中间层次。

《十三经读本》每经的“正校”只有一人，先后有四人做过“正校”：运同衔山东登州府同知纪煐逥，校过《易经》《书经》《左传》“四书”；知府用山东武定府同知王荫昌，校过《诗经》《孝经》；薛福保，校过《周礼》；山东候补同知吴毓麟，校过《礼记》《公羊》《穀梁》《尔雅》。

至于“襄校”，每经有多人。像六品衔山东候补知县吴应端，校过《易经》《书经》《诗经》《周礼》《礼记》；同知衔山东即墨县知县麦瑞芳，校过《书经》《礼记》；候补知县彭元照，校过《书经》《周礼》《礼记》；山东候补通判宫昱，校过《诗经》；山东候补知县朱行祺，校过《诗经》《周礼》《礼记》；世袭云骑尉山东候补县丞傅善宝，校过《诗经》《周礼》；六品衔知县用山东候补县丞温嘉钰，校过《诗经》《周礼》；山东候补知县刘廷笏，校过《礼记》；光禄寺署正衔山东海阳县教谕臣周士林，校过《礼记》。

《通鉴纲目四编合刻》的“监造”有：盐运使衔道员用山东候补知府陈用宾；盐运使衔道员用山东候补知府晏方琦；道员用山东候补知府增瑞；

盐运使衔道员用山东候补知府积庆。这些人都是候补，应该也参与了具体的工作。

“监造兼校对”有两人：同知直隶州用山东候补知县温嘉钰，大挑知县沈少陶。

5.分校

《十三经读本》每经的“分校”有若干人。像知县用前山东聊城县县丞王鹄，校过《易经》《书经》《诗经》《礼记》《左传》；山东候补直隶州州同臣陈铣，校过《书经》《礼记》；盐提举衔福建候补通判刘佥赞，校过《诗经》《周礼》；浙江举人王兰，校过《周礼》；六品衔知县用山东候补县丞温家钰，校过《易经》《书经》《礼记》《左传》《尔雅》；知州衔候选知县前山东诸城县训导吴梦龄、山东巨野县训导李元缃、山东历城县生员金邦孚，共同校过《易经》《书经》《诗经》《礼记》《左传》。

《通鉴纲目四编合刻》的分校有：翰林院编修赵尔巽、刑部郎中萧庭滋、刑部郎中孙官云、五品衔刑部主事杨际清、山东登州府同知吴毓麟、知府衔山东候补同知李大镛、知府衔山东候补同知李桂攀、山东候补知州谢端、山东候补知州许颂鼎、山东候补通判王官澄、同知衔前山东淄川县知县张赓熙、前山东候补知县吴应端、甘肃即用知县蒋其章、同知衔署山东曲阜县知县李梦瀛、同知衔署山东临淄县知县屠敦仁、同知衔前署山东惠民县知县钱柗、候选知县屠义炳、同知衔山东候补知县杨声钊、湖南湘乡县教谕谢鼎卿、山东候委教谕丁建初、举人王若济、举人黄良辉、举人刘秉衡、举人王以慜、知县用山东候补府经历钱稼良、候选盐课大使周濂、山东候补县丞殷志超、山东候补巡检钱禄咸、附生高瞻岳、监生赵尔复、监生朱应杲。

6.参校人员

《通鉴纲目四编合刻》最初因要增入《地理续考》，遂由张昭潜等尚志书院诸生做此纂辑工作，故又有《增入地理续考纂辑、编辑（兼校对）官绅衔名》。在这份名单中，“纂辑地理续考”列有：直隶候补道薛福成、浙江候补知府薛福保、知府用山东候补运同荣庆。“编辑兼校对”中列有：知州衔前山东诸城县训导候选知县吴梦龄、五品衔知县用山东海丰县训导辛琦、前山东临淄县训导张士保、廪贡生张昭潜、岁贡生段宝琛、增贡生田名珍、附生于霖逢、附生金邦孚、岁贡生王殿黼、附生栾銮、附生郭仪、附生辛本棨、附贡生刘赐骏、附生左举汉、孝廉方正弭道彰、监生丁良善、正蓝旗官学汉教习廪贡生郭康之。前三位应为统率者，张昭潜之后当为尚志书院诸生。

以上编校人员层次，因二部大书所具衔名不同，层次并不完全吻合，但大体不出这六个层次。

(二)编校人员

山东书局的编校人员不是固定的。像《通鉴纲目四编合刻》中的官员，除了《十三经读本》中有的丁宝桢、文彬、李元华、潘骏文、陈用宾、积庆等，还加上了文格、周恒祺、任道镕、张曜等。“监理”除了潘骏文、李宗岱，加上了陈士杰、余思枢、薛允升、崇保、灵杰、李朝仪、豫山、傅观海、林述训、张桐、张荫桓、薛福辰、黄大鹤，以上诸人大多是挂名。但长赓、郑兰、萧培元、龚易图、潘骏文、丁彦臣、陈介祺在《通鉴纲目四编合刻》被去掉了，“正校”“襄校”“分校”中的纪煐迥、王荫昌、麦瑞芳、宫昱、朱行祺、傅善宝、刘廷笏、周士林、王鹄、陈铣、刘佥赞、王兰、李元缃也被去掉了。

从以上两个名单可以看出，真正从事校对的都是些没有实职的候补人员，有各道候补道、候补知府、候补同知、候补知州、候补通判、候补知县，再就是编修、各部郎中、各部主事、举人、教谕、监生、贡生、附贡生、岁贡生等。因为有实职的人大都没时间专门从事具体的校刊工作(下面所列数人除外)，反而是没实职的人，可能会长时间做这项烦琐而又耗时耗力的工作。这些人不仅有时间，而且更主要的是他们有能力，有学识，能够胜任此项工作。

1.学者型官员

(1)丁宝桢

作为领衔刊刻两部大书的第一人，丁宝桢并非只挂虚名。他在政事之余，亲自校勘了“十三经”中的《周易》四卷、《春秋三传》(即《钦定春秋左氏传读本》三十卷、《春秋公羊传》十一卷、《春秋穀梁传》八卷)、《尔雅》三卷等五种典籍，占整部《十三经读本》种数的三分之一。[①] 他未能亲自校勘《资治通鉴纲目四编合刻》，是因为彼时他已调离山东。即使远在四川，他还时时督促吴梦龄、温嘉钰等继续进行校勘工作。其殷殷之情，表达了对这部大书的牵挂。

---

① 参见刘晓焕:《丁宝桢著作考》，乔万敏、俞祖华、李永璞主编《中国近现代史史料学国际学术讨论会论文集》，新华出版社 2005 年版，第 215 页。

丁宝桢之所以能够胜任校刊工作，缘于他本身就是一个读书人。他在自己手订的《年谱》中记叙，四岁开始发蒙，读《诗》《书》。五岁，读《周易》《周礼》，始开讲《诗经》，夜读《史记》一篇，必熟。六岁，遵父命读《朱子大全》，并读《四书》朱注，又夜读《汉书》一篇。七岁，始讲授《大学》《中庸》《论语》，因读《集注》并课韩、苏文。八岁，始学作诗。读《孟子集注》，夜读《庄子》《离骚》。九岁，始作文。十岁，文始成篇，其父命“自今作文，专习名家，勿学时墨，坏文品”。十一岁，始作赋及唐律、古今体诗。十二岁，读《左传》《礼记》，始学古文。十三岁，始应州考，取列长案第三名。十四岁，始应院试。十五岁，读《朱子纲鉴》及《文选》各书。十六岁，读书如旧。① 可知，他在十六岁之前，已经读过“十三经”大部，有这样的功底，自能胜任《十三经读本》的校勘工作。

(2)张曜

张曜在清末历史上是一个带有传奇色彩的人物。比如，他因“目不识丁”遭弹劾后，发奋而读书。比如，他曾纳袁世凯为门下士。比如，他以团练起家，所部被人称为“嵩武军”，是继湘军、淮军、楚军之后又一支劲旅。同治八年至光绪二年，跟随左宗棠先后转战西北战场，出征新疆，立下赫赫战功，深得僧格林沁、曾国藩、李鹤年、左宗棠的赏识。再比如，他指令任登莱青道的盛宣怀治理小清河，三年竣工。在治理黄河的过程中，他多次与吴大徵、李鹤年、张之洞、潘祖荫、阎敬铭、徐树铭、黄体芳切磋，调《老残游记》的作者刘鹗帮办治黄工程，年“驻工二百余日，督率修防，日不暇给”，最终病逝于治河路上。

除了以上政绩，张曜亦关注文化建设。他于同治十年随左宗棠西征至宁夏时，兼顾阿拉善旗，于村中普设义学，劝导童蒙悉进学，以《千字文》《百家姓》等为启蒙教本，并为学童提供笔墨书砚。

他在山东的文化建设方面也有令人瞩目的成绩。

一是多项并举，带动齐鲁学风。张曜在青州设立海岱书院，修复曲阜洙泗书院。关注衍圣公府之维修，并奏上请饬免税采办所需木料。建丁文诚公祠于书院，书院号舍俱加修葺，并别建院长斋舍。他在接到堂邑县知县郭春煦关于贫民武训行乞修学的报告时，大为感动，下令免征义学田钱粮和徭役，个人捐银二百两。他对武训的事迹大加褒扬，倡导社会捐献

① 参见郭其程、普伍胜：《丁宝桢手订〈年谱〉稿本考录》，《文献》2004 年第 1 期。

助学，推动了山东的兴学风尚。张曜还把武训事迹上奏光绪皇帝，请求封武训为“义学正”，赐赏黄马褂，颁“乐善好施”匾额以示旌奖，光绪皇帝“著照所请”允准。

二是以刻书带动文化传播。光绪十二年，张曜刚来山东，因藏有乡人许梿的《洗冤录详义》，而令书局提调官南皮高其镇重梓于山东书局，希望山东官员能做好官，不要使民冤屈。此年冬天，主持山东书局补刻汪辉祖撰《龙庄遗书》中的《病榻梦痕录》《梦痕录余》《双节堂庸训》《说赘》。光绪十三年，主持山东书局刊行《重纂三迁志》十卷。是年，主持山东书局补刻前巡抚丁宝桢《资治通鉴纲目四编合刻》附的温嘉钰所撰的《校勘记》。光绪十四年，接王懿荣从翰林院抄出的蓬莱戚继光集《止止堂集》五卷，在山东书局刻成。光绪十五年，重印马国翰道光、咸丰间刻的《玉函山房辑佚书》等，名为《马氏全书》。光绪十六年，主持山东书局刊刻《山东军兴纪略》。是年，刻乌程施补华《泽雅堂诗二集》。

(3)萧培元

萧培元在同治元年任济南府知府前，一直任翰林院编修，有着深厚的编书、校书功底。他在山东十二年，筑城圩，防捻患，平冤狱，清吏治，广义塾，收弃儿，颇多善政。同时，他捐修文庙和闵子祠墓，善待书院贫寒诸生，刊刻孝悌之书以化风俗，有功于齐鲁文化建设。

萧培元除了参与《十三经读本》和《资治通鉴纲目四编合刻》两书的校勘工作外，还出资协助匡源刻书。同治八年，泺源书院山长匡源刻《泺源书院课艺三编》，有巡抚丁宝桢序，匡源序曰：“中丞及萧质斋观察，实捐廉成其事云。”云丁宝桢和萧培元捐资助刊。

萧培元还为他人刻书作序。同治十年，济南英华斋刻《笔花医镜》四卷，有同治十年萧培元序：“原本刻于粤东，嗣翻刻于前济南太守李公天锡，兹历下郭生湘复重订于山左会垣。”可见其对此书版本相当熟稔。

(4)龚易图

闽侯人龚易图的参与，使得《十三经读本》在底本的选择上更具科学性。因为他是一位懂书的内行。龚易图(1835～1894)，字蔼仁，号含晶。咸丰九年进士，后由翰林院庶吉士改官云南知县。随军补任山东东昌府知府，仍兼营务。扼守运河道有功，加运使衔。同治八年擢登莱青道兼东海关监督。光绪三年迁江苏按察使，后来在云南、广东、湖南等省做过布政使。刻此书时，他在登莱青道任上。龚家世代为书香门第，有家学渊源。他的高祖龚景翰就是一位有名的藏书家。龚易图六岁开始读《四子书》，九岁读《文选》，并习试帖八韵诗，十一岁通读“四书”“五经”，并能按《四库全书总目》的内容开始购书。他有藏书十余万卷，光绪五年建“大通楼”以藏书。“大通楼”的藏书不仅数量可观，质量亦属上乘，中多麻沙及元明版本。在福州，龚易图是与陈宝琛齐名的大藏书家，两人并称“二老”，为读书人所推重。其自编《大通楼五万卷藏书楹藏书目》五卷，未见刻本。现藏于国家图书馆的抄本，名曰《大通楼藏书目录簿》，保留了“大通楼”藏书的原始情况。民国三十年，日寇占领福州时冲进了“大通楼”，掠走了许多珍本。这些珍本部分被运往日本，部分存于台湾。其中，历城马国翰的《玉函山房藏书簿录》，现藏于台湾大学。此书海内仅有山东大学图书馆一部全本，另山东博物馆有残本。1949 年福州解放后，龚氏家人将“大通楼”所有藏书捐献给国家，现藏于福建省图书馆。

龚易图不仅藏书，还刻书。他刻曾祖龚景翰的《澹静斋全集》，刻高密单为镈的《奉萱草堂古文续集》。

龚易图与丁宝桢前任阎敬铭交往频繁。《清代名人书札》中的记录很多，大到国事、省事，小到生儿育女等家事，龚易图均向阎氏汇报，并多次寄书给阎。他与单为镈亦是朋友，多次在通信中谈到单氏身体康健。与丁彦臣交友，多为托其捎书之事。

有着如此藏书经验的龚易图，对《十三经读本》底本的选择颇有帮助。

(5)丁彦臣

丁彦臣(1829～1873)，字筱农，吴兴人。容庚称：“少有才略，穷居读书，生事落甚。投山东军，巡抚阎敬铭、丁宝桢皆雅重之。”[①]同治二年，以布政使衔署山东粮道、候补道。同治九年，任山东盐运使。时山东巡抚丁宝桢发现丁彦臣是一个“才识开拓、器向宏深、明干笃实”的人，便于同治十二年保举他治理山东河道。

丁彦臣刻书八种：《梅花草盦石刻勾本》《女科》《产后编》《人谱》《双钩华山庙碑》《汉石例》《篆存》《汉碑钩本》。其中，《产后编》《人谱》在同治七年由丁彦臣刻于济南公廨，板藏于文友堂刻字铺。查《尚志堂所刻书籍目录》，丁彦臣所刻《女科》《产后编》《人谱》赫然在内。对这种情况可作如下推测：一是尚志堂重刻了此书；二是丁氏与尚志堂有某种特殊的关系；三

① 容庚：《商周彝器通考》，上海古籍出版社 2008 年版，第 250 页。

是文友堂刻字铺是专为公家刻书的刻字铺，抑或官设刻字铺。如果是官方御用刻字铺，则必定与山东书局有某种联系。

丁氏所刻书大多为金石类，这与他精于收藏金石有关。他刻金石类书籍，以双钩刻法，醒目且清晰。采用此法勾摹有专用之人——海丰张芷衫。这种双钩技法在清光绪末期多次出现在山东书局的铅印书、石印书上。

(6)陈锦

校刻《资治通鉴四编合刻》时，陈锦为济东泰武临道候补道候补道员并加盐运使衔，任总校。陈锦在山东刻书近二十种，这在清末的山东私人刻书中不多见，有《补勤诗存》《勤余文牍》《学庐自镜语》《补勤幼学录》《东溟校伍录》《醪河陈氏诵芬录》《文庙从祀位次考》《时艺轶存》《越中感观录》《重纂三迁志》《诗韵释音》《有明于越三不朽名贤图赞》等。他有丰富的刻书经验，刻书始自光绪元年，止于光绪十四年，平均每年刻一部书。陈锦与孙葆田等重纂《三迁志》，主持刊刻《慎疾刍言》，主持刊刻《井田图考》，操办温嘉钰撰《校勘记》，均显示其在出版上的能力。

2.通儒硕才

(1)匡源

匡源(1815～1881)，字本如，号鹤泉，胶州人。道光十九年举人，二十年进士。二十九年入值上书房，为咸丰帝师。历任吏部左侍郎、礼部尚书、军机大臣，为“顾命八大臣”之一。缘事革职，移居济南，为泺源书院和尚志书院山长近二十年。光绪七年去世。

匡源于同治四年春来山东，被昔日的学生、时任山东巡抚的阎敬铭聘为泺源书院山长。泺源书院是雍正时建成的山东唯一一个省级书院，是清代山东规模最大的书院。数百年间，它为培养人才和促进学术发展做出了重要贡献，像徐松、何绍基、王之翰、缪荃孙等硕学鸿儒均先后主讲于此，周永年、王懿荣等著名学者也都在这里读过书。可以说，泺源书院是近代山东文化命脉之所系。同治八年尚志书院成立，一说他又兼任尚志书院的山长。匡源在山东培养了大批优秀人才，曹鸿勋、杨际清、张应麟、王懿荣、柯劭忞都是他的学生。

除了培养学生，他还主持刊刻书籍或为他人出书作序。在泺源书院，匡源于同治六年、八年先后刻了《泺源书院课艺》初、二、三编，以课学子。同治十年，丁宝桢欲刷印马国翰《玉函山房辑佚书》和《目耕帖》，请匡源补了目次，作了序。他还选辑《小题新编初集》，与胶州姬凤举合编《胶州诗钞》，为章丘李廷棨的《纫香草堂文钞》作序，为昆明萧培元的《二十四孝弟合刊》作序，为湖州丁彦臣的《汉石例》作序，为如皋汪承镛的《汪氏两园图咏合刻》作序，为胶州王大来的《五亩宅碎琴诗草》作序，为胶州宋氏的《箕裘集》作序。

匡源与陈介祺等共同校刊了《十三经读本》。在《资治通鉴纲目四编合刻》中，他担任总阅，以三品之衔位列许多二品衔官员之前，仅次于丁宝桢等省级大员。温嘉钰在《资治通鉴纲目正编校勘记凡例》中说："校勘此书，丁穉璜宫保请匡鹤泉、薛季怀两先生总理其事，钰等校出脱误各字，皆就正两先生先行审定。"作为总校的匡源是这部书的大功臣，但可惜的是，他在刻完这部书后就去世了。

（2）陈介祺

陈介祺（1813～1884），字寿卿，号簠斋，晚号海滨病叟、齐东陶父。供职翰林院十年，为翰林院编修。他对于经史、义理、训诂、辞章、音韵等学问，无不深入研究，尤酷爱金石文字的搜集与考证。与当时的著名学者阮元、何绍基、吴式芬、李璋煜等互相切磋，与王懿荣、潘祖荫、鲍康等金石名家时有书信往还，是山东乃至全国有影响力的金石学家。

陈介祺有丰富的刻书经验，曾三次拓印《十钟山房印举》，刊刻韩梦周的《养蚕成法》、王维德的《外科证治全生》、何桂珍的《训蒙千字文》、朱熹的《小学题辞》、唐镜海的《幼学口语》，以及自己的《传古小启》《古印一隅》《朱子文善俗钞》。除了刻书，他还出资出力，助人刻书，并开始探索出版理论，追求刻书质量。比如，刻书摹字要精，刻书要利用新技术，刻书要细致，用料要讲究，刻书目的是流传，刻书要谨慎，等等。这些理论对当时的山东书局刻书不会没有影响，尽管陈介祺只在山东书局校刊了《十三经读本》。

同治九年，"三月，与丁葆桢书，论刻《四书大全》《易本义》等书。五月，覆丁葆桢书，并赠《殿本十三经注疏》及原装明本一部，以助其刻书"①。"丁葆桢"当系"丁宝桢"，时山东书局刚成立，拟刻《十三经读本》，陈介祺名列校刊之列。从此条看，陈介祺还为山东书局提供了文献上的帮助。

① 参见陆明君：《簠斋研究》，荣宝斋出版社2004年版，第179～260页。

(3)孙葆田

孙葆田(1840～1911),字佩南,荣成人。同治九年举人,十三年进士,授刑部主事。光绪八年,选授安徽宿松知县。十一年,分校江南乡试,调合肥知县。光绪十四年秋,山东巡抚张曜荐聘孙葆田主讲尚志书院讲席。光绪十六年,张曜开局修《山东通志》,聘孙葆田为主纂。孙葆田与缪荃孙同膺通志总纂,一主讲尚志书院,一主讲泺源书院。第二年,张曜病逝,修志一事遂被搁置。孙葆田于光绪十九年冬辞职,先后主讲潍县书院、宛南书院、大梁书院,还担任过河南大学堂总教习,主讲河南尊经讲席。光绪三十一年,应山东巡抚杨士骧之请,与法伟堂总纂《山东通志》。在法伟堂病逝的情况下,他独为其难,呕心沥血,在完成二百卷的《山东通志》稿后,即于宣统三年(1911)猝然病逝。

孙葆田不仅是晚清山东著名学者,而且是一位刻书家。他刻《古文尚书》《春秋会义》《孟子音义》《孟志编略》《孙明复小集》等达十九种,内容广泛,风格也与众不同。他刊刻经书,传播经学;搜求古文,倡导理学。在版本选择上,考镜源流,注重校勘。他选刻的书院读本,反映了当时大势。他的刻书为山东学术发展起到了助推作用,在山东清代刻书史上占有重要地位。

孙葆田没有参与山东书局最初的两部大书刊刻,所以校勘名单中未见其名。但他于光绪四年秋至光绪六年春,在山东书局做事。

光绪四年秋,孙葆田返济南,巡抚文格延其入山东书局,事见《校经室文集》:“至秋暂返济南,前中丞文公以葆田年家子也,独见收怜,又闻其粗能识字通古义,因嘱所司延入书局。”①孙葆田在书局一直待到光绪六年春服阕回京供职。其间,应陈锦之邀编成《重纂三迁志》。

从光绪十六年至十九年冬,在通志局的三年时间里,虽然张曜去世,但孙葆田一直遵张曜嘱托,为山东书局已刊行的《十三经读本》做校正。先是在《诗集传》后补《小序》《辨说》二卷,继于《尚书》后补《小序》一卷、《问答》一卷。继之,孙葆田又据宋本校补《周易本义》。对此,本章第二节已详述。

---

① (清)孙葆田:《校经室文集》,《山东文献集成》第一辑第39册,山东大学出版社2006年版,第545页。

(4)赵尔巽

赵尔巽(1844～1927),字公镶,号次珊,奉天铁岭人,祖籍山东蓬莱。同治十三年进士,授翰林院编修。历任安徽、陕西各省按察使,又任甘肃、新疆、山西布政使,后任湖南巡抚、户部尚书、盛京将军、湖广总督、四川总督等职。宣统三年(1911)任东三省总督。武昌起义后在奉天成立保安会,阻止革命。民国成立,任奉天都督,旋辞职。民国三年任清史馆总裁,主编《清史稿》。赵尔巽在《资治通鉴纲目四编合刻》任分校时为翰林院编修,年纪尚轻,但位列分校第一,其时已在学术方面崭露头角。

(5)杨际清

杨际清(1850～1878),字子会,号镜海,胶州人。少有宿慧,诗赋书法隽秀,肄业于泺源书院,为匡源所赏。光绪二年恩科进士,独榜翰林,官刑部主事,供职数月告归,后主讲济宁任城书院。山东书局校刊《资治通鉴纲目四编合刻》时,他以五品衔刑部主事的身份参与这项学术活动,这大约与老师兼同乡匡源有关。估计他是最年轻的分校,但排名仍靠前。但他去世于光绪四年,属英年早逝。时此书尚在校对中,还未开雕。

3.勤勉小吏

(1)温嘉钰

温嘉钰,字芝庭,候补知县。自同治时起,就担任《十三经读本》中《诗经》《周礼》《孝经》的襄校,《易经》《书经》《礼记》《左传》《公羊》《穀梁》《尔雅》"四书"的分校。不论是襄校还是分校,他自始至终都在从事这项工作。此书刻成后,即奉丁宝桢命监刻《资治通鉴纲目四编合刻》,光绪二年开始作《校勘记》,至光绪七年基本完成。时丁宝桢已离职去四川,《校勘记》后续由张曜接刻,至光绪十三年刻成。丁宝桢在光绪十二年去世,温嘉钰去世于丁宝桢后,大约也在此年。温嘉钰自同治至光绪十二年,一直在山东书局做校书工作。他是在局中待得最久的一个,终其一生都在校书。两部大书,他出力最多,尤其是《资治通鉴纲目四编合刻》,耗尽了他的心血,直至去世前他都没看到《校勘记》的最后刻成。

(2)吴毓麟

吴毓麟,原为候补同知,校刊过《各国通商条约》十四种。在《十三经读本》中做正校,位置在温嘉钰之上。在《资治通鉴纲目四编合刻》中做分校,时为山东登州府同知。

(3)吴应端

吴应端，校刊过《各国通商条约》十四种。刻《十三经读本》时，其衔名为“六品衔山东候补知县”。刻《资治通鉴纲目四编合刻》时，其衔名为“前山东候补知县”。

(4)张赓熙

张赓熙，校刊过《各国通商条约》十四种，时衔名为“山东候补知县”。刻《资治通鉴纲目四编合刻》时，其衔名为“同知衔前山东淄川县知县”。

(5)吴梦龄

吴梦龄，字于泉，历城人。道光二十九年，历城朱畹补刻栖霞牟应震的《毛诗质疑》时，吴梦龄就捐过资，是助刻人之一。他应该与匡源年龄相仿。曾于光绪九年在尚志堂与荣成孙葆田、诸城尹彭寿、潍县高鸿裁、潍县张昭潜等共同刊刻《新雕徂徕石先生文集》二十卷。

在《十三经读本》中做分校的“知州衔候选知县前山东诸城县训导”吴梦龄，在《资治通鉴纲目四编合刻》中以“知州衔前山东诸城县训导候选知县”的身份主要做《增入地理续考》的编辑兼校对。

(6)李元缃

李元缃(1800～1874)，字叶初，一字青函，章丘人。道光二十九年举人，同治元年举孝廉方正，官巨野训导。同治九年被丁宝桢聘请为“监理尚志书院”。元缃虽已年逾七旬，但课士殷勤，教学有方，循循善诱，曾设“日省簿”以考察诸生言行。刻完《十三经读本》一年多以后，同治十三年春，李元缃卒于尚志书院。元缃有《居业录注释》，由章丘孟华轩刻成。其《五子近思录随笔》，在民国十一年由章丘孟洛川刊刻。元缃勤一生以治朱子之学，学问具有根底，自然是朱子《易》《书》《诗》校对的最佳人选，故在《十三经读本》中，他任这几部书及《礼记》《左传》的分校。

(7)王鹄

王鹄，原名鸿，字子梅，天津籍，长洲人，曲阜县令王大淮之子。曾官聊城县丞，后入张祥河幕府。四库馆臣、历城周永年有《先正读书诀》一卷，系周永年于乾隆年间采唐宋以来著名儒家学者的读书经验而成。书成后，一直以抄本流传。道光二十二年，王大淮出资付梓此书。此书有汪喜荀、许瀚、孔宪庚、周乐、李僴、王大堉等人参与校刊。此书刻成后旋毁，同治五年，王鹄复重刊之。会稽宗稷辰同治四年序于山东运河道署，又有朝邑阎敬铭序，有阎敬铭、单为镕、匡源、宫本昂等一时硕彦为之校刊，亦有阎敬铭、丁宝桢等八十五人助资刊刻。除了以上两书，王鸿还于道光二十九年刻过曲阜颜崇椝的集子《摩墨亭稿》《种李园近稿》。

(8)宫昱

山东候补通判宫昱，泰州人，随其兄宫本昂为官至山东济南。有《念雨堂诗钞》一卷、《词钞》一卷，丰润赵国华等评选。光绪二十八年，其兄宫本昂在济南将其书刻成，时宫昱已去世。在《十三经读本》中，他任《诗经》一书的襄校。

(9)吕申

吕申，字紫玎，号味芝，临潼人。光绪二年举人，曾官山东平阴知县。吕申是朱宗程关中书院学生，而朱宗程是罗泽南的弟子，所以吕申算是罗泽南的再传弟子。山东书局所刻罗泽南《小学韵语》前有吕申序，序中有“申自承乏书局”语，知其在山东书局做事。

4.布衣书生

(1)张昭潜

张昭潜(1829～1907)，字次陶，号小竹，潍县人。师从本邑于祉，得读理学宗传，治古文师桐城派，涉猎考据诸家之书。同治九年在尚志堂讲学。光绪九年，山东学政汪鸣銮奖其为国子监学正衔。光绪十五年，在泺源书院讲学，并受山东巡抚张曜之聘，参与修《山东通志》。后归里讲学于潍阳书院。丁宝桢《资治通鉴纲目四编合刻序》：“会尚志堂肄业诸生张昭潜等精舆地学，乃作《地理续考》以附原《注》《质实》之后。”张昭潜精舆地学，所言不虚。当年，他曾因《山东通志》百年未修，下决心要撰《山东通纪》，遍走齐鲁大地，搜集辑录资料，加以分类整理，费时数年，终于完成。后又编撰《山东郡县沿革表》。

张昭潜在光绪十年刻成《新雕徂徕石先生文集》二十卷。此文集以明刻本作底本，成为石介此书的善本。他还为于祉《澹园诗选续稿》、李焕章《织斋文集》、尹彭寿《汉隶辨体》、郭梦星《宝树堂遗书三种》、邵元瀚《灌花詞》、丁善宝《六斋诗存》、邬正阶《春晖草堂剩稿》以及郭恩孚刻郭绥之撰的《沧江精华录》作序，为《文登县志》作跋，为丁善庆作《诰授奉政大夫寿臣丁君墓志铭》，为文登毕瀚昭撰《工部主事毕公墓志铭》，为文登赛珠撰《传》《书方石老人逸事》《仲山陈府君墓志铭》。而他自己的《无为斋诗集》《词钞》则由山西李翰卿、张昭潜门人韩晋昌、毛广孚刻成，《无为斋文集》由曹县徐继孺、潍县郭恩孚刻成，《无为斋续集》《山东省沿革表》由郭恩孚刻成。

张昭潜与山东书局的交集，主要体现在他率领尚志堂诸生纂辑《地理续考》上。

（2）丁良善

丁良善（1829～1893），字少山，日照人。清末著名小学家、金石学家、校雠学家和书法家，世称“山左宿学”。早年师从著名学者许瀚，精研金石文字，与当时山东的金石学家往来频繁。在海丰为吴式芬刻书，在河南为吴重憙刻书，《历代石经略》《历代石经大略》《陶靖节先生诗》《声谱》《攈古录金文》《攈古录》《金石汇目分编》《攀古小庐杂著》均由丁良善校勘。他个人还刻有《唐开成石经》《仿宋监本说文解字》等，这对山东金石学的发展、流播起到了重要作用。

（3）张士保

张士保（1805～1879），字鞠如，号菊如，掖县人。道光副贡，嗜好金石文字，其行书、楷书、篆书、隶书无所不精，对钟鼎文的研究颇有造诣。擅书画，尤工人物画。张士保绘《云台二十八将图》《云台三十二将图》，人物笔意古雅，形态静穆，线条流畅，十分精美。

（4）弭道彰

弭道彰，字星房，历城人。诸生，同治元年举孝廉方正，授职直隶州州判，分发直隶，历署保定府经历、河工水利同知，后引疾归里。

（5）郭康之

郭康之，字锡侯，潍县人。郭绥之、郭杭之、郭薰之兄弟。子郭恩敷，精天算之学。

（6）于霖逢

于霖逢，字泽春，文登人。曾与武进李祖年修《文登县志》，此书由张昭潜作跋。曾主讲潍阳书院。为潍县郭杭之的《青桐轩诗集》作序，为张昭潜的《无为斋诗集》作序。

除了以上山东书局常见的校刊人员，还有一些“编外”“临时”人员，经他们之手而成的书，也提高了山东书局的刻书质量。如《佩文诗韵释要》，姚江朱兰本比较受欢迎，先后在楚北、皖江两次刊刻，光绪元年湖北崇文书局又据朱兰本重刻。后经山东学政陆润庠校后，山东书局于光绪十二年刊刻此书。陆润庠校本因质量高而流传很广，一改朱兰本一统天下的局面。江钟秀撰《尊宗赘议》，得到了乡贤宿儒的帮助。其《尊宗赘议校刊姓氏》《续入校刊尊宗赘议姓氏》所列有十八人，这些参与校订之人，不乏名流耆宿，如长清周彤桂，曾是历城邵书升刻《千字文》的注者，校订了邵书升刻《左氏蒙求注》《性理字训》《韵史便读》三书。

以上是山东书局强大的编校队伍，他们支撑起了山东书局出版物的质量。因这些编校人员皆为饱学之士，不仅在学术上孜孜不倦、著述丰厚，而且精于藏书、校书、刻书，为山东书局的出版工作提供了丰富经验和学术支持。

第四章　山东书局出版的历史意义

作为一个出版机构，山东书局通过雕版刻印、铅印、石印等技术，保存了大量珍稀典籍，使这些记载着中国人民智慧的典籍免于沦亡，并世代相传，滋养着一代又一代中国人的精神与心灵。作为一个官方出版机构，它承载着统治阶级的希望，需要维护统治阶级的利益，是整个出版界的风向标。作为山东的官方出版机构，它既有与历代山东官府出版的共性，又有特殊之处，并对山东后世的出版有重要影响。

第一节　保存与传承中华优秀传统文化

中华优秀传统文化的传承，一靠口传，二靠身授，三靠文字记载。而文字记载，就在典籍里。中国古代典籍是中华优秀传统文化的重要载体，中华文明之所以能够绵延数千年、一脉相承从未中断，一个重要的原因就是中华民族有用文字记载历史的优良传统。从古老的甲骨卜辞、青铜铭文、碑铭石经，到以简帛、纸张作为书写材料的书籍，这些浩如烟海的典籍，记载着中华民族的辉煌历程，铭刻着中华民族的伟大创造，延续着中华民族的精神血脉，是传承中华传统文化的重要载体，是珍贵而不可再生的文化资源。所以，传承中华优秀传统文化必须依赖中国的古代典籍。

印刷术的发明以及雕版印刷的广泛使用，使得文献的保存与传承有了保证。一是书籍的母体——雕版可以长时间存放，修补后可以多次刷印；二是因为生产量大幅增加，文献复本相应丰富，即使有天灾人祸，也能基本保证文献的传承。所以，雕版印刷不仅使典籍可以批量生产，极大地加速了知识的传播；更为主要的是，它是保存文献的重要手段之一。

山东书局的雕版印刷出版物，为中华优秀传统文化的传承做出了重要贡献。

一、传承文化经典

“十三经”是中华文明成果的重要组成部分，是中华传统文化最具代表性的经典之作，蕴涵着中华民族的优秀传统。唐文治在编写《十三经读本》时说：“夫欲救世先救人，欲救人先救心，欲救心先读经，欲读经，先知经之所以为经。”[①]这说明了经书救心、救人、救世的现实作用，这也是“十三经”成为我国古代知识分子必读书的重要原因。

山东书局刊刻的《十三经读本》，一百五十年来惠及数代读书人。

此书刻成后，不间断刷印，这可从其官绅衔名中看出来。除了丁宝桢，其他人的职衔也是随刷印时间的变化而变化的。如《钦定春秋左传读本》，文彬前为“署理漕运总督山东布政使司布政使”，后为“署理山东巡抚漕运总督”；萧培元前为“盐运使衔山东济东泰武临道”，后为“布政使衔山东济东泰武临道”；李元华前为“布政使衔山东按察使司按察使”，名列长赓后，后为“山东布政使司布政使”，名列长赓前。

山东省图书馆有一藏本，在《四书》一函的首册《学庸》书衣上钤有朱文：“抚宪任谕减价发售，每部京钱二千零六十六文。”当是任道镕任巡抚时刷印的，在光绪七年六月至光绪九年一月间。

此书在光绪三十二年刷印过一次，《钦定春秋左传读本》有牌记：“光绪三十二年仲夏月山东官书局藏板。”看来，此时板子还在山东书局，称“官书局”。

山东大学堂刷印过一次，时间应该在民国三年前。山东高等学堂，初名“山东大学堂”，由山东巡抚袁世凯创建于光绪二十七年，为山东近代大学之始，光绪三十年改“山东高等学堂”名，民国元年改“山东高等学校”，民国三年被裁撤。民国十五年，省立山东大学成立，由法政专门学校、工专、医专等学校组合而成。山东书局书板先是给了高等学堂，后入山东省立图书馆。

---

① 王桐荪、胡邦彦、冯俊森等选注：《唐文治文选》，上海交通大学出版社 2005 年版，第 213 页。

《十三经读本》最有名的一次刷印是在民国十四年，由军阀张宗昌主持。

张宗昌(1881～1932)，字效坤，掖县人。光绪二十五年赴东北谋生，一度沦为胡匪，后流落到海参崴。辛亥武昌起义后，先后投山东民军都督胡瑛、冯国璋、张作霖。民国十四年初，任苏皖鲁剿匪司令；同年四月，任山东军务督办；七月，兼任山东省省长。十五年初，任直鲁联军总司令。二十一年九月，被山东省政府参议郑继成枪杀于津浦铁路济南车站。

张宗昌督鲁期间，在文化方面做了几件大事，颇为世人称颂的有主持合并组建了新的山东大学，并由其师王寿彭任校长。在出版业方面，他刊刻《开成十二经》《武经七书》，目的是传播旧刻，免古籍之沦亡。而刷印《十三经读本》，完全是他受当时"尊孔读经"风气的影响，为了附庸风雅，听从名士杨度的建议而进行的一项"政治"活动。他在重印序中说："宗昌莅鲁，饬各学校增课读经，而讲师寥落，寻常读本坊间以艰于购觅，习尚变而旧籍湮，毁弃且更甚于秦火。失今不图，异日出严屋壁之藏，容可冀乎。因检图书馆所存前清丁文诚公抚鲁时校刊之《十三经》板，重付楮印，分发各校，俾师生讲读有所遵循。"专门说明重印此书的目的。"书中校正尚鲜脱误，注解悉采通行，取便诵习，俾识途轨"，对丁宝桢在山东书局所刻此书给予肯定。序文末署"中华民国十四年十二月督办山东军务兼省长张宗昌"。

据说，此书共刷印三百套，用纸考究，装帧典雅。首批五十套为朱印，第二批五十套为蓝印，这是试样本。后二百套为墨印。

张宗昌在序里说，此板存于图书馆。但据民国二十二年编《山东省立图书馆概况》，则此套书板六千三百零三片是山东省立图书馆在民国十九年从"大舞台"接收的。同时，《概况》亦云光绪三十四年建馆时从山东高等学堂接收过山东书局板片，但不知这些板片到底何时入馆。或许光绪三十四年时归属图书馆，但存在"大舞台"？

民国十五年，山东书局印有《山东书局图书目录》，用于售卖，内收尚志堂刷印书籍价目。《十三经读本》用两种纸印刷：毛边纸、粉连纸(连史纸)。毛边纸比粉连纸价格略低。如整套丛书六十九册，毛边纸售洋二十元，粉连纸售洋三十元。其中零种，《易经》二册，毛边纸售洋八角，连史纸售洋一元。

目前，山东省图书馆藏有《十三经读本》若干部，当是板片入藏后不断刷印的结果。2017年夏天，工作人员检点馆藏书板，依然可见若干山东书局板片。

"十三经"中的《易经》，为群经之首："经之大者，莫过于易。"《易经》相传由"三圣"（伏羲、周文王、孔子）历经"三古"长达三四千年才完成。《易经》亦是孔子"删述六经"时唯一没有删除、反而增加《十翼》的一部上古典籍。班固《汉书·艺文志》云："易道深矣，人更三圣，世历三古。"瑞士著名哲学家荣格（Carl G. Jung，1875～1961）说："谈到世界人类唯一的智慧宝典，首推中国的《易经》。在科学方面我们所得出的定律常常是短命的，或被后来的事实所推翻。唯独中国的《易经》亘古常新，相距六千年之久，依然具有价值。"①

朱熹《周易本义》是集宋代易学大成、融易理派与象数派于一体的易学名著，为数百年间的易学开辟了广阔的诠释空间，直接促成元胡一桂《周易本义附录纂疏》、元胡炳文《周易本义通释》、元熊良辅《周易本义集成》、清吴曰慎《周易本义爻徵》、清惠栋《周易本义辩证》等著述的产生，并影响元、明、清三代官学六百余年，在易学史和中国思想史上占有重要地位。山东书局在《十三经读本》中所用为四卷本，是与朱子原来的编排体例相违背的。孙葆田取十二卷本，参照内府仿宋本并《御纂周易折中》进行校勘，由山东书局发刻，力图恢复朱子原书面貌，为读者提供阅读"原本"的便利。

《孟子要略》是研读朱熹《孟子集注》的基础文本。借助此书，能够率先理清《孟子》文本的主线；在此基础上，再去研读《孟子集注》，有益于审视朱熹对这些思想的诠释与解读。《孟子要略》陈锦识："惟是书仅附文正《全集》以行，猝难家喻户晓，因仿刻单行本以存朱子遗书而公诸同学，俾知先儒读孔孟书其心得有如此者。"是说此书附在《曾文正公集》中，流传不易，故山东书局单刻单行，以期流传更广。

以上中华传统经典，经由山东书局的刊刻，得以广泛传播。

二、弘扬中医国粹

中医与武术、京剧和书法并称为我国的"四大国粹"。中医是我国各族人民在几千年的生产生活实践和与疾病做斗争中，逐步形成并不断丰

---

① 转引自秦泉主编：《易经的智慧》，西安电子科技大学出版2015年版，第76页。

富发展的医学科学，为中华民族繁衍昌盛做出了重要贡献，对世界文明进步产生了积极影响。它是中国优秀传统文化的代表，是中华民族对人类生命科学的重大贡献。它融合了儒、道、佛文化的精华，凝聚了中华文化的核心价值理念，展现了中华文化的魅力。所以，对中医药的研究从古至今，相沿不辍。中医著述层出不穷，在中国典籍中占有非常大的比例。

清代中期鲍相璈编辑的《验方新编》，于内科杂病、妇儿外科、急救、食疗及时疫等无所不及，选录历代医家的医论与治验，收载民间习用验方、单方，价廉、简便、效验，是一部以医方为主、合参医论的医著。在近代方书中，此书因用药简便易得，方子浅近适用而流行很广。鲁迅在《坟·从胡须说到牙齿》中谈到自己早年牙痛，不知有西医："《验方新编》是唯一的救星，然而试尽'验方'都不'验'。"尽管"不验"，但它还是"唯一的救星"。陈嘉庚在他的《南侨回忆录》一书中记载，他二十余岁时，在新加坡见友人陈静轩珍藏有《验方新编》一书，说是朋友赠送的，无处可买。其时，上海书局尚未印售。根据友人所说及他自身的经验，他觉得这个书里的方子很有效，同时想到福建乡村，医生甚少，若每村有此一书，当大有裨益。于是，根据书中所注"版存日本横滨中华会馆，任人印送"的提示，备款托香港友人汇往日本定印，每本三角，前后数次，共印六七千本。书面标明"同安集美陈家奉送"①。陈嘉庚所见此书"版存日本横滨中华会馆"，实系广东新会谭国恩于日本横滨出版的铅印本，这个铅印本是据此书的第一个版本而来：清道光二十九年广州海山仙馆刻本，也就是南海潘仕成刻本。当年，谭国恩奉李鸿章命出使日本，驻横滨，见在日本的中国人"每遇疾病，束手无策，离乡万里，朋辈皆为寒心，缘携有重刊丁雨生中丞增订缩本，爰集巨款，以铅镌刻"（谭氏光绪十八年序）。由此可知，被陈嘉庚喜遇并数次预定印刷的就是谭国恩日本横滨铅印本。

清末陆懋修所撰的《世补斋医书》，是另一部济世救民的中医名著。此书推崇仲景伤寒，说理精深，文笔犀利，对后世影响至巨。《清史稿》云懋修"博通汉以后书，恪守仲景家法，于有清一代医家，悉举其得失"。"著论辨之，并精确，有功学者。"后世文献记载陆氏救人无数。比如，咸丰九年，至军中治愈原江西巡抚、左副都御史张芾的湿热症；咸丰十一年，治愈上海知县刘郇膏的结胸症；同治二年，上海霍乱流行，陆懋修运用其独特

① 参见陈嘉庚：《南侨回忆录》，中国华侨出版社 2014 年版，第 8 页。

的运气司天理论临症处方，挽救了许多患者生命。光绪十二年，时任山东布政使的崇保也因其受益。崇保在《山左书局重印世补斋医书序》中叙说了亲身经历："今年春，保病温，群医束手，先生以大承气汤下之，一药霍然。保年七十矣，栀芩苦寒也，朴硝峻下也，乃力排众议，毅然行之。非有真知灼见，不惑于补阴补阳之说者，曷能若此？"故崇保曰："仲景医中之圣，先生医中之贤以佐圣者也。"山东书局重刻此书，大概与崇保的推荐不无关系。此年陆懋修之子陆润庠在山东学使任上，陆懋修亦在济南。

《慎疾刍言》作者徐大椿，对当时医界的弊端痛心疾首。他指出："乃世之医者，全废古书，随心自造，以致人多枉死，目击心伤。"他以补剂、用药、中风、咳嗽、吐血、治法、制剂、延医、秘方、宗传等名论十九篇，集中地反映了自己独特的医学思想。比如，反对医界滥补，强调邪气乃致病之源，提倡多法施治，重视医学宗传等，对老人之病、妇人之疾、小儿之恙如何医治，都有十分精到的治疗方案。这部书对医者、患者俱有警示作用，直至今天也非常实用。

以上医书三种，体现了山东书局关注民生健康、济世救民的思想，客观上保存、弘扬了中华优秀的中医文化。

三、剞劂稀见珍籍

我国古籍的数量，至今仍无精确的统计。究其原因，一是公藏有量，私藏无量；二是散失无考，隋牛弘的"五厄"、明胡应麟的"续五厄"、近人祝文白的"再续五厄"，都揭示了毁书的不计其数。基于政治、经济因素的人为破坏，以及水火、虫鼠、兵燹等不可抗力的自然损害，使得中国典籍时刻面临严峻考验。所以，历代刻书者无不将搜寻、刊刻珍稀之本作为出版的首要任务。

（一）辑佚成果，刊刻重印

正是由于中国典籍的大量佚失，因而辑佚工作尤显重要。所谓辑佚，即是将以引用的形式保存在其他存世文献中的已经失传的文献材料加以搜集整理，使已经佚失的书籍文献得以恢复或部分恢复。据统计，百分之九十以上的先秦两汉文献、百分之九十八以上的魏晋南北朝文献、百分之九十四以上的隋唐文献，我们今天已经无缘看到；但因为中国古代书籍有摘引、抄辑其他文献的习惯，所以一些佚失书籍中的只言片语，得以通过引用的形式保存在其他文献之中。辑佚工作就是把这些只言片语加以搜集、整理，让这些佚失的书籍得以重见天日。辑佚学是研究中国古代文化、历史的基本功之一，与校勘学、训诂学、考据学、注释学都有密切的关系。

被王重民尊为“清代辑佚第一家”的历城马国翰，其《玉函山房辑佚书》五百九十二种七百十五卷，是辑佚学的空前巨著。此书书板在马国翰去世后，藏于他的女婿章丘李宝赤家。李家为避兵燹，将书板封于房屋夹壁中。丁宝桢巡抚山东时，由泺源书院山长匡源作序，于同治十年将此书补刻重印，此即济南皇华馆书局补刻本。

光绪十五年，山东书局奉巡抚张曜之令，取章丘李氏藏板补刻、重印马国翰的《玉函山房辑佚书》系列书，名《马氏全书》，刷印六十部。

丁宝桢刷印时，只补刻了匡源的序和《总目》。张曜此次补刻，内容较多，有马国翰辑并撰《玉函山房辑佚书续补》十一种十四卷、《目耕帖续补》二卷，后附蒋式瑆撰《书后》一卷、《手稿存目》一卷。

光绪十四年，蒋式瑆《校勘马氏手稿记》称，历城郭霖将蒋氏《书后》（蒋氏阅马氏书后所撰）刻竟，将书邮寄李符卿琢之兄弟，索其所藏马氏残稿。数月后，符卿携书五种而来，并告知蒋氏，马氏稿及书板藏于李家。军兴之初，悉藏复壁中。乱定后，始印行《辑佚书》和《目耕帖》二种（所言即丁宝桢刷印事）。之后，李家有两次刷印行为。光绪十年，印行三种：《玉函山房诗钞》《月令七十二候诗》《夏小正》。十四年，印行六种：《藏书簿录》《红藕花轩泉品》《文集》《文续集》《治家格言诗》《荆川记》。藏板未印者有十四种：《农谚》《竹如意》《玉函山房初刻编年诗》《玉函山房制义》《买春诗话》《红藕花轩课草》《百八唱和诗》《海棠百咏》《文选拟题诗》《玉函山房试帖》《玉函山房试帖续》《红藕花轩试帖》《五峰山馆诗课》《红藕花轩赋草》。蒋式瑆《记》称，其据李氏藏稿本，录并校对，于光绪十四年春完成《辑佚书》和《目耕帖》的补辑工作，并付符卿兄弟刊刻。又有光绪十五年马国翰外孙李元琎（李宝赤之子）识：“已撰辑各书皆刻于陕省官署，刻未竣而归里，故辑佚之书未有总目”，“外王母丁太宜人乃载各书板来……十余年来，堂兄符卿及元琎思补辑外王父未刻各书，而学识浅陋，涯涘莫窥。”继述郭霖刻蒋式瑆《书后》事，并言郭氏与马国翰笃于友谊。这次补刻、刷印，应该成就了马氏著述的最全本。张曜及山东书局对马氏著述整理，功莫大焉。

李元琎汇印后，书板又藏于李氏房屋的墙壁中。2000 年，李氏后人李应顺取出所藏全部书板六千块，捐献给章丘市博物馆，此事一时成为佳话。而山东书局在两任巡抚的要求下，两次补刻刷印这批书版，使得马氏著述在山东得以传其一脉。

清代山东另一部辑佚学著作，即孔广林《通德遗书所见录》。这是对郑玄著作的辑佚，也是孔氏辑佚学的代表作。

郑玄是汉代最著名的经学家，曾遍注群经，但除《三礼注》及《毛诗笺》基本完整外，大都散佚。郑氏的学术成就得到清代汉学家的一致推崇，故清代从事其著作辑佚的不乏其人。孔广林与黄奭、袁钧一起，成为清代辑佚郑玄著作成就较为突出的三人。

孔广林《通德遗书所见录》共辑郑氏著述十八种。其中，《郑志》一书，尤得卢文弨欣赏。卢文弨在写给广林从叔孔继涵的信中求赐书："令侄丛伯所梓《郑志》极佳，在诸本中最有条理，且点画亦致不苟，几乎与相台岳氏所刻诸经相伯仲。今欲奉求一本，务为我致倾迟之意。"①《嘉业堂读书记》著录卢氏校刻本，云："此本为先生自刻，抱经手校，精美莫比，破例收之。"②《通德遗书所见录》对卢氏所校多有取用，可知山东书局所刻最后定本之价值。山东书局本是此书的第一个版本，也是唯一一个版本。

（二）两代守护，万般搜求

"井田"在中国古代典籍《易》《书》《诗》《周礼》《王制》《孟子》中皆有论及。尤其是《孟子》，极力主张恢复古代井田制。故陈锦序中说："井田为王政权舆，譬若黄钟为万事根本。"《井田图考》，是朱克己历时十二年，五易其稿而成，是研究井田的重要著述，不仅考证精详，而且可补郑玄之阙。

此书刊刻过程极其曲折。嘉庆五年，朱克己恰与山阴陈基（陈锦之父）同学，两人详加校订，"定其体例，次其篇章，法简而明，说详以尽，诚足以发前人之覆，析千古之疑。而古先哲王制作之精微，赖以不坠，其为有功古治者岂浅鲜哉"。时集资欲刻，未成即解馆，陈基录副一份，携归山阴。二十年后，即道光元年（1821），陈锦出生，"迨道光中禩，锦方随侍昌化庠署，受庭训，得见先君子手书底本，思庄录一过，待梓，不果，谨藏苣篋。又数十年，离乱播迁，无敢失坠"。"锦自维谫陋，考订功疏，赖有荣成孙佩兰比部、黄岩张子远明经、同里陆肖岩孝廉句梳字栉，合图说而校勘

---

① （清）卢文弨：《抱经堂文集・致孔荭谷书》，《续修四库全书》第 1432 册，上海古籍出版社 2001 年版，第 716 页。

② 周洪才：《孔子故里著述考》，齐鲁书社 2004 年版，第 138 页。

之,乃付剞劂。”

以上可知,从此书集资欲刻开始,至山东书局最终刻成,历时九十年。仅自陈锦得书后,就辗转五十年。陈锦深藏书箧,不敢有失。到山东后,得孙葆田、张濬、陆葆霖三人襄助,终得成事。孙葆田、张濬前已有述。陆葆霖,字肖岩,山阴人。生卒年不详。光绪十九年,陆肖岩刺史得济东泰武临道张虞箴观察得自河南的《大王将军传》,肖岩重加编次,厘正体例,呈陈锦审定,由山东巡抚福润作序并改题书名《河神事迹纪略》,交山东河防局刊刻。光绪十九年,孙葆田在济南接刻巡抚张曜未完之书,即乌程施补华撰《泽雅堂文集》十卷,亦由陆葆霖助之。

陈基、陈锦“两代守护”《井田图考》,最后在山东书局修成正果。而郑振铎寻访徐光启《农政全书》明刻本,其“万般搜求”之状昭示山东书局重刊此书之必要。

徐氏《农政全书》,明代仅有崇祯十二年陈子龙刻本,即平露堂本。自此以后,一直到清中叶均无其他版本。道光十七年、道光二十三年,贵州粮署、上海曙海楼分别刊刻此书,但所据皆为平露堂本。山东书局所本即贵州粮署本。平露堂本在民国时期就很难觅到。郑振铎有一段关于得此书的记述,他在北平时,遍告书贾寻访此书,但皆言未有。后在邃雅斋架上发现,但因价格太贵没有及时买下,转瞬即被他人购去,郑为之懊丧者久之。到上海后,他仍继续以此书访询各肆。适合肥李氏书散出,目录中有此书,是原版,但已售之富晋书社。郑立追踪至富晋处,卒获得之。求之十年而得,郑氏非常欣喜。郑氏个人尚且这样喜欢此书,可见此书对发展农业的重要作用。因为中国毕竟是一个农业大国,此书的历次刊刻包括山东书局重刊,也都说明它的受欢迎程度。山东书局据此重刻,解决了读者寻检之苦。最为普及的版本《万有文库》本,就是来自山东书局本。

(三)板籍不传,付梓重雕

山东书局重刻的一些书籍,或因板已不存,或因流传稀少。

叶圭绶所著的《续山东考古录》,是有关山东的重要地方文献。山东巡抚任道镕对此书给予了极高评价:“洵齐乘一大羽翼,可以孤行而俟于后。”当代泰山文化研究专家周郢亦认为:“在考论山东历史地理的著作中,若论考辨细密、体例精当、内容淹贯,当首推清人叶圭绶的《续山东考古录》。”[1]此书在咸丰元年由叶圭绶之兄叶圭书出俸钱刻之于济南，此即蜗角尖庐刻本。但经过三十年，当光绪七年任道镕来山东时，“见张海藩观察旧藏《续山东考古录》一书，撰者为沧州叶子佩氏，成于道光戊申……惜其书今无存板，爰属书局重刊以广之”。

莱阳人姜埰，因明亡后流寓苏州，遂居焉。姜埰有《敬亭集》十卷，其子姜安节亦编有《姜贞毅先生自著年谱》《姜贞毅先生年谱续编》。这些书在康熙年间刻成后，板藏于家，秘不示人。因为当时的政治形势非常严峻，即使他的两个儿子刻书不少，比如，康熙十九年姜安节、姜实节辑刻《姜贞毅先生挽章》，康熙四十七年姜实节吴门刻自撰《鹤涧老人题画诗》一卷，姜安节还刻有《仰幸录》《孝经正义》《古大学释》《大衍正义》等理学著作，但《敬亭集》和《年谱》依然较少流传。即使到了乾隆时期，清朝官方为了巩固统治的需要，先后以“折槛谏臣”和“人伦师表”的名义对姜埰予以建祠表彰。但因姜埰去世于宣州并葬于其地，他以及儿子所刻书籍依然在山东流传很少。此次由山东书局重刻，保证了此书在山东的流传。

同样地，抗倭将领戚继光的《止止堂集》，其明万历间刻本，只有翰林院进呈本一部，王懿荣知道此书非常重要，因当年登州志局编《艺文志》，遍寻戚继光的集子而不得。所以，翰林院本非常难得，王懿荣当即请人摹抄一部，存之。恰巧山东书局想要刻清代以来未刻的稀见之本，王懿荣遂寄此本于张曜，山东书局才得以刊刻。据目前所知，《止止堂集》明刻本仅南京图书馆收藏一部，确实罕见，若非山东书局重刊，戚集流传尚不知何日。

四、书板流惠后人

雕版是书籍的母体，保护书板就是保护千千万万的书籍。山东历史上不乏精彩而感人的护板故事。

马国翰的《玉函山房辑佚书》搜罗丰富，卷帙浩繁。盖自宋人辑佚以来，其规模之大，数量之多，用力之劬，未有超过者，直接开启了光绪间王仁俊《玉函山房辑佚书续编》《补编》和《经籍佚文》的编纂，是清代辑佚学的巅峰之作。这样一部巨著，为免其损毁，章丘李氏将书板藏于夹壁中，

---

① 周郢：《山左河山笺底辨——评〈续山东考古录〉及其校注本》，《山东图书馆学刊》2012 年第 5 期。

兵焚邻村，而此书板幸不及难。直至今日，旧屋中犹可见此壁原形，这种护板精神令人感叹，而其表现出来的聪明才智又令人钦佩不已。

淄川冯继照于修武县署刻成司天开《四书汇解》四十卷后，将板运回山东。但兵燹四起，是书之板流落于兵丁之手，邹平李公不惜重金购得，藏之于家。

道光年间，翟云升刻《隶篇》十五卷、《续隶篇》十五卷、《再续》十五卷，其后裔对其予以精心呵护，最终捐献给国家。《隶篇》书板能保存至今，实为其后人的守护之功。莱州在咸丰、同治年间曾是东捻军赖文光的主要活动区域。经过兵火的洗礼，这批板片仍留天壤，愈发显得弥足珍贵。山东现存书板不多，除存于章丘市博物馆的六千块马国翰书板外，大宗的当数翟云升的书板了。王筠刻书虽多，但现存书板也就是三百三十块。

(一)山东书局板片流向

“我国近代图书馆事业的发展与官书局关系密切，几乎所有早期成立的公共图书馆都与官书局有缘，从中得到过大量局本。如金陵局、淮南局、江楚编译局裁并后，书和书版均归入江苏省立图书馆。”①山东书局之板亦归山东省立图书馆，但并非直接转交。据记载，山东书局书板先是给了山东高等学堂，具体时间不详。之后，转交山东省立图书馆。如前所述，山东高等学堂创建于光绪二十七年，初名“山东大学堂”，光绪三十年改名为“山东高等学堂”，民国后又改名为“山东高等学校”，民国三年山东高等学校停办，则由山东高等学堂转交图书馆一定是在此时或之前。

《山东省立图书馆概况》记述如下：“有清末叶，各省设立官书局，刻印书籍。山东官书局所刻书板，后归高等学堂，设派专员，刷印发售。光绪三十三年，罗顺循、姚柳屏等主持此项版片应归图书馆管理，即于次年移馆，仍照旧印售。凡书一百零六种，一万六千九百八十三片。后于十九年，收入《十三经》板六千三百零三片，捐入《毛诗正韵》一百七十八片，购入《诸子詹詹录》等一百十六片，共存二万三千五百八十片。近以工料昂贵，除《毛诗正韵》于二十年刷印一次外，余书均未重印，且以旧存尚伙，勿庸复印也。”②

以上明说山东书局板片于光绪三十四年入山东省立图书馆，而其中

① 徐苏：《晚清官书局之特点和利用》，《图书馆研究与工作》1991 年第 1 期。

② 山东省立图书馆编印：《山东省立图书馆概况》，民国二十二年(1933)铅印本，第 17 页。

的“十三经”板片，则是在民国十九年转入。提议山东书局板片归图书馆管理的，是湘潭罗正钧和太仓姚柳屏。罗正钧(1855～1919)，字顺循，号劬庵，晚号石潭山农。光绪十一年举人，历官直隶抚宁、定兴、清苑知县。三十二年，以镇压义和团有功，升任天津知府。三十三年，署山东提学使。姚柳屏(1872～1921)，名鹏图，又字柳坪，号古风。光绪十七年举人。大挑分发山东，先后任邹县、峄县和沾化县知县，为罗正钧幕僚。

有一点，山东省立图书馆创建于宣统元年，是山东巡抚袁树勋于当年正月上的奏折；而罗、姚二人提议后，光绪三十四年板片入馆，这两个时间不符。或许，《概况》记述有误，或许筹建图书馆在上奏之前。

值得注意的还有一点，即山东书局板片的数量，《概况》说有一百零六种，还不包括“十三经”，此数大于本书所统计的刻本数量。本书统计，加上子目，山东书局的刻书有八十余种。可能，当时所收包括尚志堂所刊的二十余种，也就是说，山东书局加上尚志堂，所有的刻书总量应在一百种出头。另有一种《经籍要略》，因为是提学使所刻，刻成后板存于学署，这个应不在当时的板片数量之内。不过，这个数量还有一种情况需要排除在外，即山东书局有私人刻板寄存再刷印的情况。

光绪二十九年，任丘李汝封刻沈畏堂撰《孔氏三出辩》一卷，封面题：“光绪癸卯季秋任丘李汝封重刊，板存济南后宰门官书局。”

李汝封(1848～1913)，字梦侯，号晋藩，任丘人。同治十二年癸酉科拔贡，授职山东知县。因有李鸿章的推荐，汝封到山东后，虽授以知县职，但始终在总督衙门做属官，同时兼代知县。李汝封很有才干，到职后，为督府掌管记室文牍，昼夜伏案，处理督府事务，从无闲暇，为历任督抚所倚重。光绪四年，代理费县知县；十四年，代理邹县知县；十八年，转代汶山县事务。光绪二十二年，汝封正式被授任乐安县知县。次年赴任不久，母病，去官奔丧。自此闭门退居，不再为官。[①]

据上述资料，此书刻时，李汝封已离开山东，亦不再为官，属私刻无疑。但板存于后宰门山东书局，是刻成后板归山东书局，还是委托山东书局所刻？不可得知。后一种的可能性更大些，因为他毕竟与山东有着比较密切的关系。

---

① 参见李坦、李文平：《陈王庄李汶家族》，载中国人民政治协商会议任丘市委员会编辑《任丘文史资料》第七辑，2003年，第121页。

(二)省立图书馆保存板片

山东图书馆成立后，即于宣统二年建屋储板，当时的坐办是保厘东。他建造博物馆，并在寒翠亭旁辟平房一间，储藏书板。到了民国十七年(1928)，山东省立图书馆的典藏分四部分：一为书籍，二为金石古物，三为书画碑帖，四为书板。民国十九年，王献唐馆长接收山东书局原"十三经"书版六千三百零三片，"七月一日，呈复省政府，大舞台所存十三经版片移交图书馆保管"①。加上原先接收的一万六千九百八十三片，山东省立图书馆所藏山东书局板片是两万三千二百八十六片。

对于此批山东书局板片，山东省立图书馆倍加呵护，不仅在各种规章制度中多次提到要保存好这些板片，而且采取了积极有效的措施。王献唐在《一年来本馆工作之回顾》中说："点查旧存山东官书局之书版，按部庋藏。"②

在民国二十年的《山东省立图书馆工作计划大纲》中，有"(十一)整理版片：历年本省官刻书籍版片，多归本馆保存，现均闭藏室中，多年无人整治，长此废置，将被虫湿损坏。应即分别点查，归架庋藏，其数目书名，亦一一标列，以便稽考"③的计划。

在民国二十年的《山东省立图书馆组织章程》中，第六条"编藏部之职掌"专门有"关于本馆金石书画及各项版片之保存整理事宜"及"关于本馆书版印行事宜"。④

(三)省立图书馆刷印板片

如上所述，《山东省立图书馆组织章程》有"关于本馆书版印行事宜"，说明重新刷印书板是当时的图书馆业务之一。其实早在民国十九年前，山东省立图书馆已经开始刷印山东书局的书板了。

王献唐先生在跋《井田图考》初印本时称："书版存本馆。近印已多漶漫，此初印本也。余起草古代土地制度，须此参考，初拟购之本馆，清晨起床，估人以是本来，爱其清朗，留之。时十九年四月二十五日，献唐记于图

① 《山东省政府教育厅大事记》，《山东省政府教育厅第一次工作报告》，1929年。

② 《山东省立图书馆季刊》第一集第一期《记载》(1931)，第36页。

③ 《山东省立图书馆工作计划大纲》(1931)，转引自山东省图书编《山东省图书馆馆史资料汇编》，齐鲁书社2015年版，第291页。

④ 《山东省立图书馆季刊》第一集第一期《记载》(1931)，第51页。

书馆。”①

献唐先生所说刷印的《井田图考》一书，是朱克己此书唯一一个版本，即光绪十六年山东书局本。此本比较稀见，即使现在，也仅知国家图书馆、首都图书馆、北京大学图书馆、清华大学图书馆、北京师范大学图书馆、复旦大学图书馆、南京图书馆、辽宁省图书馆、湖南图书馆等十余馆有收藏。故对此重要之书，山东省立图书馆要刷印保存。第二年，山东省立图书馆又提出挑选重要书板进行刷印之事。

民国二十年的《山东省立图书馆工作计划大纲》中，“（七）推广图书事业”项下，有“刊印书籍。本馆原存书版，拟择其重要者，修补重印，并搜集孤本、善本，及本省有价值之著作，未经付刻者，分别印行”。因为板片印行多次，像《井田图考》板已漫漶，所以要进行修补后再重印。

献唐先生在《一年来本馆工作之回顾》中也说，鉴于“近年本省私家所刻书版，屡经变乱，多请求本馆代为保藏，且有许多有价值之书，可以重印者”，提出“详订规则，设法征集”的设想，“一方面能免除书版之损坏，一方面能流通本省固有之文献”。② 说明刷印的目的，就是传播文献。

刷印书籍初见效果。民国二十二年，《山东省立图书馆简介》中，有“（八）编印”一项，载有“馆中旧存山东官书局书版，择其重要者，刷印发行，凡得四十九种”③。

以上山东省立图书馆刷印板片、流通文献的所有工作，都由王献唐先生主导。王汉章言民国时的官刻之书，云：“且自军兴以后，原有各省设立之官书局，在减政裁并方案之下，纷纷停办。余如山东济南省城之尚志堂，广东广州省城之广雅书院，湖南长沙省城之传忠书局，江苏扬州府城之淮南书局，亦多刻有用之书。幸得后起之省立各图书馆，保存版片，继续流行，传播之功，亦不可废。尤以开封图书馆之关百益，济南图书馆之王献唐，南京图书馆之柳诒征诸氏，抱残守缺，兴废继绝，类能注意文化，竭力发扬，对此盛举，颇堪钦挹。”④

---

① 王献唐：《双行精舍书跋辑存》，齐鲁书社 1983 年版，第 102 页。

② 《山东省立图书馆季刊》第一集第一期《记载》(1931)，第 36 页。

③ 《山东省立图书馆简介》(1933)，转引自山东省图书编《山东省图书馆馆史资料汇编》，齐鲁书社 2015 年版，第 350 页。

④ 王汉章：《刊印总述》，张静庐辑注《中国近现代出版史料·近代二编》，上海书店出版社 2003 年版，第 364 页。

献唐先生不遗余力地保存版片，刷印文献，这完全是出于保存流布典籍、传承固有文化的强烈文化危机意识。近代西学输入后，“中学”日益成为“旧学”的代名词，被视为无用之物，绵延数千年的传统学术文化面临空前的危机，中国固有文化的传承因为西学的冲击而显得尤为迫切。典籍为传统文化之精粹、民族精神之寄托，因此刊刻、影印古籍成为民国时期学人保存国学、传承文化的一种有力手段。献唐先生重印古籍亦出于此种动因，在山东刻书史上有着特别的意义。他在曲折中延续山东雕版印刷业的一线命脉，不仅推动了山东学术的发展，而且有功于中华文化的传播与发扬，为后代留下了宝贵的精神财富。

直至今日，山东省图书馆尚有《周礼》等山东书局板片留存。百余年来，虽然山东书局留下的书板已寥寥，但这些书板毕竟是它辉煌时刻的见证，对后人深入研究其选材、雕刻工艺有重要价值。这些书板亦可作为中华文明的优秀成果随时向大众展示，对优秀传统文化的弘扬有重要意义。

第二节　山东书局出版对山东的影响

军阀张宗昌在民国十四年《重印十三经序》中说：“清季发捻初平，图书半毁，当局者已汲汲于此，今之事变更亟于前。齐鲁多儒，秦汉之际诸经赖之以传，孔鲋、付胜之流风尚有未沫之乎。”表达了当局者延续齐鲁文化一脉的愿望。

任何出版都服务于一定的阶层，山东书局既是官府所设，其出版必定要为统治阶级服务，对山东的政治、经济、文化有着重要影响。

一、和谐山东

保证社会稳定，维持地方安宁，是当政者尤其是一省大员的主要责任。宣扬孝道、礼教，警示当局，肃清吏治，为御外而备朝廷采择之书，也就成为山东书局的首要之选。

（一）宣孝道，敦礼教

福润在《二十四孝弟诗辑注序》中说：“今天下称风俗之美，必曰邹鲁，盖孔孟之教泽长矣。然使者所镇抚，东至于海，与辽沈为邻，北界燕，西界豫，曹濮之间，风气刚劲，南为金乡、鱼台，毗连湖团，又南、东邻兰、郯、费诸邑，错江南徐、海两州，号难治。”继之：“治之如何？亦治以孔孟之教而已。孔孟之教何先？孝弟而已。”他希望：“得是诗，布之乡塾，父诏其子，兄勉其弟，范其跅弛之才，坚强不屈之气，优柔餍饫以归于至性，则四境之内，罔非邹鲁也。”此语点明他作为一地长官，让山东书局刊刻此书的目的。山东书局宣孝道之书还有《御注孝经》《御纂孝经集注》《劝孝歌》等。

山东刊刻《孝经》是有传统的。以清代为例，先不论收入《十三经注疏》《十三经读本》中的《孝经》，仅私家刻书就有聊城杨以增、荣成孙葆田、福山王德瑛诸家。其中，以王德瑛最为突出。

王德瑛（1774～1832），原名璠，字念池，一字玉堂，号莲墅，福山人。嘉庆十二年举人，十九年进士，授河南扶沟县知县。任满，迁舞阳县知县。任满，又迁安阳知县。三任知县，所至有政声。

王德瑛刊刻教化类书籍始自《孝谱类编》，此书分劬劳、承欢、爱日、养志、论道、守身、侍疾、忧感、杂境、艰境、妇孝、女孝、孙孝、兄弟、夫妇、作忠、锡类、孝感、重戒二十类，共二十卷，附《补》五卷、《文昌孝经注》一卷，道光元年刻于河南扶沟。之后，他又刻《日省吾斋杂著》八种，其中包括《孝经》。

王德瑛最为“疯狂”的是四次刊刻《文昌孝经注》。一次在考城任上，两次在扶沟任上，一次在安阳任上。至于为何刊刻多次，且看他于道光元年在扶沟时所作序：“《经注》成于嘉庆二十一年冬，迄今五载，同人印送至万部，板渐漫漶，方议改镌，因覆校注文而以新得义意附焉。”印送万部，堪称壮观。

道光十四年至十六年，王德瑛还刻了《今古文孝经汇刻》，有《孝经》《古文孝经》《孝经注疏》《孝经指解》《朱子孝经刊误》《孝经大义》《孝经定本》《孝经述注》《孝经集传》《御注孝经》《御纂孝经集注》《孝经问》《孝经全注》《孝经三本管窥》《孝经解纷》《孝经章句》《孝经义疏》十七种，可谓集《孝经》研究著述之大成。

山东书局创办人丁宝桢亦刻有《劝孝歌》。唐仰杜称“文诚之文，布帛菽粟之文也”，“今观其文，锻炼四言，韵语敷宣，天经地义，有裨世道，易于动人，且为贤大吏所留遗教，乃数十年间，几与当时簿书澌灭无余”。王露洪称“丁文诚《劝孝歌》一书，苦口婆心，言浅义宏，有裨于世道人心者，实大益人心”①。

而山东书局所刻顺治、雍正二帝的《御注孝经》《御纂孝经集注》，则更有重要意义，因为据《清代内府档案资料汇编》记载，咸丰六年，贮于故宫的此二书书板已经不存。

敦礼教与宣孝道一样，皆因有裨于教化而受到守土一方的官员们的重视。

福润《重刻制服成诵编序》曰："圣人，礼之宗也。山东，圣人之居也。为民上者果能发明大谊，而动以不容已之至情，修而为教，达而为治，翔而为德，化蒸而为风俗，彬彬乎百有七城，罔非邹鲁焉。是则方伯之大有造于东土，而同官一方者尤乐得试目而观其成也。"

《制服成诵编》的作者周保珪是清末要员王文韶的高第弟子，做过王文韶的幕宾，又是在杭州教王文韶之子读书时染疾去世，两人的关系非同一般。故此书首次刊刻者为王文韶，且刻于王氏在杭州的家中，这在情理之中。之后，王文韶又先后将此书刻于湖南、云南。刻于湖南是因为他曾任湖南巡抚，刻于云南是因为他时任云贵总督。这时，王文韶对此书的推广，既有个人情谊在其中，恐怕亦有"为任一方，守土有责"的责任在里面。

/光绪十八年，作为山东布政使的汤聘珍，因为在云南临安开广道做道员，是王文韶的属下，自然熟知此书情况。他于光绪十六年任广西按察使，光绪十七年任山东布政使。甫到山东的第二年，他就计划刊刻此书，并请山东巡抚福润为之作序，实出于"善治"的需要。

同样，江钟秀的《尊宗赘议》之所以受到山东官府自上而下的重视，亦缘于此书有裨风教。江钟秀自序曰："时中丞安圃张大公祖、督学佩之尹大宗师、鼎臣胡大公祖，胥以正人心、厚民生、崇圣道、卫宗社为汲汲，故急刊印若干本，道饬各府州县一律举行。"

中丞安圃张大公祖，即张人骏，号安圃，时任山东巡抚。督学佩之尹大宗师，即尹铭绶，字佩芝，时任山东学政。鼎臣胡大公祖，即胡廷干，字鼎臣，时任山东布政使，光绪三十年升巡抚。为此书作序的郭鉴襄，辽宁铁岭人，咸丰元年举人，光绪二十年六十四岁时始为山东候补道。另一作序者朱钟琪，光绪十五年即以知县来任候补道员，光绪二十七年在山东观

---

① 参见刘晓焕：《丁宝桢著作考》，乔万敏、俞祖华、李永璞主编《中国近现代史史料学国际学术讨论会论文集》，新华出版社2005年版，第215页。

察使任上。

据江钟秀所说，这部书得到了山东巡抚、布政使、观察使、学政、督粮道的关注和首肯。这些山东重要一级行政官员之所以认可这部书，并由山东书局刊刻，指令各府州县一律遵行，究其原因，是这部书以尊王宗圣为宗旨，能够正人心、厚民生、崇圣道、卫宗社，能够正风化俗。而这，正是统治阶层所需要的。

（二）警当局，清吏治

山东书局所刊《山东军兴纪略》，详记咸丰、同治年间，清军在山东镇压太平天国北伐军、捻军、幅军、长枪会、习文教军等诸路起义军之始末，尤以记捻军为详。此书提供了太平军、捻军以及其他各地人民起义军在山东活动的资料，颇有参考价值。但从另一个角度讲，它的出版，无时无刻不在提醒当政者，勿忘历时十八年的捻军如何横行于皖、鲁、豫、苏、陕等十个省区，如何歼灭清军及地方团练十万余人，如何在山东胶东地区破坏经济，如何牵制山东官民的精力、兵力与财力，这些都是清朝统治者讳言而又无法回避的。或许，这就是丁宝桢让山东书局刊刻此书的原因之一。

山东书局刊刻的条约章程是中国近代屈辱历史的反映。从咸丰时期的《天津条约》，再到同治时期的各种通商条约税则，一系列的不平等条约无不昭示着清政府的腐败、无能。像丹麦并未参加第二次鸦片战争，战后丹麦公使拉斯勒福径自赴华，在英美使节及中国代理总税务司赫德的密谋协助下，与清政府签订了几乎囊括各国在华所有权益的条约。俄、法、英、美四国自咸丰八年在天津与清政府签订条约后，前三国又相继在咸丰十年与清政府签订《续增条约》；同治七年，美国卸任驻华公使蒲安臣竟擅自越权，在华盛顿代表清政府与美国订立《美国续增条约》。《各国通商条约》的汇刻，无不时刻提醒当政者勿忘耻辱。

山东书局刊许梿所编的《洗冤录详义》，亦是对为官者的警示。光绪三年，湖北布政使潘霨捐俸重刻时评价此书"条分缕析，益复了然，于是折狱之吏皆得守其法以定案，而奸胥仵作无以售其欺，岂非惠民之良法哉"。清代刚毅在其编撰的《洗冤录义证》序中言："向推海昌许氏《详义》本为最善，潘文勤师首刻于京邸，伟如侍郎再刻于鄂渚，近则黔中、沪上、官局、私家皆有重刻本，海内风行，不胫而走矣。”[①]民国十一年《杭州府志·人物》记载：“（许梿）所订《洗冤录详义》，宋慈惠父以来，始有定本，天下刑官皆师之云。”[②]知此书为掌刑狱者所重视。而山东巡抚张曜在来山东做巡抚第一年就谕令山东书局提调南皮高其镇付梓此书。其急急刊刻的原因，大约有二：一是此书为张曜乡人许梿编刻，二是此书能时刻提醒为官者要做好官，不要让民众有冤。而这第二条恐怕就是张曜最主要的目的。

乾隆帝所批《评鉴阐要》，主要为治国理政之用，为“万世君臣法戒”。毛泽东在省立高等学校读书时，符定一看他有志向，有抱负，就送给他一部《御批通鉴辑览》，而作为此书节缩本的《评鉴阐要》，更适合一般为官者阅读。

（三）备廷采，御寇仇

甲午战争之后的山东书局出版物，在睁眼看世界、向外寻求治国良方的同时，更多的是为朝廷提供借鉴，以抵御外侮。

沈敦和的《英法俄德四国志略》一书，有桂嵩庆序，称魏源的《海国图志》“征文考献，极其详赡，较之往籍，疏密霄壤。其于形式之要、戒备之策，深致意焉。诚安边之鸿秘，攘外之龟蓍也”。但尚有缺憾，即未目验、未稽核而只是固守。而沈氏《英法俄德四国志略》，则“于其国之沿革、疆域、政治、财赋、文学、武备、风俗、物产、制作诸巨典，略以习焉能说、说焉能详，亦可谓留心时故，颖慧超越者矣”。赞其实地考察、留心时故之功。

何镛为《英法俄德四国志略》作序，根据法俄联络一气、德法世仇的国际关系，面对俄国虎视眈眈、法国蚕食鲸吞之念，建议御俄法必先结英德，“既御且联”。要做到这一点，必然要了解这四国的人情、风土、疆域、山川、文学、武备。而沈敦和序曰：“皇华诸使驻节海外，类多博闻亮达不辱命之臣，其所为料量荒服之情形，规测重洋之要害，必有鸿编巨帙，足以备廷采而固疆防。”“备廷采而固疆防”，大抵是沈氏编书之至意。

甲午之战，山东刘公岛成为战场，整个胶东半岛饱受日本人践踏。为加强海防，山东书局不得不并入山东通志局，以节约经费开支。这场战争，是国人更是山东人抹不去的伤害与耻辱。山东书局初“独立”，便刊刻魏源的《圣武记》，以探索清朝统治盛衰，并总结经验，以达富国强兵、抵抗

---

① （清）刚毅：《洗冤录义证》，清光绪十七年江苏书局刻本。

② 转引自刘时觉编著：《浙江医籍考》，人民卫生出版社 2008 年版，第 794 页。

外敌侵略之目的。

陈其泰评价此书:“它是第一部探索清朝统治盛衰的著作,并且明确地通过总结历史经验为当时反抗侵略这一迫切重大的课题提供鉴戒。”①

《英法俄德四国志略》,是从外向了解外国情况,探索富国强兵之路。而《圣武记》,则是从内向探讨清朝的兴衰缘由,为解决清朝外敌觊觎的统治危机,无疑起到了强心剂的作用。

二、人才山东

学政汪鸣銮为山东学子刊刻《经籍举要》时称:“此邦为孔孟之里,伏郑之乡,先圣昔贤所以垂教万世,两汉经学大师所谓微言大义、名物训诂与圣贤相发明者,诸生皆饫闻之矣。即本朝诸老先生力求通经博古之道,此邦代有传人,其于义理、考据、辞章言之亦綦详矣。”山东自古以来人才辈出,学术灿然。时至道光二十年,鸦片战争揭开了中国近代史的序幕,闭关锁国的古老国家突然之间面临着西方近代化文明的挑战。一场以“自强”“求富”为口号的洋务运动开始了向西方学习的步伐,废八股,改科举,设学堂,借以“启民智”“兴民力”。在这场教育救国的运动中,山东首开其风。

(一)开风气之先

山东是开新式教育风气之先者。光绪二十七年四月二十五日,时任山东巡抚的袁世凯提出筹办“新政”的十条“管见”,上奏朝廷。其中,第三条即是“崇实学,应整顿京师大学堂,各省多设学堂,让学生学习有关实用的书籍和外国学术,培养人才”;第四条是“增实科,逐渐减少旧有科举考试名额,增考实学之科,三科之后,旧科一概废止”。同年九月,光绪皇帝正式下令,全国各地书院分别改为大、中、小学堂。袁世凯即着令其幕僚唐绍仪等有关人员起草了试办山东大学堂的奏折及暂行章程,于当年的九月二十四日上奏光绪皇帝,并拟订了《山东大学堂章程》。光绪皇帝于十月六日朱批:“知道了,政务处暨各该衙门知道。单并发。”并令各省仿照办理。得到光绪皇帝的批准后,袁世凯立即在济南办起了山东大学堂,随后不久正式开学。这是继京师大学堂之后,在各省最早兴办的官办大学堂。

自光绪二十四年,康有为代山东道监察御史杨深秀拟写《请派游学日

---

① 陈其泰:《魏源〈圣武记〉的史学价值》,《史学史研究》1981年第4期。

本折》，提出向日本派遣游学，由此赴日交流人员开始增多。光绪二十八年，山东巡抚周馥派山东候补道方燕年赴日考察教育，他回国后写成《瀛洲观学记》。自光绪二十九年起，山东开始大规模派遣留日学生。周馥又遵照《奏定学堂章程》设立新学，为解决师资问题，派遣方燕年选带学生五十五名送往日本宏文书院学习。

方燕年(1873～?)，字祈叔，号鹤人、永三，定远人。光绪十五年进士，山东候补道。山东师范学堂监督。二十六年，为山东大学堂总办。宣统三年，任山东提学使。

太湖张承燮在光绪二十九年编《蒙养函书三编总目》后识中说："我东省为近畿重地，宫保袁项城公尚书(按：袁世凯)、周建德公(按：周馥)后先经画，时未三稔，学堂林立。各行省学堂规制课程奉旨均以东省为指归。"

癸卯学制的第二年，也就是光绪三十年，山东有高等学堂及中学堂六所、师范学堂四所、教员讲习所五所、高等小学堂十六所、初等小学堂八十九所、蒙养学堂四十九所。这一年，奠定了山东学堂的基本规模。之后，除了初等小学堂在光绪三十三年增加到五百九十八所外，其余类别学堂数量变化不是很大。

(二)分三个阶段

晚清的教育改革开始于洋务运动时期，中间经过戊戌变法时期，到清末新政时期，以科举制为核心的中国传统教育的统治地位最终被近代教育制度取代。这个被取代的过程，导致晚清教育改革分为三个阶段：一是洋务运动培养新型人才的阶段，二是自戊戌变法废除八股至废除科举前的阶段，三是废除科举以后的阶段。前两个阶段是教育体制改良阶段，即科举与学堂并存阶段；后一阶段是改革阶段，彻底废除了科举取士。

第一阶段，是在"中学为体，西学为用"的思想指导下进行的。设立翻译学堂、军事学堂等，把近代科学知识引入课堂，改变传统教育的教学内容。通过洋务学堂和出国留学，培养了一批包括科学技术、企业管理、军事、外交等方面的新型人才，开辟了一条与科举取士不同的选拔人才的途径，在传统教育制度的链条上打开了一个缺口。其特点是"变器不变道"，不触动制度本身，八股文、科举制仍被清政府视为"抡才大典"，从而造成了学堂和科举并存的局面。

至第二阶段，光绪帝下诏变法，提出改革科举制度，废除八股文，兴办学校。由于维新变法很快失败，只废除了八股，其他皆未施行。义和团运动后，为维护清廷统治，慈禧太后不得不实行“新政”，“破锢习”“求振作”“变成法”。在这个阶段，科举制度仍然存在，学堂纷纷建立，新学、旧学相互交织，既要学新知，也要操旧业。由此，导致了应试上的一些困惑，出现了调和两种矛盾的出版物。

到第三阶段，科举制度被废除，近代教育体制得以建立。包括制定新的教育体制，成立教育行政机构，推广新学堂，派出留学生，编写新式教科书等。

山东的教育形势整体上与全国保持同步，但山东书局的出版活动在第一阶段时并未跟上步伐，几乎未见出版物。这大概是这段时间与山东通志局“合署办公”的原因。

第二阶段，山东书局非常活跃，既刊刻《劝学篇》，出版经义之书，以应对已发生变化的科举考试，又出版大量的学堂用书，为山东近代教育做出了重要贡献。这大概与其官款招商、独立运作有关。

第三阶段，即光绪三十一年废除科举之后，未见明确的山东书局出版物，仅见山东官印书局数种。如贾恩绂撰《定武学记》二卷、余思治撰《楼船日记》二卷、唐甄撰《唐子潜书》、吴焘撰《味蓼轩诗钟汇存》二卷。以下仅就山东书局在第二阶段的出版进行探讨。

（三）选经义教材

光绪十四年，清政府准设算学科取士。光绪二十四年，加设经济特科。同时，应康有为等建议，废八股，改试策论，以时务策命题。戊戌变法失败后，慈禧下令所有考试悉照旧制。

光绪二十七年，清廷实行“新政”后，经济特科得以恢复，策论再次取代八股文。原列于首场的以八股程式撰写的“四书文”与“五经文”，在废八股后更名为“四书义”与“五经义”，位列第三场。之所以保留“四书”“五经”原文命题，是为了避免完全废弃经书。

四书义、五经义与四书文、五经文，在文体上有所不同。大略如讲义、经论、经说，可以引史事群书，所以“必胸有宋五子，而后可以抒写四书之菁华；必阅遍廿四史，而后可以发挥五经之大义”，须“第一在多读经史，第二在讲求时务。读经史以广识略，讲时务以博见闻”。①

① （清）庄纶裔：《示谕校士馆生员科举改章办法条告文》庚子冬月，《卢乡公牍》卷二，《官箴书集成》第九册，黄山书社 1997 年版，第 579 页。

为适应这种科举改章，各地官员紧急呼吁统一教材，安徽学政徐致祥奏："今钦奉谕旨，改试四书义、五经义，文格与制艺迥别，应试生童，多未寓目，操觚率尔，深恐不合体裁，可否请旨饬令上书房、南书房或部院大臣精选历代及国朝名儒、名臣四书五经讲义若干卷，恭呈御览，只候钦定刊刻颁行，则应试者既遵循有自，衡文者亦去取有资。"①针对徐奏，光绪帝谕令："先儒讲义各书，外省皆有刊行善本，著即由各省学政，自行择优购选，颁发生童，俾有遵循而资讲习。"②

依此，各地自行解决教材问题。朱钧《四书义正鹄》、俞樾《宋二十名家四书义》、戴大昌《四书义问答》以及一些原本不受重视的另类"四书"注本，如《四书义史证》等相继出版。时在河南宛南书院主讲的孙葆田，刻成《经义策论》三种，亦是这一时期教育变革的产物。孙葆田序曰："戊戌秋，予尝有宋人经义之选，为家塾读本。既因科场仍用八股文取士，前选亦等于无用矣。今岁予忝主宛南讲席，方以经术古文导后进，会又有诏，乡会试头二场，俱改用策论，三场试四书义二篇，五经义一篇，学政岁科两试，正场亦改用四书义、五经义各一篇。诸生咸相从问作义要指，予因取旧钞，略事删订，复益以二刘文，分为上、中、下三卷，以便学者诵习。"这些书均是光绪二十七年至三十一年的产物。直至光绪三十一年废除科举，所有乡会试一律停止，各省岁科考试亦即停止，学务大臣迅速颁发各种新的教科书，这些"四书义"教材才彻底淡出人们的视野。

山东书局铅印的《经义约选》和《四书义》，即是这些"经义"书之一。

《经义约选》编者王锡蕃认为，教育改良十分必要："《法言》曰，通天地人曰儒。《风俗通义》曰，儒者，区也。言其区别古今。稽先王之制，立当时之事，此通儒也。《庄子》曰，不该不偏，一曲之士也。是知世之身列儒林者，贵乎参究三才，洞达今古，以期成体用兼备之材。若夫囿于一得，帖括之外概付之不论不议，致世人以迂疏相诮，岂非儒者之耻乎？方今朝廷振兴庶务，变通科举章程，会试改为策论，经义不用八股程式，是诚圣天子实事求是、遴选真才之至意也。夫历代取士之法，规制互异。当其立法之

① （清）徐致祥：《奏岁科两试请照乡会试新章分场去取折》（光绪二十四年七月一日），中国史学会主编，翦伯赞、刘启戈、段昌同等编《戊戌变法》第二册，神州国光社1953年版，第449页。

② 转引自戴逸主编，张耀南、陆丽云、孙宇阳著：《戊戌百日志》，北京燕山出版社1998年版，第344页。

始，莫不有精意存乎其中。而迨至积久弊生，则不能不因时变易，即以时艺取士之法言之，其权舆肇于北宋，至前明成化间始明定八股之式，行之已五百年。近今则流极既衰，日趋浮滥，揆诸穷变通久之理，自当改易规模。然此时之所以废八股者，为其庸滥纤琐，禁忌多而发明少，不足以觇实学，岂谓圣贤经传之义理士子不必阐明哉。”对于新章，王锡蕃大加赞赏：“今新定之制，乡会头二场以史事、政治、艺学考试，藉以验才识之广狭，与经济之绌。第三场试以四书五经义，又可以验志趣之邪正，与学术之纯驳。蓋欲使多士明体达用，先以五经四书自培其根之学，而又博览史册，盱衡中外，于古今治乱兴衰之理，悉力研求。迨至体用兼备，既不至徒拘故见，贻空疏庸陋之讥，亦不至误入奇□蹈狂诡随之咎。将见人才日盛、政治日修，我国家苞桑磐石之基，亦由是而日固，谓非中华士民所同深欣盼者乎？”但是新章既出，诸子惶然：“策论程式皆有成作可仿，惟四书五经义之格式，多士恐未周知。”于是，他受请托，编制士子应试参考书：“清弼河帅嘱锡蕃蒐选前人名作数十篇付之剞劂，勒为一编，散付诸生，俾资矜式。所愿读是编者，穷经致用，各以远大自期，有以副河帅育才之盛意，是则私衷所深幸也夫。”此书的由来、功用显而自明。也正如王锡蕃在《附识》云：“撷名作之精英，便学人之诵习。”

清弼河帅，指的是锡良(1853～1917)。锡良，字清弼，光绪二十七年在河南巡抚兼河道总督任上，时王锡蕃在河南信陵书院，故有锡良嘱其编书授诸生之托。

《经义约选》是地道的由山东人编的应试教材。

王锡蕃是光绪元年举人，二年进士，在翰林院供职多年，由庶吉士升至编修。光绪十七年，曾奉派主持湖南乡试。十九年，外放福建学政，取后来的“戊戌六君子”之一——侯官林旭为举人。二十二年，任詹事府少詹事。他在任福建学政期间，于光绪十九年石印张之洞的《輶轩语》出版，又曾石印汪全泰的《铁盂居士诗稿》出版。所以，他能够担当编辑、出版此书的重任。

山东书局还铅印有《四书义》，选的是宋代文学大家苏洵、王安石、苏轼、苏辙、刘安节、刘安上、杨万里、陆九渊、陈傅良、汪立信、文天祥十一人的“四书”讲文。除了《四书义》《经义约选》，山东书局还印有清陈兆仑辑《陈太仆评选唐宋八家文读本》。山东书局选印的此三书，对山东学子应对教育变章有很大帮助。

(四)印学堂之书

山东学堂根据进阶高低分为高等学堂、中学堂、师范学堂、小学堂、蒙养学堂等不同级别，每个级别的课程不一，所以相应的教材也不一样。

1. 大学堂教材

教育改革之初，新成立的各大学堂，包括北洋学堂、京师大学堂、山西大学堂，都存在“教材荒”的问题。北洋学堂多采用西文原版书作教材，效果不太好；而晚些成立的南洋公学就尽量翻译外文书籍，以应教学之急需。

光绪二十四年，戊戌变法失败后，张元济与选辑《经义约选》的山东黄县人王锡蕃一同被革职，永不叙用。经李鸿章举荐，张元济出任上年由盛宣怀创立的南洋公学的译书院院长。上任之初，他首先出版严复的《原富》。之后，陆续主持编译了英国莫尔旦的《格致读本》、琐米尔士的《万国通商史》、日本松平康国的《美国宪法史》。此外，还有《社会统计学》和各种哲学书籍三十余种。这些翻译的东西洋政治、经济、军事、社会、科学、教育、商业、史地等各类书籍，成为南洋公学学生的必读书。张元济代理公学校务时，鼓励学生读译书院所出《原富》《万国通商史》等新书，公学也将译印佳作选为学期大考成绩优异者的奖品，盛宣怀亲临公学授奖。对于被张元济作为大学堂教材的《万国通商史》，山东书局也据以重印，但是否被山东大学堂采用，就不可得知了。

山东大学堂设有备斋、正斋、专斋等级别，课程设置除经、史、子、集外，还有社会科学、自然科学、算学和外国语等二十多门。它有自己刻印的教材，目前所知的有五种：马端临撰《三通考序》《文献通考纪要》，周学熙等编《济南大学堂备斋古文读本》，姚永朴编《山东高等学堂古文读本续编》，黄舒昺编《国朝先正学规汇编》。

2. 普通学堂教材

孙诒让的《周礼政要》，虽然是为换取《周礼正义》的出版而“交换”的产品，但在孙诒让自己创办的瑞安普通学堂刊刻发行后，一时翻刻众多。

究其原因，是当时科举尚未正式废除，朝廷“新政”导向下所出的科举考试采纳了不少“新学”命题作为试题。而《周礼政要》以儒家经典为依托，针对西政分门别类地列出了经典依据与改革方案，正是广大士子需要的新式应试指南。有不少学校将《周礼政要》采作教材，上海各书局争相刊印此书，重印达十多版。

光绪三十一年，孙诒让的表弟宋恕任山东学务处议员。山东巡抚杨士骧得见此书，称赞该书价值，并且“命诸学校用为教科书”[①]，此书遂在山东学堂普遍应用。

清廷颁布的“壬寅学制”“癸卯学制”两个学制，都是模仿日本学制制定的。历史学科第一次成为新式学堂的法定学科，但清政府苦于没有历史教材，不得已而将《支那通史》《清史揽要》等日本现成的教科书引进学堂，这是一种无奈的选择。各地新式学堂普遍以此为指定教材，连台州黄岩县王舟瑶发起的官立小学校和私立小学校都把《支那通史》列为历史课本。

那珂通世的《支那通史》是日本明治维新后“东洋史学”的“典范”之作。此书史料搜集和选材严密，叙述考证精确，内容丰富。罗振玉在东文学社翻印此书时，有王国维为罗振玉代笔作序，称中国“二十余代载籍如海，欲藉此以知一时之政治、风俗、学术，譬诸石层千仞，所存僵石不过一二”。此书在中国发行不满一年，印行数次，以至于东文学社不得不请“江南分巡苏松太兵备”发布告示，予以版权保护。[②]

《清史揽要》因其提纲挈领，颇得体本，深受国人好评。梁启超曰：“叙述二百年来事，颇有为中国史家所讳者，亦可以供参考也。”[③]黄遵宪曰：“暑中昨检阁下（按：作者增田贡）所著《清史揽要》，读之益钦仰。”[④]同孚泰致函增田贡：“伏读大著《清史揽要》一书，义精事核，卓乎班、马可追。”[⑤]如果说此语有恭维之嫌，那上海开明书店“《清史揽要》《最近支那史》供不应求”[⑥]的销售状况实非虚语，以至于东游扶桑的王韬与增田贡商榷：“弟在中国来购大著《清史揽要》业已百余部。弟现拟购一百部至中国销售，不

---

① 袁刚、王水涣：《传统国家治理观念框架的近代转型与困境——以〈大同书〉和〈周礼政要〉产生的语境为例》，《学术界》2016年第4期。

② 参见杨鹏、罗福惠：《〈支那通史〉及其在中国的传播与影响》，《兰州学刊》2010年第8期。

③ 梁启超：《饮冰室文集全编》第四册，广益书局1948年版，第160页。

④ 刘雨珍编校：《清代首届驻日公使馆员笔谈资料汇编》下册，天津人民出版社2010年版，第681页。

⑤ 刘雨珍编校：《清代首届驻日公使馆员笔谈资料汇编》下册，天津人民出版社2010年版，第686页。

⑥ 刘俐娜：《出版史话》，社会科学文献出版社2011年版，第82页。

知阁下能为谋否？……总购百部，其价若干？以后尚可源源购售也。”①可见其受欢迎程度。

山东书局印有《支那通史》《皇明政典挈要》(《清史揽要》的改编本)，此二书想必已被列为山东普通中学堂的教科书。

3.蒙养学堂教材

《易经·蒙卦》:“蒙以养正，圣功也。”“童蒙养正”，点明在孩童发蒙阶段给予养正教育是非常重要的。所以，中国最注重蒙养教育，对教材的选择亦是慎之又慎。

山东书局所印蒙养教材最具多样化，每一种都是经典之作。

张一鹏的《普通学歌诀》，与当时雨后春笋般出现的叶澜的《天文歌略》《地理歌略》《植物学歌诀》《动物学歌诀》，徐继高的《算学歌略》，黄芝的《舆地韵言》，刘洁曾的《外史蒙求》，南洋公学朱树人的《蒙学课本》一样，都是晚清教育改良后较早的蒙学课本。因其易于记诵且富含西学新知，废除科举后，愈发受到广大学生的喜爱。光绪《山丹县志》中的《学校》有《学堂藏书记》，记载:“光绪三十一年，由省买来新书多部，以后进因科举之既停，惧上进之无路，故多购必用之书，以新耳目。”其中就有“大板《普通学歌诀》十部”。光绪三十一年，十二岁的吴宓在读完《普通学歌诀》之后，又读了《东洋史要》和《支那通史》两书。吴宓最喜欢读《普通学歌诀》的“掌故”一章。为了适应这种需求，各地官书局也纷纷翻刻此书。像缪荃孙就在光绪三十年十二月廿七日的日记中记载:“汇书局书单及条陈与学务处。发刻《普通学歌诀》。”缪荃孙于光绪二十七年任江楚编译官书总局总纂，兼江宁高等学堂监督。他曾亲赴日本考察学务，归乃酌定课程，编辑课本。他发刻《普通学歌诀》当在江楚编译官书总局。②

罗泽南的《小学韵语》，将朱熹《小学》“小学之功，大学之基”的主旨，以韵语形式表现出来，四字一句，四句一节，字句整齐，平仄和谐，读起来朗朗上口，易于童子记诵。它以“教人之道，首重发蒙，蒙以养正，是曰圣功”开端，以立教、明伦、敬身、稽古为纲，以父子、君臣、夫妇、长幼、心术、衣服、饮食为目，最后以“小学一书，大法具备，朱子辑之，以觉来裔”作结，

---

① 刘雨珍编校:《清代首届驻日公使馆员笔谈资料汇编》下册，天津人民出版社2010年版，第665页。

② 参见(清)缪荃孙著，张廷银、朱玉麒主编:《缪荃孙全集日记》(二)，凤凰出版社2014年版，第321页。

全书贯穿儒家的“仁”“礼”观念，寓“教”于“乐”中。吕申《小学韵语》序称之“句短音谐，以便童蒙，用意极远，而用心亦良苦矣”。

山东书局所刻的蒋升《皇朝直省府厅州县歌括》，是韵歌式的地理教科书。它直接促使潘清荫在北京作《直省分道属境歌略并图》，在山东作《山东州县歌略并图》。此二书也由山东书局印成。而潘清荫在光绪二十八年刻于济南的《历朝统系图》《直省分道属境歌略并图》，书板皆存在尚志堂。可以说，山东书局与尚志堂在清光绪末期蒙养教材的出版上，是最为用力的。

三、富裕山东

近代中国屡遭列强侵略，中华民族面临严重危机，学习西方、发展经济以图国家富强，是十九世纪末国人的重要课题。当然，这也是近世山东的重要课题。

中国自古以来就是一个农业大国，农业一直是国民经济的命脉，农业的发展直接关系着社会的稳定与发展。山东书局早期所刊明代徐光启的《农政全书》，就是当政者关注国计民生的体现。《农政全书》既介绍井田和历代使用土地的制度，阐述耕垦和气象，备述南北形势异同及西洋水法，又有谷类、瓜果蔬菜、蚕桑、棉、麻、葛、竹本、药用植物的种植技术，还有牧养、制造、农产品加工等。至于荒政，有备荒措施，有《救荒本草》，有《野菜谱》，非常全面而实用。它不仅是一部农业百科全书，还是一部富民之书。

道光年间成书的《熙朝纪政》，不仅具有重要的史料价值，于《清会典》《清文献通考》《清实录》《国史列传》等资料着意搜采，还具有经济史料价值。它记载了经济问题，如对道光年间的经济状况记录备至，尤其侧重职官和食货。这些数据，是为政者治国、理财的重要指导。许叶棻刻此书时云：“九重宵旰，求治甚亟。昇平之答，责在庶司。职思其居或亦实事求是之一助云。”

山东书局还出版统计年鉴，以反映清政府的经济状况。光绪元年，江南制造总局出版英国麦丁富得力撰、美国林乐知译、中国郑昌棪笔述的《列国岁计政要》，主要是欧洲部分。光绪二十三年，英国咳咖路地编、中国周灵生翻译的《丁酉列国岁计政要》出版，开始增加中国部分。光绪二十七年，由傅运森、白作霖、张相文译纂的《新译列国岁计政要》，更是把中国列为重要部分，突出了中国的地位。光绪二十九年，《新译列国岁计政要续编》出版。

以上四次翻译出版《列国岁计政要》，是中国近现代史上的大事。一是它在一定程度上影响了时人对“年鉴”的认知，在其影响下，部分国人进行了各种统计比较实践，中国统计史由此发端。二是这些西方著作的翻译工作，是由清政府官方机构组织的，顺应了国人了解世界的需要。通过此书，可以对各国政治、经济、军事、教育等情形有一个简单、概略的了解，对各国国力的强弱对比有一个直观、明了的判断。同时，通过中外对比，进而寻求变法良道。梁启超认为：“读《列国岁计政要》以知其富强之原。”①徐勤在《丁酉列国岁计政要序》中说：“欲易新法，强中国，开民智，而为今日之急用者，则莫西政若。”“西人之学，最重图表，技艺测算多用图学。政学、商务多用表学。《列国岁计政要》之书，表学也，通今最要之书也。”“重译是书，使知中外之故，强弱之由。互相比例，而优劣自见。”②

山东书局的《大清岁计政要》，是将清代的《岁计政要》单独出版，没有与其他国家的比较，略显遗憾。同样反映外国经济状况的，还有《万国通商史》。

山东书局出版的最重要的富国之书，是陈炽的《续富国策》。

与陈炽同时代的薛福成就力主学习西方，发展近代工商业。他认为，西方国家之所以富强，是因其以“工商立国”，“工商之业不振，则中国终不可以富，不可以强”。《续富国策》是晚清第一个富国方案。

陈炽做的这个富国方案，从农、工、矿、商四个方面进行设计。《农书》提出兴修水利，植树造林，发展水果、蚕桑、葡萄酒、纸张、樟脑、木材、橡胶、茶叶、棉花、蔗糖、烟草、咖啡、粮食、畜牧、渔业等生产。《矿书》提出大兴矿务，采炼矿石，发展煤、石油、矿盐、各种金属、水泥、砖、瓷等生产。《工书》提出学习数学、天文学、化学、力学、光学、电学等自然科学知识，发展攻金、攻木、纺织、饮食、器用、军械、机器制造等方面的生产和筑路事业。《商书》包括商务、铁路、轮船、邮电、照明、防火、保险、兵船、铸金币、办报、办学等。陈炽这些发展经济的项目非常具体。他进一步提出“商之

---

① 梁启超：《国学要籍研读法四种》，吉林出版集团股份有限公司 2017 年版，第 134 页。

② 徐勤：《丁酉列国岁计政要序》，转引自汤志钧《戊戌变法史》（修订版），上海社会科学院出版社 2015 年版，第 165 页。

本在农”“商之源在矿”“商之体在工”的商业与其他经济部门的相互关系，其农业思想、工业思想、商业思想均体现了当时社会经济发展的趋向。

由此，陈炽被称为“中国近代化的开拓者”：“《续富国策》是陈炽追求中国经济近代化的设想。它具有承前启后的作用，上承洪仁玕的《资政新篇》、冯桂芬的《校邠庐抗议》、郑观应的《盛世危言》，下启孙中山的《实业计划》。特别是《续富国策》所规划的发展中国经济的宏伟蓝图，可与孙中山的《实业计划》比肩，但在时间上却比孙中山的《实业计划》早了二十多年。陈炽应与郑观应、张謇、张之洞、孙中山等人一样成为中国近代化的开拓者。”①

陈炽在此书《自叙》中说：“《续富国策》何为而作也？曰为救中国之贫弱而作也。”他希望“他日富甲环瀛，踵英而起者，非中国四百兆之人民莫与属也”。这也是那个时代所有中国人包括山东人的愿望。

第三节　山东书局在山东出版史上的地位

山东古有刻书之风，自宋代以来的官府刻书，发展到明代、清代，均具鲜明特色。山东书局自创设以来，就流动着先天的政治血脉，秉承着历史赋予的责任，承担着为统治阶层谋利益的重担，对当时的其他官方出版以及后世出版均有重要影响。

一、山东书局之前的官方刻书

刻书之风，山东古已有之。由政府参与的刻书，即官刻书。山东的官刻书自明代始盛，但一直到清代中期，都没有专设的官方刻书机构。自同治九年山东书局成立，山东才开始有了第一个也是民国以前正式的官办刻书机构。山东书局影响之大，前代所不及。

（一）山东古有刻书之风

山东是圣人之乡、文物之邦，文化底蕴深厚。但是，很久以来，学界对山东出版情况并没有深入的了解，以至傅增湘先生认为“乾嘉以后，南方刻书之风盛”而“北地则声闻寂寞”。谢国桢先生也认为：“冀北鲁东，文物之邦，

---

① 张登德：《论陈炽〈续富国策〉中的富国思想》，《理论学刊》2007 年第 9 期。

犹未闻有刻书之风。"的确，明代以前的山东刻书在刊刻数量上无法与浙江、成都、福建三大刻书中心相比，但说没有"刻书之风"实在是一个大误解。

山东刻书始于五代初，青州所刻《王公判事》当是已知的山东最早的刻本。郓城和凝是我国历史上刻印自己集子的第一人。宋代济南刘家功夫针铺印刷的商标是我国发现的最早的商标，也是山东从宋代流传下来的唯一印刷实物。郓州汶阳穆修将家藏唐本韩柳集镂版刷印数百部，带到京城大相国寺出售，以广流传，他也因此成为已知山东有意识以刊版进行文献传播的第一人。山东的金刻本有一定数量，但多数是道书，且大都未见流传。宋神宗元丰八年(1085)，孔子四十六代孙孔宗翰曾纂修《家谱》并刊行，此为孔氏刻谱之始。元大德八年(1304)，东平丁思敬在南丰州刻宋曾巩《元丰类稿》，此书版式宽大，字画精整，为元刻本之上乘。

明代是山东刻书的发展期，刻书数量大幅增加，官、私、坊三大刻书系统基本形成。仅从数量上统计，山东已跃升至全国的第二梯队。

承接明代的刻书发展趋势，清代山东刻书达到了极盛，刻书数量达四千余种，形成了刻书数量庞大，地域分布广泛，刻书品类丰富，以经学、小学、金石、文学见长，以世家大族刻书为主的刻书特色。

民国时期，受石印、铅印、珂罗版印刷的冲击，传统的雕版印刷业逐渐退出历史舞台。山东刻书犹在相当长的一段时间内，坚持并延续着这一传统的印刷形式，产生了诸多艺术精品，如乐镜宇创办的济南宏济堂药店刊刻的《宏济堂药目》等。

(二)孔府承担官刻职能

官方刻书，在宋代就很兴盛。叶德辉《书林清话》记载宋代各路使司刻书、州府军县刻书、公使库刻书、州府军县学刻书、书院刻书，但均无山东官刻书记载。元代各省、各路儒学、书院刻书，亦无山东记载。但孔府是一个例外。

自宋仁宗封孔子后裔为"衍圣公"后，孔府便成为我国封建社会享有特权的大贵族，被称为"天下第一家"。孔府享有许多特殊的权力，比如：特许在紫禁城骑马；有权设置官署；由衍圣公兼任曲阜县令；国家命官在丁忧时粮饷停发，而孔府属官在丁忧时粮饷照发。这样看来，孔府在政治上是被作为官衙来看待的，只要是在孔府内刻的书，均应作为官刻来对待。也就是说，衍圣公出资并在孔府内所刻的书为官刻，孔府之外的孔氏刻书均视为家刻。

孔府刻书始于宋代。宋神宗元丰八年，孔子四十六代孙孔宗翰曾纂修《家谱》并刊行，此为孔氏刻谱之始。宣和六年(1124)，孔子四十七代孙孔传撰成《祖庭杂记》，然恰逢南宋初渡，社会动荡，未能刊行。至四十九代孙孔环，增补材料，重加编次，《祖庭杂记》方镂版以行。入金，孔子五十一代孙孔元措于承安二年(1197)袭封衍圣公。他综合以上二书，正误补阙，又参考载籍，成《孔氏祖庭广记》十二卷，于金正大四年(1227)镌版于金都南京(今河南开封)。但其初版久佚，蒙古壬寅，耶律楚材奏准皇帝，令孔元措赴阙里奉祀，增补校正，重雕此书。这是孔氏家谱现存的最早刻本，现藏于国家图书馆。此本纸墨古雅，字画精美，为蒙古时期雕版印刷的上乘之作。书中图十二幅，为太学生马天章绘，浮光季大薾刻。构图严谨，是早期版画插图的杰作。

(三)巡抚领衔明代官刻

明代山东官刻书大盛。据不完全统计，山东明代官刻有五十余种。其中，巡抚、布政司、按察司、孔府刻书较多，另有清吏司、盐运司、运河道济宁分司、济南知府、青州府、登州府及章丘县、泰安县、曲阜、邹县、曹县公署、南旺公署等刻书。

山东明代的巡抚刻书多命布政司或按察司进行刊刻，刊刻次数最多的是《重修政和经史证类备用本草》三十卷，先后有明成化四年(1468)山东巡抚原杰刻本、明嘉靖二年(1523)山东巡抚陈凤梧刻本，都是巡抚交代山东按察司所刻。明嘉靖三十一年(1552)山东巡抚王积刻本，由按察使周玧提议，又与布政使谢存儒、沈应龙二人相商，在得到巡抚王积的支持后，由济南知府李迁具体操办而成。明隆庆六年(1572)山东巡抚傅希挚刻本，是巡抚令山东布政司施笃臣所刻。还有明天启五年(1625)山东布政司曹尔桢等刻本。

明代的巡抚刻书还有：王尧封令山东布政司刻《新刊补注释文黄帝内经素问》《新刊黄帝内经灵枢》等系列医书，令山东藩司刻《大儒大奏议》；陈凤梧刻《新刊仪礼注疏》；邵锡刻《农书》；赵贤刻《读书续录》《葛端肃公集》；郑汝璧刻《五经旁训》等。

明代的布政司除了刻《政和本草》外，还刻有《西山先生真文忠公文章正宗》《薛文清公要语内篇外篇》《丹溪心法附余》《赋役全书》《则例》。

除了以上山东巡抚、山东布政司、山东按察司刻书外，明代的山东省级衙门还有清吏司刻《南京刑部志》，盐运司刻《岱史》《山东盐法志》，运河道济宁分司刻《泉河史》。地方官府还有济南知府刻《边华泉集》，章丘县刻《农书》，泰安州刻《泰山搜玉集》，兖州府刻《阙里志》《陋巷志》《孔颜孟三氏志》《三迁志》《孟志》，曹县公署刻《字学三正》《兼山遗稿》，汶上县南旺公署刻《治水筌蹄》，青州府刻《青州府志》《徐干中论》《皇极经世观物外篇释义》《革朝遗忠录》《读书续录》，登州府刻《全史吏鉴》等。

明代山东还有藩府刻书。分封于山东的藩王府共有六处。鲁藩刻书最多，衡藩次之，德藩、新乐王府、汉王府、高唐王府都有刻书。鲁藩敏学书院刻《张先生校正杨宝学易传》，鲁府承训书院刻《抱朴子》，德藩最乐轩刻《汉书》，高唐王府刻篆文《阳春白雪》，均为藏书家所推重。现存最早的宝卷之一《药师本愿功德宝卷》，则由德王妃张氏与五公主梓行。驻青州府治益都县的衡王朱祐楎刻书有十四种，比益都一县刻书还要多。朱祐楎在此地近四十年，仅《洪武正韵》就刻了四次。

在明代全国的官刻中，据杜信孚《全明分省分县刻书考》一书统计，北京有二百种，主要为国子监所刻。江苏有八十五种，国家级官衙如内府、钦天监、吏部、礼部、工部、应天府、南京太常寺、都察院、国子监、尚宝司等为刻书主体。江西、福建、安徽次之，为十五至二十种。山西、山东、浙江、陕西、湖北大体相当，在十种左右。[①] 而山东明代官刻实际上有五十余种，与各省比较，名列全国第三名，是除去“两京”之外官刻书最多的地方。

（四）清代官刻百花齐放

清代山东官刻承接明代，继续发展，刻书数量大增。

巡抚徐泽醇在巡抚官署刻《般若真诠》。山东布政司刻书最多，有顺治年间刊刻的《赋役全书》，雍正年间翻刻的《御纂周易折中》《钦定书经传说汇纂》《钦定诗经传说汇纂》《钦定春秋传说汇纂》四部御纂经书，雍正间的《山左足民录》，同治初的《山东交代章程汇编》。布经历署刻《纪效新书》。另外，山东提刑按察使司刻有《山东全河备考》《甘薯录》。其中，《甘薯录》被乾隆皇帝推广至全国，影响极大。提督山东学政刻有《士子习读书目》《国朝山左诗续钞》《补钞》《幽光录》《山左校士录》，山东盐运使司刻有《岱史》《山东盐法志》，都转运司刻有《新修山东盐法志》《盐法续增备考》《重刻盐法续增备考》，山东运河道库刻有《山东运河备览》，山东鹾司刻有《胡文忠公遗集》。

地方官刻有：秣陵林杭学泰安岱署来恩楼刻《泰山辑瑞集》，泰安郡守

① 参见杜信孚、杜同书：《全明分省分县刻书考》，线装书局2001年版。

宋思仁刻《泰山小史》《泰山述记》，金棨在泰安府署刻《泰山志》，南通徐宗干在泰山官署刻《山左明诗选》《鲁两先生集》《泰山道里记》，徐宗干又补刻《制义文统类编》《石堂全集》，东平州署刻《文昌帝君觉世鸿文图说》，德州学正刻《讲约教条》，济阳县令魏礼焯翻刻内府本《钦定康济录》，济阳儒学刻《老子说略》，邹县刻《三迁志》，济南郡斋刻《济南金石志》，章丘县署刻《章丘节孝志》《鸿苞节录》《虹玉堂文集》，德州礼房刻《德州宾兴事宜》，兖州府刻《明堂考》，滋阳县署刻《金石索》，冯赓扬汶上县署刻《文献通考序钞》，登州府福山儒学刻《福山节孝志》。

泺源书院是雍正时建立的山东唯一一个省级书院，刻书有《小学集注》《小学名解》《诗说二种》《余山先生遗书》《澹初诗稿》《试帖前选》《经韵集字析解》。山东的书院刻书还有任城书院刻《尚书释天》，曹州府菏泽重华书院刻《曹州牡丹谱》。

孔府刻书数量不少。其中，刻家谱四种，衍圣公刻书近三十种。有孔毓圻刻《阙里志》《幸鲁盛典》《孔丛子》《编正孔子家语》《大学正文约注》《礼庭吟遗稿》《往深斋诗集》，孔传铎刻《安怀堂文集》《绘心集》《申椒集》《盟鸥草》《红萼词》《红萼轩词牌》《炊香词》《读古偶志》《春秋三传合纂》《鲁门诗集》，孔广棨刻《纯斋遗草》《孔子集语》，孔昭焕刻《阙里文献考》，孔宪培刻《凝绪堂诗稿》，孔庆镕刻《铁山园诗稿》《鸣鹤集》《铁山园诗集》《春草堂集》等。另有孔氏刻《周礼》《国语》《战国策》。

二、山东书局的特殊之处

以上明清官府刻书，看起来数量不少，但与晚清山东书局有着本质上的区别。

（一）专司刻书的官方机构

虽然上述有刻书行为的官府都是官方设立的重要管理机构，但它们并非专为出版而设。尽管布政司、按察司、学署、书院刻书较多，但它们只是职责所系，或与自己管辖范围有关，或奉巡抚之命而刻。它们的主要任务并不是出版，出版对于它们来说只是偶尔为之。相反，山东书局则是由巡抚直接领导的独立出版机构，这个机构是山东巡抚奉上谕而专门设立的，只为出版一事而设，并无其他职能。山东书局是一个如同武英殿一样的、专司刻书的地方机构，相当于晚清地方上的“武英殿”。

山东书局自同治九年成立，一直到民国十一年，都是官方出资。尽管在光绪二十八年，它由公家招商进行经营，但其性质是不变的，还是官本。而民国十一年后，官本收回，它就完全与公家没有关系了。以后的时间里，它几乎没有出版过书，而是专职经营售书了。与其他地方官书局不同，山东书局经历了一个由“公”到“私”的转变过程。

（二）巡抚直接领导

因为山东书局是巡抚主持设立的，受巡抚的直接领导，所以在选择刻什么书时会有巡抚决定的情况。像丁宝桢刻《十三经读本》《资治通鉴纲目四编合刻》；任道镕刻《山东考古录》《续山东考古录》；张曜刻《洗冤录详义》《重纂三迁志》《止止堂集》，补刻《龙庄遗书》，补刻《山东军兴纪略》；福润刻《二十四孝弟诗辑注》《文昌阴骘文诗》《朱柏庐格言诗》，都是由巡抚直接“拍板”。

同样，山东书局也会直接或间接地获得巡抚的支持。山东书局近一半的书是在巡抚的主持和关照下所刻的，而福润为《制服成诵编》《制服表》《丧服通释》作序，也是肯定这些书的价值。在巡抚的支持下，省级其他部门也对山东书局另眼相看。学政汪鸣銮刻《经籍举要》，裕德刻《经籍要略》，都是交给山东书局办理的。尽管《经籍要略》刻成后板子还是存到学署，但能把这事委托给山东书局就说明对它还是相当信任与认可的。

（三）恭刊谕令推广之书

上层的号召是各地官府刻书的动力。同样地，山东书局对于上谕明示要刊刻的书籍，丝毫不敢怠慢。

《圣谕广训》的推广，曾在一段时间内成为官刻书的重点，其落实程度甚至直接与官员的晋升挂钩。山东官员落实得很到位，前后就有三次刊刻。一是光绪二十五年山东学政荣庆刊刻。荣庆，四川人，洋务派代表人物，光绪五年举人，官至刑部、礼部、户部尚书，军机大臣。二是光绪二十六年山东学政尹铭绶刊刻。尹铭绶，湖南茶陵人，光绪二十年榜眼，官至礼部侍郎、内阁大学士。三是李秉衡主政山东时，光绪二十一年山东书局刻《圣谕广训衍说》。

《劝学篇》是湖广总督张之洞有感于“自乙未后，外患日亟，而士大夫顽固日深。戊戌春，佥壬伺隙，邪说遂张”的新旧斗争形势，试图通过推行新政，力促变局，求富强之道，以挽救风雨飘摇的大清王朝而作。光绪帝于光绪二十四年六月七日颁下谕旨：“著将所备副本四十部，由军机处颁发各省督抚学正各一部，俾得广为刊布，实力劝导，以重名教而杜卮言。”

山东是遵旨刊刻此书的第一批，时张汝梅任山东巡抚，姚炳然任学政。

张汝梅(？～1912)，字翰仙，河南密县人。先后任广西右江道、山西按察使、陕西布政使。光绪二十三年，继李秉衡出任山东巡抚。二十五年，因镇压义和团不利被革职。

姚炳然(1851～1916)，字菊坡，钱塘人。光绪十二年进士，官侍读学士。光绪二十三年，任山东学政。二十五年，因选刻经义、发交各学售卖，且私将试卷违例加用弥封，经李鸿章、溥良查属实，被革职。姚丙然发售的是他编刻的《济南校士编》，非皇帝谕令刊刻发售的《劝学篇》。不过，此山东书局刊刻的《劝学篇》必为他所操办。

(四)接受上峰督查监管

元代实行民族歧视政策，对公私刻书进行了严格审查，规定私人刻书需由当地士绅呈请学使，再呈中央学部批准方能刻印。故元代家刻、坊刻较少，几乎是官刻一统天下。明代出版政策宽松，基本上没有出版前的审查制度。清代"文字狱"，实际就是统治者对出版的监管和控制，"文字狱"虽然在历朝时有发生，但以清朝最为严重，其中又以乾隆年间尤烈。山东泰安在此期就发生了两起狱案。

一是王尽性"捏造歌词"案。因王尽性"捏造歌词，刻印货卖"，乾隆帝谕令将"所撰歌词板片，即经追毁，惟严禁民间，不得再行传播可耳"。[①] 王尽性被杖杀，书板也被追缴焚毁。另一案是王仲智"私藏逆书"案。王仲智好读书，入山中潜居修炼，并收集了一些被清廷认为"狂悖不法"的图书，使得朝廷以为他是反清的秘密宗教组织成员而对其加以处罚。

晚清各地方书局，既是官方所设，就必定受官方控制，刻什么不刻什么，都要受到清廷的监督。故设立之初，它们就遵谕令刊刻经史之籍，并首先刊刻钦定、御撰之经书。同时，由于对太平天国"悖妄"思想心有余悸，朝廷及各地督抚对这类书也是明令禁止的。比如，同治七年，丁日昌上奏禁止刊刻邪说传奇，查禁小说，以端正士习民心。同治十年，御史刘瑞祺曾上奏销毁小说书版。清廷还严厉查禁各地传播经过删节的经书，要求各地督抚认真执行，保证经书内容的纯正，确保文本的权威和标准性。这些无疑可以看出，清廷希望传播正统的价值观，肃清异端文化的影

---

① 山东师范大学历史系、中国近代史研究室选编:《清实录山东史料选》，齐鲁书社1984年版，第348页。

响，向读书人渗透忠孝仁义的传统观念，重新树立清廷的统治权威。

虽然山东书局的禁刻内容并无资料记载，但民国时期依然可见国民政府对书局的控制。民国二十三年第一百八十七期《山东民政公报》登载了山东省政府民政厅厅长李树春三月十七日的训令，令全省各县县长、济南市市长、烟台龙口公安局局长、长山岛行政专员，依据中央宣传委员会第四九四号公函，令饬各书局不许再印售闽乱祸首陈铭枢、蒋光鼐、蔡廷锴等肖像，并将所存像片悉数焚去。此指民国二十二年十一月，三人在福建发动的事变，成立中华共和国人民革命政府之事。由此看来，国民政府对各地书局的出版物是有约束的。

三、对以后山东刻书的影响

作为一种精神产品，出版物是统治者政治思想的体现，官书的编纂，其取向无非皇朝秩序的巩固、意识形态的确立、典章制度的制定。所以，作为官方刻书机构，山东书局的出版是全省出版的风向标。

（一）同时期的山东官府出版情况

在山东书局出版的前两个阶段，即丁宝桢时期和光绪中兴时期，山东书局是一家独大的。即使在第三阶段，“新学”兴起，山东书局也占据着出版主市场。

就官刻来说，山东各官府衙门还继续承担着出版的责任，包括巡抚。任道镕于光绪八年主持刻有叶圭绶撰《山东郡县图考》，袁世凯光绪二十六年主持刻有《山东曹州教案条约》《胶澳租界图》《胶济铁路章程》。两者均未明由哪里刊刻，但应当与山东书局不无关系。

山东布政使司依然是重要的官府刻书机构。在山东书局成立前，它刻有《山东交代章程汇编》，还于光绪年间组织刊刻了全省的《赋役全书》五十五种。这五十五种都是由各地刊刻，和《山东交代章程汇编》一样，与山东书局没有关系。山东书局成立后，它又于同治十二年、光绪十三年、光绪二十八年，分别由布政使李元华、崇保、胡廷干主持续刻《山东交代章程汇编》。这三次不知是否由山东书局操办刊刻。

山东学政是清代晚期山东官府刻书中最积极的，其刻书量仅次于山东书局。同治五年所刻《山左校士录》与山东书局无关系。光绪二年八月，山东乡试之时，山东巡抚丁宝桢因鸿雁来集，以此为得人瑞应，故作诗志异，并征诗于当时试院中下属官员，后汇为一书，刻而藏板于试院至公堂。观和诗者自署,自布政使、盐运使、知府、知县等地方官员,至弥封官、誊录官等乡试闱官,皆因乡试而集于试院者。此时,正是丁宝桢离鲁之前,也是山东书局集中精力刊刻《资治通鉴纲目四编合刻》之时。此书是否由山东书局操办,不可得知,但刻成后,板子藏在试院,有牌记:"光绪二年丙子八月,板藏山东试院至公堂。"

同年,瑞安黄体芳和文彬刻有《山左校士录四书文》《山左校士录五经文》。黄体芳于同治十二年始任山东书政。

荣庆任山东学政时,光绪二十五年刊有《圣谕广训》,卷末刻"山东学政臣荣庆敬刊"。继荣庆之后,山东学政尹铭绶又重刻此书。卷末刻"山东学政臣尹铭绶敬刊"。尹铭绶还刻有《学规举隅》。此书为书院而编:"首录鹿洞、紫阳旧法以备楷模,次为人德之方,次为学文之要,均辑旧说,弗为创论。"刻成后,板藏在使院,有牌记:"光绪辛丑六月济南使院栞板。"

以上诸书均未明言山东书局刻,但不能说与山东书局绝无干系。因为山东书局所刻《经籍要略》,刻成后板子存在学署,实际确为刻在山东书局。

清代晚期的官府刻书还有:同治三年,都转运司刻《重刻盐法续增备考》;同治五年,山左鹾司刻《胡文忠公遗集》。这两种均与山东书局无关。光绪间,山东按察使司刻《山东清讼章程》,山左舆图局刻《大清一统志辑要》,光绪十八年山东盐运使署刻《慈觞文录》,此三种不知与山东书局有无关系。但光绪十九年山东河防局刻《河神事迹纪略》,有山东巡抚福润序,或许与山东书局有关。

与山东书局同时的地方官府刻书有:光绪十三年曲阜孔令贻刻《圣门礼志》《圣门乐志》,光绪二十七年庆云崔氏莱州府刻《释惑录》,光绪二十九年至三十二年武威李于楷刻《续资治通鉴纪事本末》,光绪三十三年荣成署刻《荣成纪略》,光绪刻《五峰山志》,丹徒戴杰陵县官署刻《小学人子礼》。以上诸书没有明确的与山东书局有关的证据。但光绪三十年临清中学刻《奏定学堂章程》,光绪三十年山东乐陵县刻《地球三字经》,清末刻《青州府中学堂章程》,兖州府中学堂刻《读史方舆纪要州域形势》等,除了应和全国的大形势外,或许有山东书局的出版影响在。

(二)山东大学堂的出版情况

光绪二十七年,山东大学堂创办,先后刻有《山东试办大学堂暂行章程折稿》《三通考序》《文献通考纪要》《济南大学堂备斋古文读本》《山东高等学堂古文读本续编》《国朝先正学规汇编》六种,还铅印有《普通学歌诀》

《山东大学堂史学课本》两种。

山东大学堂设址于泺源书院内，故泺源书院培养人才的使命宣告结束。泺源书院在清后期只在大学堂成立前刻有两种书。尚志书院现存的最晚刻本是光绪二十八年刻的潘清荫《历朝统系图》。山东大学堂成立后，尚志书院亦改为校士馆，又改师范传习所、存古学堂，再无刻书记载。可以说，光绪末的新政、山东大学的成立，结束了泺源书院和尚志书院的历史使命。

山东大学堂的出版物，对山东书局不无影响，像潘清荫的数种书，均刻于济南。当时他任大学堂监督，估计就近刻于大学堂。如果没有山东大学堂，这些刻书资源就当归山东书局所有了。

山东大学堂的创办者袁世凯，在刊刻教案方面，延续了山东书局汇刻《各国通商条约》的传统。

近世山东，随着外国教会的大量涌入，以拳民为首的反教会组织也迅速发展。山东的三任巡抚李秉衡、张汝梅、毓贤，都是坚决的“排外”者，以“仇教”而出名，这也使山东的外国传教士多次上告清政府。于是，在光绪二十五年五月，袁世凯就在致徐世昌的信中说：“东抚甚无用，偏而且乱，又甚恶洋操。”此后不久，他又上书清政府，提出整治山东时局的四条意见。其中，第二条即是要讲求约章，把各国的条约、公法和办理内地华夷的案例，装订成书，发给官员，奉为准则。可想而知，袁世凯任巡抚时，当办的大事之一便是印制条约，于是有了《山东曹州教案条约》《胶澳租界图》《胶济铁路章程》之刻。

（三）山东书局对民国出版业的影响

山东书局刊刻经史之书、修身之书、医学之书，在民国的山东还有余韵。

首为经史之书。军阀张宗昌重印《十三经读本》，虽然是一种“政治”活动，但他在重印序中说：“教科成编而六经微，旁行为书而国文废。国势不张，文化亦靡能自信，致今日废经说，倡惟人，是从良族悲也。反之者又蔑弃儒先传注，糅杂外教，附会新异，张簪说以便其私，则侮经之祸亦废经等。今且无暇与废经者辩，而亟欲存经，并无暇与侮经者辩，而亟欲为经存注。抱残守缺无使散佚，于今日以待后学存中国耳，岂徒与陋儒时髦争是非哉。”他还是意识到了经书的重要性。他一年后刊刻的《唐开成石壁十二经》，目的也是复古：“今者战事初定，教育宜先立。教莫如宗孔，宗孔莫如尊经。顾考诸经古本、汉魏旧物渺邈无寻，蜀宋诸石亦皆残毁，惟唐开成石岿然独存，岁久磨泐，古拓亦稀。百余年前日本缩刻，多失其真。予因取唐石经善拓本，依式影摹，命工锓木。印成，分赠海内外士君子及各学校，以为弦歌讲习之资。予意无他，冀于洪水猛兽之时，一昌明夫正教，拒杨墨于今日，弭赤祸于将来。亦如孟子所云'正人心、息邪说、拒诐行、放淫辞'而已，大雅宏达，幸教督之。"

军阀吴佩孚刊刻《春秋正义证释》，也是复古思潮在民国出版业的表现。《春秋正义证释》是由吴佩孚主导的"明经学会"会员共同撰著的说解诠释《春秋》及《左传》的专著，是在当时"尊孔读经"风气的影响下成书的。吴佩孚有绪言："谨就开端伊始，宣告后学，以读经读传不可两离，不可偏废，不可存门户之见，不可为注疏家所迷，其庶乎可与治《春秋》。"书中既有吴佩孚因循师说，针对《春秋》与《左传》进行的讲述与发挥，对旧习典故源流的厘清追寻，又有他伸展《春秋》经文与《左传》传文现代意义及实质作用的环节，是在清末中西方文化大碰撞时期产生的一部解经之作。

次为修身之书。长山贾氏在民国六年(1917)刻过两部书：张伯行撰《小学集解》六卷、薛于瑛撰《小学浅解》六卷。《小学集解》有牌记："民国六年□□□山左于陵贾氏纂□□重刊。"《小学浅解》有牌记："中华民国六年岁在□□□□山东长山县贾氏纂□堂重刊。"

再次为医学之书。毛承霖、萧应椿辑有《时疫救急十六方》，此为光绪二十一年昆明萧应椿济南刻本。萧应椿(1856～1922)，字绍庭，萧培元之子。光绪十九年恩科举人，二十年挑取誊录。历任山东商务局、矿务局、劝业道、东三省民政使。光绪三十一年，兼任山东大学堂监督。入民国不仕，经办盐务。民国七年，与王鹿泉、安善圃等募集股金，在济南成立山东工商银行，并设立分支机构于天津、上海。应椿少承家学，工书法，能为诗，喜收藏，精鉴别。女儿萧琬，嫁周学熙(周馥之子)兄周学海之子周叔弢，生周一良。萧应椿序曰："一日，过毛子稚云，见案头断纸零笺，所钞皆治疫方，喜其先得我心，因与商略刊布。稚云亦以不学医之故惟恐贻误。余曰是不难，撮而录之，往折衷于初平，初平嘉余之欲副所言，而又佩稚云之留心济世也。爰悉心删定，又益以南中数方，共十六方，皆中于今之时疫者，怂恿付梓，余乃连夜招手民，且刊且校，竟三日而书成。"萧培元与山东书局有渊源。按理，萧应椿之书也当由山东书局刊刻，但此年山东书局并入山东通志局，可能无法为之。

第五章　山东书局的经营

朱士嘉认为:“山东书局是各省官书局的分销处。”①这可能是最早对山东书局定性的结论。以后的学者,都不同程度地沿用此说法。郑士德说:“(皇华书局)刊书甚少,实为南方省官书局的分销处。”②当时,南方书局明显多于北方,在刻书影响上也大大超过北方。而对于山东书局来说,经历了初期的发展、中期的兴盛、光绪末期的昙花一现,随着清末政局的风云变幻,民国改元之后的山东书局,完全以售书为主业了。之后,官本收回,山东书局成为私营书店。为了维持生存,山东书局在经营模式上不断创新,与各地官书局订立约章,代销各局书籍。并为了扩大影响,出版了数种售书目录,从而使其营业规模越来越大,销售势头蒸蒸日上。也难怪,在众人眼中,它是南北局本的分销处。

第一节　山东书局经营史料

经费之赢绌,必然影响书籍出版的数量和质量。地方书局的经营有许多方式,山东书局的经营大体与它们相仿,因资料甚少,仅作若干推测。

一、地方书局的经费来源

如同其他地方书局一样,山东书局各项工作及校勘人员之俸饷,还有工匠之工资,板、纸、墨等,都需耗费大笔经费。而其经费的来源,与内府

---

① 朱士嘉:《官书局书目汇编·引言》,周振鹤编《晚清营业书目》,上海书店出版社2005年版,第40页。

② 郑士德:《中国图书发行史》,高等教育出版社2000年版,第471页。

所刻图书全由国库支付不同，它既为地方政府所设，其开销应由公款支付。

(一)筹措公款

据吴瑞秀《清末各省官书局之研究》一书，各地官书局的经费来源大抵有以下几个方面：第一，捐输，即捐官，有虚官和实官之分；第二，厘金，专取于商而不取于农；第三，外销之款，即自筹之款项；第四，盐税、关税、羡金；第五，正款补助，由藩库或支应局等政府部门拨发。①

其中，“厘金”是最重要的来源。厘金，又称“厘捐”或“厘金税”，系清廷为筹措军饷以镇压太平天国运动而征收的一种商业税。太平军被镇压后，依旧征收此税。其中的“余额”常由督抚批准，拨作书局刻书经费。光绪十五年，张之洞调任湖广总督，每月从善后局拨银数千两补贴湖北官书局。浙江巡抚马新贻关于筹办浙江官书局的上疏也说，官书局的“一切经费在厘捐项下酌量撙节提用”。江苏书局所用款项直至光绪后期仍由善后局酌提厘金支放。江西书局刻书经费也来源于厘金。淮南书局初建时经费于裁减成本下开支，书成平其直售之。第二年，添拨书院余存经费以充局用。其书院经费也是来自厘金。

其次是司库、藩库、支应局、牙厘局、海关等拨款，取自不同的款项。除了“厘金项”，还有“养廉项”“赈捐项”“罚赎项”“羡金”等。

山东书局的经费来源与全国各地的书局大抵相仿，但山东的经济状况应该有其特殊性。虽然两次鸦片战争未对山东造成直接影响，捻军在山东的影响也较晚，但咸丰十年捻军进军山东，僧格林沁、曾国藩、李鸿章先后在山东“剿捻”，一直到同治七年山东都是剿捻的主战场。甲午战争，日军先在荣成登陆，继之有威海卫之战，山东又一次成为战场。义和团运动于光绪二十六年起于山东的东昌、曹州一带，后逐步扩展至华北和东北数省，特别是在京津一带，声势浩大。

以上数次来自帝国主义的侵略、来自内部的动乱，都给山东的经济造成了很大影响。尤其是第二次鸦片战争后，烟台对外开放，德国侵占胶州湾，英国强租威海卫，山东这块丰腴之地受到了帝国主义者的觊觎。山东地区的社会经济开始卷入资本主义世界市场，自然经济遭到破坏。

---

① 参见吴瑞秀：《清末各省官书局之研究》，《古典文献研究辑刊初编》第十一册，(台北)花木兰出版社 2005 年版，第 47～56 页。

清政府签订的一系列不平等条约，其结果不仅要割地，还要赔款，加重了各地的经济负担。山东尤其在甲午战争之后，为了守住东大门，需耗费巨额资金加强海防，这使原本就已匮乏的山东财政更加竭蹶。山东巡抚李秉衡光绪二十二年七月初十《奏东省认还洋债并无专款可拨折》称："伏查单开俄、法一款，山东指拨盐斤加价银一万两，地丁、盐课、盐厘、货厘、杂税等款银十二万两，东海关洋税、洋药税厘银三万两。英、德一款，山东指拨盐斤加价银一万两，地丁、盐课、盐厘、货厘、杂税等款银十七万两，东海关洋税、洋药税厘银五万两。岁共拨银三十九万两。内除盐斤半文加价银二万两款尚有着，其余指拨各项，均系应解应用之款，如地丁、杂税、关税等项，应拨解京协各饷，及动支俸饷工需，盐课亦系支解京饷，盐厘则拨作黄河防汛经费，货厘则专供固本兵饷，东海关洋药厘金经臣奏准留供海防军饷，此外别无余款可拨。"[①]这是山东在光绪二十二年时的拮据之状。其实，即使在丁宝桢时期，山东的情况也好不到哪里去。时，山东平捻初定，经费应该不是很充裕，否则，丁宝桢也不会戡乱始平即发展农业，刊印农业之书了。

关于山东书局官费资料，只在光绪二十九年的《山东全省官书局书目》中有一点线索："敬启者：敝局领奉抚宪发给官本，分赴各省采购官刻家藏木板石印铅印经史子集及新译东西时务各种应用书籍地图报章。""并奉学务处宪饬购分发各府州县学堂紧要书籍，现已到齐，特此登明。"知山东书局是直接由巡抚拨给经费的，但拨自哪里，没有相关资料。还有，用此官费，听从学务处的命令，购买学堂紧要书籍，分发各府州县学堂，即官费官用。

或许，从丁宝桢《机器局用款报销折(光绪二年十月三日)》中可见当时由他创办的"公用事业"的经费来源。他在此折中，列山东机器局所收款项如下：收藩司解拨银四万两；收藩司解拨银四万两；收粮道解拨银一万九千八百两；收粮道解拨银五万三千两；收藩司解拨银一万四千两；收临清关解拨银二万两。从这些款项可知，山东机器局主要从藩司、粮道、临清关三处收款。另有："再该局制造外洋军火、所有一切枪炮各项成样，亦须师法津式，为数既多，用款亦多，未便琐碎奏拨，系由臣于南北运余利项下随时陆续筹拨应用，此款原系臣自行筹备本省办公之款，与库储毫无

① (清)李秉衡撰，戚其章辑校：《李秉衡集》，中华书局2013年版，第544页。

关涉，自可无庸开报，合并声明。谨奏。”①知，“南北运余利项”，是丁宝桢的办公经费来源。或许，山东书局的经费来源多与上述各项有关。

（二）官绅捐助

书局除了公款资助，还有官绅捐助之例。山西濬文书局就是曾国荃通过劝捐筹办的。他选择饶富之户较多的太谷、平遥、介休、榆次、祁县、临晋等县，派员前往，“向真正殷实之家劝其捐助刻资，拟凑十数万金”②，作为书局初始的开工运营款项。

山东书局不像其他书局，由官绅捐助大额经费，用于书局的整体支出，而是某部书由某部分人进行捐助。

《小学韵语》就是由山东各地知县捐资所刻。吕申序曰：“今夏诸同人闻之，咸愿凑赀重梓，广为流传。于是前署方伯直隶永年胡公亦乐与相助，广为倡捐，且谓先生此书久已风行海内，独山东书局无之，亦属憾事。”知此事成于永年胡景桂。他认为罗氏此书风行海内，只有山东书局未刻，所以倡议大家捐资刊刻。书后附《重刻小学韵语捐赀姓氏》：“胡景桂，字直生，号月舫，行一，直隶永年县人，光绪癸未科进士，前翰林院编修，山东按察使司署布政使司，调任湖南按察使司。王扬芳，字信余，湖南浏阳人，癸酉科举人，现署临淄县事。梁锡祐，字笃斋，河南鹿邑县人，同治癸酉科举人，大挑知县，现署知县事。向植，字笃生，湖北沔阳县人，己卯科举人，大挑知县，现署曲阜县事。田宝榕，字晓霞，陕西兴安府康县人，壬辰科庶吉士，选授山东新泰县知县，现署高唐州知州。许清源，字鹤泉，直隶新城县人，丙戌进士，实任禹城县知县。姚万杰，字巍然，河南泰康县人，光绪乙亥制科孝廉方正，现署蒙阴县知县。毛澄，字蜀云，四川仁寿县人，光绪庚辰进士，现任泰安县知县。梅汝鼎，字震伯，江西南昌县人，丙戌科庶吉士，选授山东东昌府清平县。”据此可知，捐款人多为山东各地知县。

（三）售书所得

地方书局的出版物，其流通有两种方式：一是给官方的，包括上呈皇帝或上缴中央机构的“进呈”，在各地官府机构与各官书局之间进行的“咨调”，广泛发给本地书院、学校的“颁送”。像光绪七年，淮南、金陵、江苏、江西各大书局精选上等纸张印书，呈送国子监就是“进呈”。清末浙江图

① （清）丁宝桢：《丁文诚公奏稿》卷十二，沈云龙主编，罗文彬编《近代中国史料丛刊》第八辑《丁文诚公（宝桢）遗集》，（台北）文海出版社1973年版，第1458～1462页。

② （清）曾国荃：《曾国荃全集》第一册《奏疏》，岳麓书社2006年版，第507页。

书馆、云南图书馆各把馆藏书板印刷一份以作交换就是“咨调”。同治十年、光绪元年，孙衣言分别为惜荫书院、敬敷书院征书就是“颁送”。这种方式都是免费的。

二是自行销售的，算是有偿的，所得书款也是书局的经费来源之一。

金陵书局在同治年间每年由支应局拨银四千两，藩库拨银三千两，作为常年经费。至光绪年间，经费减半。光绪二十四年，两江总督刘坤一下令停发经费。从此，金陵书局无力刊行新书，只靠卖存书维持生存。北方各省及边疆省份的官书局刻书不多，以经销南方各省官书局的书籍为主业。直隶官书局开业伊始，即“筹款购买南方各省官刻书籍，运直（隶）原价发售，以惠士林”。山西官书局开业初期还刻了一些书，从光绪十六年起，“厘捐款用竭”，“暂停剞劂……拨款采买南省局刻各书，照转售通省士民”①。

山东书局颁书给书院、学校大约是其主要的官方渠道。因为当时山东有不少书院，仅济南就有泺源、尚志、景贤等，加之匡源等历任书院、山长大都由巡抚亲自聘任，尤其是尚志书院和山东书局还有千丝万缕的联系，所以书院还是受惠颇多。

山东书局呈缴政府的书也应不少。因光绪九年孔府的一场大火，身为国子监祭酒的王懿荣上奏折，提出各书局应将所刊书籍呈送山东巡抚处，由山东巡抚转孔府保存。当时，山东巡抚张曜与王懿荣就此事有书函往来。作为各地书局呈缴曲阜的“转运站”，山东书局在书籍的呈缴上应首当其冲。

山东书局以销售抵款的经营，分前、后两期。民国十一年前，是前期，这时是官本，或官本招商，但已经有销售。民国十一年后，改为私营，销售就成为支撑其“业绩”的唯一渠道。

山东书局的销售始自何时，不可得知，但它现存最早的售书目录是清末的。有明确纪年的是光绪二十九年的《山东全省官书局书目》，这说明它至少在此前已经开始售书了。

很多时候，地方书局的经费来源并不是单一的。比如，广雅书局的经费来源就有三项：一是粤海关和司库的经费；二是官员士绅募捐的经费；三是田产的收入。江苏官书局除了藩库拨款、厘金外，还有售书收入。

总之，靠政府拨款并不一定能保证书局的正常运行，如湖南有三个书

---

① 参见郑士德：《中国图书发行史》，高等教育出版社2000年版，第471页。

局:"传忠书局官办绅助,思贤书局绅办官助,二者既有官府公费,又有官绅捐资。""湖南书局经费全来自官府公费,学官地位虽高但经费拮拙,因而湖南书局经费难以保障。"①

山东书局大概正是因为全靠政府拨款,才导致被并局。它由官绅捐助刊刻的书仅是个别现象,且出现在光绪末期,当是并局之后的事情了。

二、山东书局的售书目录

尽管有关山东书局经费来源的资料很少,但它的售书资料却很丰富。就目前所知,江苏书局有《江苏书局重订核实价目》《江苏官书坊各种书核实价目》两种,浙江图书馆(浙江书局)有售书目两种,湖北官书处有售书目两种,江南书局、淮南书局、江楚编译局、山西官书局、广雅书局、陕西官书局各有一种。而山东书局,共出版了八个售书目录,另有售书单,是所有书局中出版目录最多的书局。

(一)《山东书局出售书目》

《山东书局出售书目》现藏于山东博物馆,作清末刻本。

崔巍老师按:此即山东清末官书局出售书目,共辑书七十三种。不录著者及版本项,而书价纸质所录甚赅。②

山东博物馆董倩倩描述此书:确为刻本,仅数叶,无书口,无序,无跋。非线装,每页纸张由胶状物粘连,装帧很简单。书衣手书"山东书局出售书目"。登录所售书籍书名、数量、每部价格,不著录版本。就类似一份价目单。纸张主要有上毛纸、连泗纸。例如:《资治通鉴纲目》十函七十八本,连泗纸③,每部京钱三十一千文。《痘疹定论》二本,每部京钱七百文。

据此目可概见清末书价。

(二)《山东全省官书局书目》

《山东全省官书局书目》,光绪二十九年山东官书局铅印本。

此书为线装,书衣签题"山东全省官书局书目",书口印"书目"。

前有书局声明:"敝局领奉抚宪发给官本,分赴各省采购官刻家藏木板石印铅印经史子集及新译东西时务各种应用书籍地图报章。赐顾请至

---

① 寻霖:《清代湖南官书局刻书》,《图书馆》2012 年第 2 期。

② 崔巍:《山东省博物馆藏明清民国山左学者著述知见录》,2003 年铅印本。

③ 按:关于纸张名称,历来用字不一,如:连四、连泗、连史、粉莲、粉连,等等。以下引用时均依原书著录,不作更动。叙述时采用通行用字。

省城后宰门大街本局购取，价值格外从廉，划一不二。并奉学务处宪饬购分发各府州县学堂紧要书籍，现已到齐，特此登明。”

又有文美斋主人天津焦书卿识，讲明此书为售书目录，并论选书标准、编书目的只是“适用”。

书目共分二十四类，正如其声明所说，不仅有经、史、子、集类，而且有新译国内外时务，如宪法类、各国公法类，以及化学农务类等应用书籍，还有地图、报章等。

每部书一般列书名、册数，不标价格，间或标明纸张、版本、出版者、装订形式、开本等，这些均冠于书名之首。

此目辑书一千一百二十四种，善本已不多见，大多系石印之本、铅印之本。

（三）《山东书局石印精本书目》

《山东书局石印精本书目》，又名《山东书局图书目录》，民国十四年前山东书局铅印本。

此书为线装，未署出版时间。但据民国十四年铅印本《山东书局木板书籍目录》，《木板书籍发售详章》内有“一切寄送手续限制退换等等均照石印各书办理”语，知此书出版在民国十四年前。

封面及版心题名“山东书局图书目录”，卷端题“山东书局石印精本书目”。

书前有《批发价目》，即书籍批发的优惠政策，从八折至六折不等。又首次制定《外埠函购书籍章程》，对函购程序、寄递方式、书价及寄费计算、寄递安全、免责条款、售后服务等作了详细规定。

全书分十卷，每卷有若干类，收书两千八百六十九种。整个分卷无章法，类与类之间有交叉，类中书籍排列也无顺序，是旧学与新学掺杂的交替时期目录学纠结状态的反映。

此书虽名为《山东书局石印精本书目》，但包括木板书目录，放在第十卷，有七百九十一种，占总数量的四分之一。按传统分类法，分经、史、子、集四部，但类与类之间也错杂混乱。

全书基本著录书名、册数、价格三项。有的注著者、纸张、装帧、版本。书中有整页或部分页面的广告，均是针对山东书局所售书广而告之。

此书目能够反映社会变革及文化风尚。

（四）《山东书局木板书籍目录》

《山东书局木版书籍目录》，民国十四年山东书局铅印本。

此书为线装，是山东书局关于木板书的第一个独立的出售书目。版心题“山东书局书目”。

前有《山东书局发售木板书籍启事》，历数官书局沿革、经营方式及木板书之益处。又有《木板书籍发售详章》，就木板书购买注意事项、优惠政策、价格浮动、时间长短等进行说明。又有《旧书出售章程》，主要是针对孤本秘籍、精刻名钞的，包括售书目的、优惠政策、定价标准、购书流程等。书末附《收买旧书启事》及《装订旧书启事》，并附“五局”合刻《念四史》《九通全书》《古今图书集成》的书箱图。

全书分三部分。第一部分“各省局刻家藏刻本经史子集类”，实际包括丛书。此类未包括山东书局出版的书，大抵第二部分是专列尚志堂所刊书之故。经部二百四十三种，史部三百五十九种，子部三百九十六种，集部二百七十四种，丛书九十二种，总一千三百六十四种。但实际远不止这些，因为有很多不同印纸的，都列在一种书下面，未分别列出。所以，加上这部分，山东书局当时待售的各省局刻、家藏刻本经史子集丛书是一千四百二十二部。第二部分“尚志堂所刻书籍目录”。列经部二十四种，史部十八种，子部二十三种，集部八种，总七十三种。种数都是子目与丛书并列计算的。《十三经校勘记》《纲目正续校勘记》均单列，说明对《校勘记》的重视。第三部分“精刻名抄孤本秘籍类”。列经部四十一种，史部八十一种，子部六十二种，集部一百四十三种，丛部十一种，总三百三十八种。三部分相加，总近两千部。

著录项目上，除书名、册数、价格外，另大部分著录著者。因是旧板古籍，故分类采用传统的四部分类法，加丛部。著录纸张尤详细，因纸张不同，同一种书有不同的价格。第三部分“善本”书的定价，能够体现当时购书人的喜好与社会风尚。此书校勘认真，有错字，大部分以朱字旁注改正过来。

（五）《山东书局铅石印各书目录》

《山东书局铅石印各书目录》，又名《山东书局图书目录》，民国十五年山东书局铅印本。

此书为线装，是关于铅石印各书的目录。除列石印本外，还加上了铅印本。

封面题“山东书局图书目录”，版心题“山东书局书目”，正文卷端题“山东书局铅石印各书目录”。封面又有“民国十五年五月新刊”及电话、地址，另绘有图画。

首有本局主人《启》，次有《外埠购书详章》《营业要目》《本局仪器文具详目》。

与民国十四年前的《山东书局石印精本书目》相比，此书不再采用分卷式，而直接列以各类。分六十九类，收书三千零八种。有的类下分小类，分类细致，基本解决了新旧学共存状态下的分类体系问题，也基本奠定了后来山东书局出版的各售书目录的分类体系。

（六）《山东书局铅石印各书目录》

《山东书局铅石印各书目录》，又名《山东书局图书目录》，民国二十年山东书局铅印本。

此书为平装本，是关于铅石印各书的目录。

所收大致与民国十五年铅印本相似。封面题“山东书局图书目录”，正文卷端题“山东书局铅石印各书目录”。

书衣背面有价格面议的声明。封底有《批发广告》。

首有本局主人《启》，次有《外埠购书详章》《营业要目》《本局仪器文具详目》。与民国十五年版一致。

分类亦与民国十五年版一样，分七十五类，再加四十六小类，总一百二十一类，收书三千三百一十二种。对民国十五年版的类目有增有减，也有替换。

除了以上六种书目，山东书局还有民国二十二年、民国二十五年《山东书局图书目录》两种，未见。但据赵钟云《山东书局始末》，民国二十二年《山东书局图书目录》，有二百二十三页，记录四千八百二十种书。民国二十五年的与民国二十二年本很相似。①

（七）山东书局书单

山东书局的书目，除了印刷成册的目录外，还有书单。光绪二十九年天津文美斋南纸局主人焦书卿序《山东全省官书局书目》时说：“开明书目价单，张于贾区。”可见售书书单应该是山东书局较早且流行的书目形式。笔者见有一大幅双面书单，长五十五厘米，宽约三十九厘米。双面上栏均大字书：“济南山东书局书目。”正面左侧栏书：“代售上海有正书局、艺苑真赏社、文明书局各种精印法帖、画片、屏联、堂幅，批发折扣从廉。”右侧

---

① 参见赵钟云：《山东书局始末》，济南市政协文史资料委员会编《济南文史精华》，济南出版社 1997 年版，第 271 页。

栏书:"本局经售各省局刻、家藏刻版及各种古本书籍,名目繁多,不及备载,另有总目。"下栏书:"城内后宰门街路南,电话七百七十一号。"反面左侧栏书:"兼售中西文具仪器及印刷物品,批价一概低廉。"右侧栏书:"本局收买各种木版精刻、名抄、古本秘籍,出价特别从优。"下栏书:"北平武学书局出版军事用书,山东总经售处另有目录,函索即寄。"书单分类列出若干书目,包括经、史、子等十八类。每部书列有书名、册数、价格,有的还列纸张。经与上述装订成册的书目相核对,此书单是民国二十年《山东书局铅石印各书目录》的简缩版,印刷时间在此年前后。从销售角度来说,这种单页、便于携带的书单,更受广大读者与经营者的欢迎。

第二节 山东书局售书目录的评价

作为专为售书而编的目录,山东书局的八种目录,注定与一般的藏书目录、导读书目有所不同,它在目录的分类、内容、结构上多考虑读者的需求,故有其特殊性。同时,书业是文化生活的一部分,山东书局的目录反映了社会文化的内容,具有重要的史学价值。

一、基本内容

售书目录与任何一种目录一样,既为呈现全貌,又为检索方便,所以书籍的著录与分类是其基本要素。

(一)分类体系

中国藏书目录,自汉代刘歆《七略》,至班固《汉书·艺文志》,再至《隋书·经籍志》,基本奠定了经、史、子、集四部分类体系,清代《四库全书》因之。随着新学的发展,延续了千余年的四部分类法无法涵盖所有新旧书籍,山东书局同其他地方书局一样,在售书目录的分类上处于摸索状态。

山东书局的第一部售书目录无分类,只是条列七十三种书。光绪二十九年的《山东全省官书局书目》,有文美斋主人天津焦书卿识语:

> 惟是中西书籍日新月异,种类繁多,浩如烟海,非分门别类刊印书目,阅者不免望洋兴叹,兹特分析部居,釐为二十八门(按:实二十四门),冀应光顾诸君按图索骥之用。各门之中,有彼此互见者,两存焉,取便临时捡阅。同系一书,有胪列各本者,历久焉,亦藉见版本源

流，仅取以类相从，不复审定先后秩次，盖质家之恉固如是，于适用之外无他求焉，非如文家之斟斠体例也。昔《文渊阁书目》祕本储度之富，为目录家巨擘。其所标识，仅有册数而无卷数，为阁中存记而设。至如《宝文堂分类书目》之编次无法、《读书敏求记》之配隶无绪、《述古堂书目》之琐碎冗杂、舛谬颠倒，以彼文家之箸录，不免见訾于后贤，若质家尚何遑计及此哉？近时硕师大儒，虑各国宗教政治之冲突荡决，踔厉求胜，谓宜以提要钩元之法，守约以保我中学。然则质家适用之主义，顾不重欤？呜呼噫嘻，世界竞强，优胜劣败，学战商战适用则贵，珍奇瓦砾亦仅求适用而止。适用，粗粝珍奇也；不适用，珠玉瓦砾也。用之时义大矣哉。方今朝廷锐意振兴学校，造就通才，明体达用，期收得人之效，普天人士涵泳圣涯，群孜孜焉勉为有用之学，即至农工商贾将胥受蒙学及寻常小学之教育，群孜孜焉勉为有用之民。窃尝闻教育家之绪论矣，曰：教育大恉，一在修身，使人人知义理；一在爱国，使人人知保护国家；一在资生，使人人谋生有具。盖其归本于有用也如此。

此识先说因书籍浩繁，售书目录也需要分类。继云售书目录与一般藏书目录不同，并历数各家各时编撰书目之目的，如《文渊阁书目》有册数而无卷数，只为记录阁中所存而已。私家藏书目录《宝文堂书目》也不免编次无法，《读书敏求记》不免配隶无绪，《述古堂书目》不免琐碎冗杂、舛谬颠倒。继之，以“珍奇”“瓦砾”作喻，认为，只要适用，粗粝也是珍奇；不适用，珠玉也是瓦砾。

这是一篇有关销售书目的分类著录原则的理论性言论。观其大端，通篇以“实用”为分类原则，这也是售书目录唯一的原则。

根据这个原则，山东书局的第二部售书目录，既有经学、史鉴、史事论、医书、律例等旧学类，又有各国公法、各国日记、算学、财政、化学农务、植物动物图画、教育等新学类，还有“诏令奏议策论集”这样的新旧混合的类别。此目更专门设有“制造局书目”，为江南制造局翻译的出版物单列一类，这恐怕是清末民国所有地方书局售书目录中绝无仅有的。

比起上述目录，民国十四年前的《山东书局石印精本书目》（第三部目录）就不这样洒脱了。它以“卷”分，“卷”下分“类”，这样分类的结果造成了很大的混乱。它的类目，既有传统类目，如诗文集、诗话、子书、经书、法帖、正史、别史、篆文金石书画考证、印谱钟鼎说文字书、类书、韵书类、画谱奕谱、词曲、佛经；也有新类目，如法政、新书提要、学校读本自修参考书、警察、滑稽、常识、地图杂志、英法日德文等。但是，这些类归入哪一卷，却罕有章法，像楹联在卷八，名人对联在卷十。传统的和新式的掺杂在一起，如卷三经书类和学校读本自修参考书类在一起。诗文集类、诗话类在卷一，词曲类在卷七，好像是随机而排的。好在正史、别史在一起，篆文金石书画考证、印谱钟鼎说文字书、类书、韵书类在一起。每一类中的书排列也无顺序，错杂在一处。

书入错类的比比皆是。有分错类的，《五车韵府》置于“地图杂志、英法日德文类”；《中华全国名胜古迹大观》《婚姻指南》放在“笔记掌故、说部类”。有同一类书分入两类的：“青年培德、女子用书、儿童用书类”，收《共和女子平权尺牍》《女子书信范本》《女子时务尺牍》，此又与前面“尺牍”相抵牾；“新书提要类”中有许多作文书，与“作文论说类”冲突；字典与“篆文金石书画考证、印谱钟鼎说文字书、类书、韵书类”冲突；“常识卫生类”有些与“医药类”冲突。

这部书的分类，反映了旧学与新学掺杂、交替时期目录学的纠结状态。传统的旧学无法涵盖所有，而新学又不能完全取代旧学。

山东书局的第四部售书目录《山东书局木板书籍目录》，则完全没有如此困惑。因为这是雕版印刷的书，还是用旧式分类法。但在小类中，书的前后顺序有错乱也是难免的，毕竟不是焦书卿所说的“文家”目录。《红楼梦图咏》与《九种曲》《西厢记》《长生殿》《桃花扇》等戏曲、传奇入子部，不合适。子部后面儒家、医家、蒙学、术数杂错相间，分类很乱，估计是排好版后，在子部又有增加，于是罗列于后。但把“小说家类”入子部，表明其对“小说家类”的认识是很到位的，比较严谨。

山东书局的第五部售书目录《山东书局铅石印各书目录》（民国十五年版），比第三部目录有进步，不再采用分卷式，而直接列以各类。

全书共分六十九类，有的类下分小类，如碑帖名画类下有丛帖、周秦刻石等十二小类，历代名人法书墨迹下有晋唐墨迹等七个小类，珂罗版精印堂幅屏条楹联类下有五个小类，新文化书类下有九个小类。这个分类比《山东书局石印精本书目》要细很多，这样的好处是，每书都能找到合适的类，不是旧学新学混杂一起，也没有把各不相干之类统归一卷。像经书、小学读本类、钟鼎说文类、史书、书画考证类、金石类、子书、印谱、道书善书类、星卜类、相法类诗文集类、诗话类、古文类、笔记书类、旧小说类、传奇类等基本都是旧学，工业书类、商业用书、诉讼类、法政类、交际书类、学校成绩类、论说文范类、英文书类基本都是新学。只有农业书类、青年培德类是新旧交杂。像农业书类，不仅有《农政全书》《广群芳谱》《御制耕织图》，还有饲养鸡、牛、羊、猪、蜂、蚕、鱼、花各法之书。

类目过多也有缺点，就是想找某类的书，可能需要翻检相类似的类。比如，涉及书画的内容，有可能要到书画考证类、画谱、历代名人法书墨迹、玻璃版精印名人画册类、珂罗版精印堂幅屏条楹联类这几类中去翻检，也很费力费时。

这个分类体系，基本解决了新旧学共存状态下的分类体系问题，也基本奠定了后来山东书局出版的各售书目录分类体系，民国二十年的《山东书局铅石印各书目录》(第六部目录)仅稍作调整，列如下。

《山东书局铅石印各书目录》增加了一些类，如社会科学丛书、新生命丛书、最新出版品格、散文、妇女丛书、三民考试、党化丛书、军事用书等近二十个类。其中，最新出版品格又包括各科常识问答等近十个小类。尤其是增加了军事类三十六种及各大教程八种，民国十五年版就在《营业要目》中说"军事用书另备有目录，函索即寄"。至此，则直接列于后，但未给出类名，而是直接列出各书。

也有减少的类，如新恋爱小说、最新出版书碑帖大类，名画类、新文化书类中的小类。另有替换的类目，不再一一列举。

每一类中所收书，有与民国十五年版一模一样的，如晋唐墨迹六种、宋元墨迹十六种、名人手札墨迹八种和国学整理标点类的史部五种、集部八种、标点名人尺牍五种、标点笔记九种、标点古曲六种。有增加种数的，如"经书"增加十八种，"钟鼎说文类"增加八种，"篆隶行草书类"增加四种。有同类书中某种书被替换的，如"小学读本类"，替换一种；民国十五年本《小学考试秘本各科答问》一册替换为《中学考试秘本各科问题详解》五册。有同一部书增加册数的，如"书谱类"中《原本放大芥子园画谱》，民国十五年本为十二册，此本改成十六册，增加了四册。但也有少种少册的，如民国十五年本中"史书"《历代循吏传》两册，"画谱"《万古楼画谱》六册、《任渭长画传》六册、《童之风丛画》两册等，在民国二十年本均不见，或已经售罄。

此目也有分类错的，《四库全书总目提要》《四库简明目录》《郘亭书目》《书目答问》，应该放在"书画考证类"，却放在"诗文集类"。这些书在民国十五年版中的分类是对的。

（二）著录项目

售书目录的基本著录项目有三项：书名、数量、价格，间或有著者、纸张、版本、装帧等。比较特殊的是光绪二十九年《山东全省官书局书目》，只著录书名、数量两项，无价格。

书名项有时并不只是单纯的书名，或许有部分简单的版本著录。

光绪二十九年目录，就有著版本的，在书名前加“石印”“铅板”“影宋本”等。或有出版者，如“鸿文”《五经汇解》、“同文”《尔雅图》、“扫叶”《御批通鉴纲目》、“积山”《资治通鉴全书》、“富文”《纲鉴会纂》、“蜚英”《正续资治通鉴》、“华文”《四书备旨》。民国十四年前的《山东书局石印精本书目》既有在书名前著“仿殿版影印”“仿殿本精印”“袖珍殿版”“同文初印”，也有在书名下注的，如《二十四史全书》下注“同文书局印”。对于局本，此目录特意标出。因山东书局与各省官书局有订立约定、为其售书之事，所以在此目中，局本开始在书名前标出，像“广东局板”“光明板”“金陵局”“湖北局”“浙局”。另有冠“本局”“山东局”的，是山东书局所刻。

民国十四年的《山东书局木板书籍目录》，亦有部分书名前加“影某本”“硃批”“某某刻”“五色批本”“翻刻某本”“三色套印”等字样。第三部分冠版本者尤多，如“明板白棉纸”“底稿本”“明抄本”“某刻”“殿板”“内聚珍本”“明初刊黑口本”“写刻本”“精刻本”，因为这部分是“精刻名抄孤本秘籍类”，为说明其珍稀，开篇就得点明它的特殊性。

民国十五年版和民国二十年版的目录，在书名前冠的版本就更多了，如“玻璃版印”“珂罗版印”“金属版印”“玻璃金属版印”“海内无第二本东海庙残碑”“人间孤本汉华山高碑三本合册”“海内孤本大代华岳庙碑”“匋斋藏鲁相乙瑛碑”“玻璃金属版钱柯丹丘藏定武兰亭瘦本”“纲目板印常熟翁氏藏青玉十三行”“临川四宝第一唐本庙堂碑”等。

书名项还有著录装订形式和开本的，比如光绪二十九年目录有：“石印衬订”《明通鉴》、“四开”《康熙字典》、“六开”《康熙字典》、“九开”《康熙字典》。

数量，是判断价格是否合适的主要参照物。山东书局每部目录书都将册数作为必备项，大多著“本”“册”，民国十四年前的《山东书局石印精本书目》也有著“函”的。地图注“张”“套”或“副”，名人对联注“份”“付”“条”“幅”，杂志注“期”。

清末《山东书局出售书目》、光绪二十九年《山东全省官书局书目》及民国十四年之前的《山东书局石印精本书目》，未著录或极少著录著者。民国十四年《山东书局木板书籍目录》著录著者的特别多。经部除"十三经"外，大多注著者；史部几乎所有著者都注出，尤其是每部正史皆注明作者；子部医书和蒙学书注得少；集部总集类亦注得少。大部分都注明著者，看来，由作者可以看出书的质量，这是木板书售书目的特殊之处。

后来的《山东书局铅石印各书目录》民国十五年版有少量著者，民国二十年版注著者的比民国十五年版多不少，以"某某某著"的形式出现，如"王先谦著""郭忠恕著""赵缭编""李涵秋著""包天笑著"等。女界用书中，新时代的书通常在册数处注明作者，比如：《妇女论集》——文娜女士，《社会主义妇女观》——山川菊荣，《妇女的将来》——张友松，《女子与知识》——林玉堂，《妇人与社会》——沈端先，《妇女解放史》——樊仲云。这些书在民国十五年版中是没有的。

同一种书籍，册数相同，其价格往往因纸张不同而定价不同。如粉纸比洋纸贵，中纸比洋纸贵。又因装潢、装帧不同而价格不同，布面比纸面贵，精装比洋装贵，洋装比平装贵。另外，有拓款的印谱比无拓款的贵，大字者比小字者贵。这些在目录中都有所反映。

关于纸张著录，民国十四年前的《山东书局石印精本书目》一般只著录两种纸：中纸、洋纸。但"名人对联类"注纸张的多，如"何子贞行书七言对""陈鸿寿隶书七言对""刘石庵行书七言对""曾文正楷书七言对"均注"白宣，虎皮"；"包世臣行书七言对""王文治行书七言对""翁同龢楷书七言对"均注"白宣，槟榔"；"金冬心隶书七言对"注"白宣，米色"；"陈漫生五言对"注"藏金"。

关于装帧、装潢著录，民国十四年前《山东书局石印精本书目》，"新文化书类"四大古典小说和《儒林外史》《儿女英雄传》以及《胡适文存》《独秀文存》都分平装、洋装两种价格。"新书提要类"《白话尺牍大全》《交际全书》等亦分平装和洋装。民国十五年版《精本袖珍诗韵》亦注平装、洋装。

二、史料价值

山东书局这八个目录，蕴含着丰富的史学材料，不仅提供了地方书局尤其是山东书局的创设与发展史料，还通过价格、纸张等提供了经济史料，读者的阅读与收藏需求亦提供了社会文化史料。

(一)提供书局史料

1.提供地方书局的创设及发展史料

民国十四年《山东书局木板书籍目录》,有《山东书局发售木板书籍启事》(下简称《启事》):"清之末叶,曾、左诸公在各省创设官书局,刻板印书,嘉惠士林,至非浅鲜。"朱士嘉编《官书局书目汇编》时,有民国十九年六月于燕大三楼序,序中引用了这段话,并说:"这里,止留给我们几个创办人的姓名,其于何年,何地,何人创设何局,尚阙如也。"①即便山东书局的《启事》有关初设官书局的记载如此简单,也留下了最初的资料,为朱氏对书局的初步研究提供了依据。

该《启事》又说:"自鼎革后,各省以公帑支绌,停而未印。宏(按:鸿)篇巨制,弃置可惜。自民八以后,国人渐知国学之可重,各局遂次第恢复。"所言为各书局在民国初停顿,民国八年后次第恢复,这与朱氏的描述是一致的:"官书局创始于同治,极盛于光绪,及至鼎革,摧残过半;民八以来,却因提倡国故,交了次好运。"或许,朱氏论断恰恰来自山东书局此《启事》,也未可知。

2.提供山东书局的创设及发展史料

民国十五年版目录有本局主人《启》:"本局创设济南,瞬经数载。""数载"大概指民国八年后新设的官书局。光绪二十九年的《山东全省官书局书目》,焦书卿序云:"大中丞建德周公抚绥是邦,教士化民,勤求不倦,方伯光州胡公、观察合肥张公、太史曲阜孔公主持通省学务,嘉惠士林,启迪民智,阿衡觉世,被泽宏溥(按:博)矣。东省礼乐名区,藏书好古之家几遍各郡邑,顾尚虞山川阻深,新出政艺各书,一时末由辇至,留心时务者之不得先睹为快也,于是有设官书局之举。"此既云山东大势,又明山东设官书局之事。

此《启》又云山东书局"领奉抚宪发给官本,分赴各省采购官刻家藏木板石印铅印经史子集及新译东西时务各种应用书籍地图报章"。由巡抚发给官本,赴全省各地购买的,既有官刻本,也有家藏本。版本有刻本、石印本、铅印本。内容除经、史、子、集四部外,还有新译国内外时务,以及应用书籍、地图、报章。文美斋主人天津焦书卿序曰:"宪谕承办山东官书

① 朱士嘉:《官书局书目汇编·引言》,周振鹤编《晚清营业书目》,上海书店出版社2005年版,第39页。

局，采购各省官刊官译之书暨沪上各学堂译社公私所译课本图册，减轻成本，来东发售。”这些都直接提供了当时山东书局所售书籍的来源。

民国十四年《山东书局木板书籍目录》有：“本局常年派人分赴各处搜罗，如收到大宗旧书，则随时发表。”可知，这些书籍的来源是靠山东书局常年派人外出采访所得。

关于山东书局是怎么销售的，焦书卿序云：“仍随棚运赴各府厅平价出售，以便购阅而广风气。现各书业已购办齐全，开明书目价单，张于贾区。”“随棚运赴各府厅”，并列书单在商业区张贴，这是当时的销售方式。至于后来，就有送货上门、邮寄等方式了。

关于山东书局是如何利用旧板刷印来售卖书籍的，民国十四年版“尚志堂所刻书籍目录”前曰：“吾鲁尚志堂所刻各书，校订精审，久见重于士林，无待赘述。惟年来以公帑绌故，久而未印，实为可惜。敝局今春爰筹巨款，与当事者接洽刷印，现已次第出售，有志国学者盍兴乎来。”从所列目录可知，民国十四年时尚志堂所存书板有哪些。其中，有些就是山东书局刻的，有些是个人刻后存于尚志堂的，还有些目前未见到印本，不敢遽断为尚志堂刊的。这些不仅提供了尚志堂的“前世今生”，还为山东书局与尚志堂的关系研究提供了史料。

从山东书局的售书目录，还可看出山东书局的经营规模。从最初的七十三种书，到光绪二十九年的一千一百二十四种，到民国十四年前的两千八百六十九种，到民国十四年的木板书近两千部，到民国十五年三千零八种，到民国二十年三千三百一十二种，到民国二十二年四千八百二十种（民国二十五年的未见），这些数字足以说明山东书局的营业规模，足以解释山东书局被定性为售书书局的原因。

至于山东书局的经营之道，如订立章程、合作联盟、优惠政策、上门服务、邮寄业务、广而告之、旧书修补、装潢等，都体现在各个售书目录中，下节再作详述。

（二）提供经济史料

山东书局的售书目录中，仅价格一项就保存了大量经济史料，为研究经济史提供了真实的、最直接的数据。

1. 书籍价格

首先，售书目录中每一部书的价格反映了山东书局本身在出版上的成本、利润等。其次，从一部书的价格与同时期其他产品的价格比较，可见同一时期不同产品的价值。再次，从一部书不同时期的价格比较，可见当时的物价波动以及经济变化情况。

民国十四年前的铅印本目录，内有“木板经史子集类”，取其中同一部书的价格，与民国十四年版同一书的价格比较，可以看出大多是随时间涨价的，只有个别未涨。比如，广东局本《十三经注疏》，前者一百六十册四十元，后者一百二十册六十元；《十三经古注》，前者四十册十元五角，后者四十九册十二元；《尚书离句》二册，前者四角，后者八角；《周礼节训》二册，前者四角，后者八角；山东局《周礼》六册，前者二元，后者在《尚志堂所刻书籍目录》中，毛边纸二元五角，连史纸三元五角；山东局本《周易本义》三册，前者六角，后者在《尚志堂所刻书籍目录》中为八角；浙局本《二十二子全书》八十三册，前者十六元，后者二十元，涨幅为百分之二十五；《玉函山房辑佚书》，前者八十四册三十元，后者一百册五十元；“五局”合刻《二十四史》五百四十册，前者三百四十元，后者粉连纸是这个价格，赛连纸二百五十元，这种书未涨价，估计与各局签约时就是这个价钱，不宜更动。

民国十四年前目录中最贵的一部书明板棉纸《唐文粹》，以及《守山阁丛书》，没有出现在民国十四年本中，可能已经卖出。这从另一方面体现了当时山东书局的书籍流通情况。

同样，民国十五年的《山东书局铅石印各书目录》，与民国十四年前的《山东书局石印精本目录》相比，同是石印本，价格有的没动，大部分略有上涨。比如，《谢闲鸥人物仕女画》，民国十四年前本专门另页做广告，还做了两次，时二册一元，民国十五年本也是二册一元，价格没变；《读史方舆纪要》《天下郡国利病书》合刻本四十册，十四年前本定价十四元，十五年本定价二十元，还是涨了不少；马氏《绎史》二十四册，十四年前本定价三元，十五年本定价四元。

民国十五年本与民国二十年本最为相似，民国二十年本在书衣内面有声明：“现因来价昂贵，目录定价多不相符，书价均以面议为准，特此声明。”说明，相隔五年时间，书价应有波动。

2.版印用纸

山东书局同其他书局一样，不同纸张的书籍价格是不同的。尤其对于雕版书籍来说，印刷用纸着实对书的价格有重要影响，这个一定要在目录中有所标注。所以，借这些资料，可以看出当年的纸价，这些对经济史的研究颇有助益。

民国十四年版《山东书局木板书籍目录》，在第一部分“各省局刻、家藏刻本经史子集类”中，五十八部书有两种纸张、两个价格。从这些不同的价格中，既可窥见当时人崇尚何种刷印用纸，也可知当时何种纸张比较罕见。其中，最贵的是粉连纸（又称“粉纸”“连史纸”），以它为参照，可见其他纸的价格。

粉连纸的价格约是顺泰纸的三倍。《御纂七经》收两个局本，一是湖北局粉连纸，一是浙江局顺泰纸。湖北局粉连纸一百七十册九十元；浙江局顺泰纸一百四十二册三十元，价格相差很大。知，粉连纸比顺泰纸贵出很多。

粉纸的价格是毛太纸的两倍。《离骚集注跋语辩证》四册，粉纸二元，毛太纸一元；《七十家赋钞》五册，连史纸二元，毛太纸一元；《寰宇访碑录》六册，连史纸二元八角，毛太纸一元六角。

粉连纸的价格是普通纸（大约为竹纸）的一倍半。《皇清经解续编》三百二十册，普通纸一百元，粉连纸二百五十元；《王船山遗书》一百二十册，粉纸六十元，竹纸四十元；《八史经籍志》十六册，连史纸八元四角，竹纸六元；《古经解汇函》六十八册，竹纸是二十八元，粉纸是四十元。

粉连纸的价格是赛连纸的一倍半。《张刻本草纲目》四十册，连史纸三十元，赛连纸二十元；史部中所列每种正史皆分粉连纸和赛连纸两种，粉连纸价格是赛连纸的一倍半。

连史纸的价格不到官堆纸的一倍半。《太平御览》八十册，连史纸八十元，官堆纸六十元；《聚珍版丛书》广东刻本八百册，《广雅丛书》五百六十二册，均是连史纸五百元，官堆纸三百六十元；《文选》二十册，连史纸十二元，官堆纸十元。

粉连纸的价格是毛边纸的一倍多一点。《四库总目提要》一百三十册，粉连纸五十五元，毛边纸四十五元。

杭连纸的价格比官堆纸稍贵一点，但也差不了多少。《国语》五册，杭连纸二元，官堆纸一元八角；《国策》五册，杭连纸二元六角，官堆纸二元二角。

由以上比对可以看出，纸张价格由高到低的顺序是：粉连纸（粉纸、连史纸）、毛边纸、杭连纸、官堆纸、赛连纸、竹纸、毛太纸、顺泰纸。

尚志堂的书板只印两种纸：毛边纸和连史纸，这说明山东书局还是追求高品质的，尽量用好纸印刷。山东书局此目录还有一种“宝毛纸”，不知是否为毛边纸的一种，如是，那也是竹纸。还有标“白纸”者，大约是指棉纸。《曾文定公全集》，白纸一百二十八册六十元，宝毛纸一百四十四册四十元；《惜抱轩全集》，白纸十二元，竹纸七元；《顾亭林遗书》二十四册，白纸十八元，竹纸十二元；《槐庐丛书》八十册，白纸六十元，竹纸三十八元。看来棉纸要比竹纸贵不少，大约是其价格的一倍半。

（三）提供社会文化史料

周振鹤在《晚清西学流行程度的一个视角》中说，中国历来有编纂书目的传统，各种书目都有不同的作用，公私藏书目"可以看出中国历史上曾经出现过哪些典籍"，"可以看出官方与私人曾经收藏过什么样的书籍"，但"却无法告诉我们哪些书是当时的流行书，是社会上曾经风行一时的大众读物"①。而晚清的书业目录，不仅为研究近代普通大众的阅读与收藏趋向提供了新视角，而且为研究近代社会变革思潮在民众中的普及情况、流行程度提供了新依据。

1. 阅读与收藏

石印技术是清中期以后一种新的印刷技术，比雕版印书来得简便快捷，最能反映时人的阅读需求以及社会文化风尚。民国十四年前的《山东书局石印精本书目》，仅从售书数量可见当时的阅读取向："笔记掌故、说部类"二百六十七种，说明大众很喜欢小说类书籍。"书业目录常常选择一些小说类图书以迎合普通民众休闲娱乐的需要。有许多滑稽小说、言情小说、社会小说、历史小说、义侠小说、侦探小说、神怪小说等消遣类图书。这些反映普通大众消遣娱乐的书籍在一般的官修和私修目录中是很难见到的。"②医书是所有大众的日常生活需求，所以这类书有二百五十八种。习字作画既是文人雅事，也是时人的追求和风尚，所以"法帖类"有二百三十六种，"画谱奕谱类"有一百零三种。还有"堪舆星卜相法类"五十七种，说明这些书在普通大众中有一定市场。

山东书局售书目录还反映了时人的收藏倾向。民国十四年《山东书局木板书籍目录》，可以看出大众收藏雕版印刷物的旨趣。比如，金石类有五十三种，公私藏书目有三十种。同时，从价格上可以看出，硃批本与套印本有较大差别。标"硃批"者，如《硃批四六文海》《硃批六朝文挈》等，大约每册五角，与普通本没有大的差别。但《文章轨范》三色套印，则是二

---

① 周振鹤：《晚清营业书目》，上海书店出版社 2005 年版，第 1 页。

② 李立民：《清末民初书业目录的初兴及其史学价值》，《信阳师范学院学报(哲学社会科学版)》2010 年第 4 期。

册二元，合每册一元。看来，套印比硃批更具收藏价值。民国十四年前的《山东书局石印精本书目》，内有一些影印本。相对于民国十四年的《山东书局木板书籍目录》，此目录中的影印丛书均为有名的丛书，如《楝亭十二种》二十册十二元，《士礼居丛书》四十册七十二元，《守山阁丛书》一百八十册一百四十元，《岱南阁丛书》六十册四十元。这些影印本的价格都不低，原因是，它们的底本都是非常好的版本，写刻精美，但在民国时期已不多见，所以影印本就成为退而求其次的选择，毕竟可以一窥原本之貌。

基于以上大众阅读与收藏需求，民国十五年、二十年的山东书局售书目录在著录中，"仿宋影印""仿宋本""仿麻沙本""仿汲古阁本""仿殿本""原本""绘图""校正""大字""精印""白话""圈点""断句""评注""足本""硃批""言文对照"等这些冠于书名前的"小广告"比比皆是。

2.变革与思潮

周振鹤说："西学的传播程度在晚清达到一个高潮，这是一个人所共知的事实。但传播的速度与深入的程度如何，却是一个值得探讨的问题。"①虽然可以通过梁启超的《西学书目表》、徐维则的《东西学书录》以及《译书经眼录》等一些译书目录"来研究晚清西学的发展状况，但这些思想家们对西学的认识往往迥别于普通大众，而清末民初的书业目录恰恰在这方面可以发挥独特的作用。由此扩展而来，这些目录不仅仅对西学思潮，对研究晚清以来的经世致用思潮、科学民主思潮、国粹主义思潮等等都有着不可替代的作用。由此，为研究晚清以来社会文化风尚的全貌提供了宝贵史料"②。

民国十四年前的《山东书局石印精本书目》，类目上足可以反映当时的社会变革。"法政类"，有传统的《洗冤录》，但大部分是新式的《中华民国新商法》《民律草案》《中华法规大全》《公司条例》等，这是最能反映新时期律政变化的一类。由于西医的传入，医学类书籍在传统中医书籍基础上，增加了《家庭新本草》《药物学教科》《德国医学丛书》《中西医方汇通》《初等诊断学教科书》《实验卫生学》《初等小学生理卫生学教科》《剖腹疗法》《西药指南》等西医、西药书籍。"尺牍书札公牍类"，既有传统的尺牍，也有新式的，如《共和进行尺牍》《共和英雄尺牍》《共和军界尺牍》《白话尺

① 周振鹤：《晚清营业书目》，上海书店出版社2005年版，第1页。

② 李立民：《清末民初书业目录的初兴及其史学价值》，《信阳师范学院学报(哲学社会科学版)》2010年第4期。

牍》《商务尺牍》《女界尺牍》《政界尺牍》《司法尺牍》《应用语体尺牍轨范》《写便条法》《民国尺牍教本》《实用新尺牍》《普通应用白话信》，这些是当时白话文改革的结果。“学校读本自修参考类”，新增《化学教科书》《工业指南》《立体几何学》《政治经济学》《学生国语字典》等部分新式书籍，这是西学影响下，中国学堂、学校教材的选择结果。民国二十年版《山东书局铅石印各书目录》还增加了军事类三十六种及各大教程八种，这是富国强兵理念在书籍上的反映。

三、善本观念

山东书局售书目录具有一般售书目录的功用，即展示所藏，供读者购求。除此之外，它对精善之本的定价，反映了它的善本观，这是它的独特之处。

书籍的善与不善，大多体现在木板书籍上。山东书局的首部售书目录，仅顺序列出七十三种，这些都应该是雕版印本。民国十四年前的《山东书局石印精本书目》，在第十卷列有《本局版刻精印经史子集类》。但在这部目录中，木板书目录是作为石印书目录的附属而存在的。到民国十四年，就专门做了《山东书局木板书籍目录》。在《山东书局木板书籍目录》中，第三部分“精刻名抄孤本秘籍类”，是其善本部分，集中反映了山东书局对“善本”的认定。

（一）“古”：文物价值

书籍产生年代越早，离现世越远，越不易得，就越珍贵。

元板《李太白集注》十六册，三百元，这是此目录中价格最高的一部书，也是山东书局最贵的一部书。除了这部元本，明前期的本子在民国时期看来，也是“古”。比如，正德刻《青溪漫稿》四册一百元，袁氏仿宋蜀大字本《文选》二十册一百八十元，明抄本《大金集礼》十二册八十元。还有明初刊黑口本《金丹大要》、嘉靖明易山人刻《杜工部诗文集》、嘉靖间刻《唐诗品汇》、世德堂刻本《荀子》，这些本子在今天看来都是当之无愧的善本。

（二）“美”：艺术价值

所谓“美”，无外乎写刻字体、图画精美、套印蓝印、大版初印、纸白养目。

《观妙斋藏金石文字考》，雍正七年刻本，写刻极精美，广为书家赞誉，加之“原板初印白纸”，六册七十元。清初写刻本一般在三元以上，如秦刻小字本《九经》，通志堂刻《周易玩辞》，宋荦刻《施注苏诗》《魏叔子文钞》，秀野草堂刻《元诗选》，雅雨堂刻《李氏易传》《战国策》《封氏闻见记》《唐摭言》，岁寒堂刻《范忠宣集》，还有写刻本《有怀堂文集》《汤子遗书》，都与一般明版书大体相当。林佶写刻本《午亭文编》《尧峰文钞》，马氏玲珑山馆刻《班马字类》等，价格略低，大抵与印本太多有关。

至于图画，《列女传》最有说服力，注有“仇十洲绘图，初印，宽大，白纸”，后面又另加说明：“此书绘图生动，梡印极精，须眉毕真，而纸张洁白宽大，真可宝也。”此书八册一百五十元。

纸白、版大、漂亮、干净的书总是受人们的喜爱，所以“白纸初印”“白棉纸初印”“竹纸初印”“原板白纸”“原板初印白纸”“宽大”，这些特性均会为书籍价格增加筹码。康熙间朱从延刻《苏东坡诗集注》，“粉纸，宽大，初印”，十八册八十元。张宗松清绮斋刻《王荆公诗注》，“初印，宽大”，十二册八十元。殿板书更不用说，皇家刻的，再用上好的开花纸印刷，堪称美极。如《古文渊鉴》二十四册一百二十元，《性理大全》十六册五十元。

（三）“精”：学术价值

所谓“精”，指的是书中内容无差错，校勘精审。

黄丕烈刻《国语》五册，五十元，合一册十元。而明板《史记》白棉纸印有孙尔周题跋者，二十四册一百元，内聚珍《唐会要》二十四册一百元，世德堂刻白棉纸印《六子书》之一的《荀子》，十六册八十元，三书均每册五元。这都是有名的、响当当的好版本，却比黄丕烈本便宜很多。究其原因，一是黄丕烈所刻此书记录了周朝王室和鲁国、齐国、晋国、郑国、楚国、吴国、越国等诸侯国的历史，是我国最早的一部国别史著作，是研史者必读之书；二是此书作为《士礼居丛书》之一种，是黄氏在嘉庆五年据宋天圣明道本影刻的，此时宋本已不存，据宋本影刻，几见宋本真面目，等同宋本；三是此书有黄丕烈撰《校刊明道本韦氏解国语札记》一卷，这个校勘札记对读此书者益处很大，具有很强的学术性；四是名家操作，黄丕烈是著名藏书家，经他手成之书，自然广受读者吹捧。所以，它的价格就高。后来，汪远孙作《考异》一卷，此书的学术性又进了一步。所以，此书目中，《国语》汪远孙刻本五册十二元，价格亦比普通书要高。

再如，嘉庆八年秦氏刻本《列子》，“白纸初印，宽大”，二册二十五元，合每册十二元五角。秦氏，即秦恩复，此书为秦恩复刻《石研斋四种》之一。《列子》一书，作为道家经典著作，以晋张湛注本最为流行，自宋至清，刊刻多次，唯唐代卢重元注本，随《道藏》流传，世人罕见。秦氏于南北藏书家访求十余年，始得于金陵道院，故校刻以传。现在看，秦氏本是卢注此书的唯一版本，且秦氏撰《列子卢注考证》附于此书，具有较高的学术价值。像这样由名家校刊的书，还有缪荃孙校刊的《常州词录》等，版本虽晚些，但与清前期王士禛的非写刻本的价格大体相当。

（四）“特”：独特之处

所谓“特”，即要特殊，有特点。

有特点的书比一般书价格要高。内聚珍一般三至五元，如《唐会要》二十四册一百元，《诚斋易传》六册二十元，《明本释》三册八元。印谱合每册五元以上，如徐少农《听松别馆印谱》二册十元，梁登庸《梁氏印谱》六册五十元。翁方纲刻《通志堂书目》《经义考补正》二册二十元，价格相对较高。究其原因，一是此二书刊刻精美，属于乾隆时的精刻本。二是，翁方纲此二书均与山东有关。乾隆五十六年九月至五十八年七月，翁方纲任山东学政期间，他所刻数种书中就包括此二种。其中，《通志堂经解目录》刻于乾隆五十六年，《经义考补正》刻于乾隆五十七年，均成于济南使院。

丛书价格相差比较大。比如，《汉魏丛书》八十册二十元，而福山王氏刻《天壤阁丛书》二十册四十元，德清傅氏《籑喜庐丛书》十册三十元，均比《汉魏丛书》高不少。看来，价格高低不仅取决于刻书时间早晚，大抵还与每部书的特殊性有关。《天壤阁丛书》中有许多珍本，而《籑喜庐丛书》则刻于日本东京。

上述四个特点，如果集中于一部书，价格自然更高。像嘉靖明易山人刻《杜工部诗文集》十三册八十元，嘉靖刻白棉纸印《唐诗品汇》十七册一百五十元，嘉靖刻棉纸印《唐诗纪事》三十册二百元，这些书都是年代、字体、印纸的完美结合。明初刊白棉纸蓝印本《庄子》，钤有“遂初堂藏书记”，十册一百二十元。因为它占有四个优势：一是版本早，明初，不易见；二是蓝印，试样本，极少见；三是纸好，白棉纸；四是有藏书印。

有些本子，拿现在的观点看是善本，但当时价格并不高。如抄本大约每册合二元。日本刻本也不贵，《楞严经》十册二十五元，《云栖法汇》二十五册三十元。尤其是稿本价格不高，明陈士元《孟子杂记》一册二元、《论语类考》三册八元，明郝敬《春秋非左》二册二元，清（按：此书作明，误）程大中《四书逸笺》一册二元、《易经通注》三册五元。陈士元，嘉靖二十三年进士，任滦州知州，著述颇多，《论语类考》《孟子杂记》是其重要著述。郝敬，万历十七年进士，《春秋非左》有万历崇祯间刻山草堂集本，其稿本也当十分珍贵。程大中，乾隆二十二年进士，《四书逸笺》是其代表作，最早刻本为嘉庆刻墨海金壶本，之后有道光十三年曾钊木活字印本、道光刻海山仙馆丛书本、咸丰刻粤雅堂丛书本，稿本稀见，他的《易经通注》至今未见刻本，应当十分珍贵，但定价很低，大抵是市场需求使然。

四、著录缺陷

山东书局的售书目录毕竟不是一般意义上的藏书目录，它在著录上有若干缺陷，这是由它的编书目的及速成求售决定的。

除了上述分类混乱、组织无序外，仅就木板书目录来看，它在著者、版本、定价、校勘上还是有些误处的。如“明茶陵陈仁子刻明板《文选补义》”，茶陵陈仁子，应为元代人，非明代人，著者著录错误。泰和年刻《政和证类本草》，泰和为金章宗年号，如为金刻本，则此书很稀见，其定价却不高，有可能是没有意识到版本的重要性。

关于价格，木板书目录第一部分列于“各省局刻、家藏刻本经史子集类”的普遍低些，列于第三部分“精刻名抄孤本秘籍类”的普遍高些。同一书分列两处，价格不一样。如广东局仿武英殿版《十三经注疏》，列于普通本的为六十元，列于精刻本的为一百二十元。张尔岐的《仪礼郑注句读》，列于普本的为一元四角，列于精刻本的为二元。《国语》仿宋明道本，列于普本的为五册二元，列于精刻本的为五册五十元。同是一个本子，价格差这么大，估计山东书局对书籍的定价不是出于一人之手。猜测先有人粗挑一遍，有些同种同版本的书就被分到两处去了，于是有了不同的价格。还有一些本子，称不上善本，如同文书局影印《两汉策要》，同文书局石印《唐宋诗醇》，晚清萧培元《思适斋集》，《白眉故事》《武备心略》《三苏全集》等，都不应该放在“精刻名抄孤本秘籍类”部分。

关于校勘，民国十四年前的《山东书局石印精本书目》出现的问题最多，有缺标册数的，有缺标价格的，同书排两处者多见。最重要的是有很多错字：宋元学按（案），荆驼遗（逸）史，李翁笠（笠翁）一家言，渔日（洋）感旧集，骈文速成捷往（径），李空闲（同）集，欧（瓯）北诗话，讨（诗）品诗式，断肠诗诃（话），对床夜语讨（诗）话，墨子闲话（诂），王氏论冲（衡），尺牍初恍（桄），马氏泽（绎）史，江标书三目种（书目三种），数个“光明板”误成“光板板”，等等，不一而足。而其后来的木板书目录则大多在错字旁以朱字改正。民国十五年版、二十年版的目录要好很多，只有个别地方出错。这说明山东书局对目录的校勘也越来越重视。

第三节　山东书局的经营之道

19世纪末20世纪初的中国出版业紧跟市场变化，关注读者需求。山东书局在四十多年的经营过程中，不断创新经营理念，探索销售方法，拓宽服务渠道，延展业务范围，为读者提供全方位服务，在很多经营方式上都有独到之处，从而使其营业“蒸蒸日上”，这也是其成为全国售书“模范”的重要原因。

一、制定章程

很多书局在建立之初，议有章程，如金陵书局八条，浙江书局十二条，还有山西濬文书局、江宁江楚书局等。这些书局章程大多是关于书局所有事项的，针对售书的，有贵州学政严修筹办贵州官书局时的图书销售、定价方案：

> 书籍宜筹销路也。省城虽设书局，而全省之中，地方辽远，未能一律流通。谨拟一法，将现刻各局书目，每州县各寄一本，与之函商。亏本地旧有书院，或别有公款关涉学校者，因此制宜。抽拨一款，不拘成数。视所寄书目中愿购某书，即开列清单，派人到局运取；或本局无此书，亦设法代为运购，仍约定日期，派人来取。其脚价由公款内开销(各州县运购之书)……书局宜从廉也。资善堂现存之书，销售盛畅，惟照原价酌加三成，寒士仍不免观望。拟略加变通，于减价之中，仍寓顾本之意，又分三条如下：一，发商之项，所入息银，作为局中常年经费。二，各州县的购取者，仍照原价加三成。以上两项俱有盈余。三，远近士子来局购取者，照原价加一成。以前有余，补此不足。①

① 韩晗：《论中国现代官办文化产业的命运及其启示——以晚清“官书局”为研究中心》，《贵州师范大学学报(哲社版)》2016年第6期。

这是光绪二十一年之事，此方案不啻是地方书局经营理念的先声。

光绪八年，总理海防支应总局在天津问津书院主办过一次书市，为各省局本广而告之：

> 总理海防支应总局奉爵阁督宪札饬筹备成本，购运南省官书来直，原价发售，以惠士林。现择部问津书院设局发卖，已将各省官书局书籍一律运齐安放，并于局内悬挂总书目、售书章程，又留存刊就总书目一本，所有价值照南省十足制钱划一不二，定于二月九日开售。士子欲买购，到本局查阅书目，照章付钱取书无误。其各府州县尚未有地方官运书发卖者，各士子亦可转托亲友赴津购买。①

这是总理海防支应局委托天津问津书院设局售地方书局刊印之书，其经营理念亦对各书局的经营有所启示。

晚清民国时期，各书局多有专事销售的章程，据周振鹤编《晚清营业书目》，《浙江图书馆附设印行所书目》中有《浙江图书馆附设印行所简明章程》(专对木板书籍的刷印)；《湖北官书处书目》中有《湖北官书处章程》(木板书籍刷印)；朱士嘉编《官书局书目汇编》《附录》部分有《官书局购书章程及通信处》，内列有江南书局、浙江省立图书馆附设印行一所、山东书局、湖北官书处、广雅版片印行所售书章程等。② 加之《直隶官书局运售各省官刻书籍总目》中的《凡例》可作章程观，则目前所知，至少六个书局有售书章程。

在这些书局中，山东书局的章程是最多的，先后有《批发价目》《外埠函购书籍章程》《收买旧书启事》《木板书籍发售详章》《旧书出售章程》五个。

《批发价目》出现在民国十四年前的售书目录中，这是山东书局的第三个目录，其中有多种优惠政策。对此，下文再详述。

《外埠函购书籍章程》首次出现在民国十四年前的售书目录中，对函购程序、寄递方式、书价及寄费计算、寄递安全、免责条款、售后服务等作了详细规定，使购书者一目了然。此《章程》一出，保证了山东书局后续业务的顺利开展。民国十四年山东书局《木板书籍发售详章》就延续了这一政策，“一切寄送手续限制退换等等均照石印各书办理”，所指当即此《章

① 张宗文：《晚清官书局的图书发行》，《编辑学刊》1999 年第 3 期。

② 以下所引各局章程，均出自《晚清营业书目》一书。

程》。民国十五年,《山东书局铅石印各书目录》对此《章程》进行了细化,条款更清楚,更易被读者理解。

针对木板书籍,民国十四年的《山东书局木板书籍目录》有三个章程。

一是《收买旧书启事》:"海内藏书家鉴:如有古本秘籍精刻名抄,如愿割爱,请将名目、版本、纸张详细开示,敝局即派人接洽。如在本埠者,请将样本送至本局或通知敝局定期面看,一俟合意,给价从优,决不食言。特此敬启。"看来,从私人藏家手中购买古籍是山东书局木板书的来源之一。此《章程》规定了收书程序:第一步,先列书单,包括书名、版本、纸张。第二步,将书单送至书局或者函达书局,商定时间目验。第三步,商定价格,成交。

二是《木板书籍发售详章》。这针对的是普通木板书籍的出售,就购买注意事项、优惠政策、价格浮动、时间长短等进行说明。如,"凡购木板书时,务请照本局目录详细指示,祈勿含混。外埠函购则请详细腾(按:謄)录,因一种书而有数种板本,稍一减便,则易致不清。"告诉读者欲购何书要写清楚,不然会出现版本错误。注重版本,这是木板书的特点。"此等书籍印刷甚难,且远在各省贩运,更为不易,如售短时,惠顾诸君尚请多候时日。"告知读者等待时间可能会长。"除限制各条外,一切寄送手续限制退换等等均照石印各书办理。"点明关于售卖石印书已有章可循,指的是《山东书局石印精本书目》中的若干规定。

三是《旧书出售章程》。这针对的是孤本秘籍、精刻名钞的出售。先是申明其目的是:"本局除对于新木板书竭力流通外,对于一切孤本秘籍精刻名钞亦经营不遗余力,籍保国故而资流传。"立意很高。继而说明此类书越来越少:"旧书一项时有添去,非同新书之源源而来,欲购此等书时,请先函询以免徒劳。"这是古旧书籍之大势,购者需提前来函询问有否。继而是优惠政策,多买多优惠。继而是定价之标准,有印刷质量、纸张、原版与翻版之区别。继而说明购书流程,可以送书上门,看货定夺。此条预示当时的出版业很发达,有竞争,所以要送书上门。最后声明此等旧书均属孤本秘籍,如有短张缺页,难亦照补,也是由古籍的特点决定的。

以上章程,是山东书局根据业务发展情况而不断制定、完善的,从侧面反映了它的销售势头和经营状况,亦可作其局史观。

二、合作联盟

山东书局在经营上颇有先见之明,它意识到南北书籍资源之不同,为保证山东一地的阅读需求，先期与各大书局订立条约，代售各书局书籍。它在民国十四年《山东书局木板书籍目录》中有《山东书局发售木板书籍启事》：“本局为应吾鲁人士购求起见，与各局订立条约，归敝局经售，并访求各处家藏刻板，务求完备，定价亦极低廉。”

与各局“订立条约”，虽“条约”至今未见，但《山东书局木板书籍目录》确有大量的局刻本，皆注明哪个局，可知是签过约的。

经部首列《十三经注疏》，收五种，有广东局仿武英殿本、江西局仿阮刻本、苏州局本、湖南局仿阮刻本、李光明书庄本，有校勘记的单独注明，如苏州局就有校勘记。又收江南局的《四书十一经读本》。《书经传说汇纂》《周官义疏》均下注“浙江局”。

史部首列“五局”合刻《念四史》，继之为金陵局《前四史》。有的书收多个版本，像《资治通鉴》收江苏局本和湖北局本。《绎史》收浙江局本和浦氏刻本，此书因原康熙板已入内府，外面流传的大多为局本。《五种纪事本末》收湖南局本，《七种纪事本末》收广雅局本。

子部首列湖北局本《百子全书》和浙江局本《廿二子全书》，下面所列，只要是浙江局本《廿二子全书》中的零种的，皆列“浙局刻本”或“浙局本”。子部还收浙局刻《近思录集注》《五种遗规》，金陵局刻《大学衍义》，湖北局刻《五种遗规》《洗冤录详义》等。

集部注局本者少，仅见江苏局本《文选李善注》。

局本价格一般要比普本低一些，如浙江局本《廿二子全书》中的零种，均比同时售卖的普通本价格低。《韩非子》，普本四册一元二角；浙局本附《识误》，清严万里校，六册一元四角，仅比普本高二角，确实体现了山东书局对局本“定价亦极低廉”的承诺。

三、优惠政策

价格优惠，是吸引读者的一个重要方面。山东书局在初期经营中没有优惠政策：“价值格外从廉，划一不二。”虽然价格低廉，但严格按定价出售。

民国十四年前的《山东书局石印精本书目》，针对石印本，有了《批发价目》：“本局经售各书俱卖现大洋（如用小洋，照当日市价计算）。”此句用大字黑体印刷，开篇点明结算方式，要用大洋，如用小洋，要按当日市价换算。“零售照定价八折”，说明零售也有优惠，如果再多，部数和总价格按不同层次有不同优惠，从七折到五折，“若每一种书购至十部或各种书价凑至洋十元者，七折”，“或每一种书购书百部，或各书凑集洋至百元洋以上至二百元者，照定价六五折”，“每一称（按：种）书购至二百部，或各种书价凑至洋三百元以上至五百元者，六折”，“每一种书购至五百部，或各种书价凑至洋六百元以上至千元者，五折”。这个销售政策大抵是针对大客户的，每一种书最低要购十部才享七折优惠，购五百部享五折优惠，明显不是针对普通读者的。可见，当时的批发业务还是很有市场的，当时的图书销售业务应该也如今日一样呈网络状分布。

民国十五年《山东书局铅石印各书目录》，优惠政策有变，以前政策是“照定价一律七折八折不等”，此则“照门市规定办理，持有长期优待证者，惟须贵处教育机关加盖图章方有效”。这是加强优待证的审核。而对于以邮票代洋的，原规定“邮票作实洋，不折不扣”。此则“九五折，即每元作九角五分”。

以上《批发价目》所规定的折扣，仅针对石印书、铅印书，木板书不在此例。

民国十四年前的《山东书局石印精本书目》规定：“木板书零售概无折扣。每一次购书凑至百元以上至二百元者，九折。凑至三百元以上至四百元者，八折。若凑至五百元以上至千元者，七折。”木板书是雕版印刷品，存世量越来越少，非如铅印、石印等新式印刷出版的书源源不断，其销售方式自然不同，所以零售无折扣。比照铅印书、石印书，基本上，铅印、石印打六五折的，木板书打九折；铅印、石印打六折的，木板书打八折；铅印、石印打五折的，木板书打七折。七折是木板书的最高折扣。

这个木板书销售政策，在民国十四年《山东书局木板书籍目录》中得到修正，其《木板书籍发售详章》规定：“木板书籍本局向售实价，兹为优待主顾起见，自民国十四年夏历九月初一日起，平日均照定价九折。”“凡持有长期优待证者，一律按定价八折。如购书书价超过二百元者，即无优待证，亦照八折，满一千元者折扣随时商定。”也就是说，此时零售都可以打折了，有九折的，有八折的，有满千元随时议价的。《旧书出售章程》中也申明：“价值均按定价九折以取一律，如多购，折扣随时商定。”“旧书价额以印工之好坏，纸张之分别，原板翻板之不同，故价额前后不免歧异。”“各书价目均经本局再三详核，不受任何书目之限制，如有涨跌则随时声明。”

其他书局在木板书的销售上，是这样的政策：

《浙江图书馆附设印行所简明章程》:“所有书籍照规定洋码发售,划一不二,无折无扣,惟公家咨调、坊间批发以九折计算,其一次购书在百元以上者亦以批发论。”“《十三经古注》《四书五经》《二十二子》《九通》及《玉海》附刻之十三种、《徐氏丛书》十四种,均照价目折卖,以便易于购阅。”只有大丛书可以优惠。

浙江省立图书馆附设印行一所:“各书概照定价大洋发售,不折不扣。”“本所书价须解省库,凡以邮票代价者,恕不收受。”大概是售书款交给省库,故无积极性。

《湖北官书处章程》:“售书价值照详定章程,不折不扣。”另一售书目中亦规定:“无论零售批发,概照定价大洋发售,不折不扣。”

江南书局:“本局出版各书,均按书目定价出售,不折不扣。”

广雅版片印行所:“各书概照定价发售,不折不扣,惟政府(备正式公文)咨调,坊间批发,以九折计算(批发者每种以十部起码)。”看来,公家买书有优惠,批发也打九折。

《直隶官书局运售各省官刻书籍总目》之《凡例》:“编中价目皆照原价摊入税运各费再加利一成订定,得利甚微,丝毫不得折扣。”

通观以上书局关于木板书的销售,除公家购买、坊间批发、大丛书外,均按原价,不折不扣。可见,山东书局的优惠政策,极具通融性。

四、送书上门

光绪二十九年的《山东全省官书局书目》,有《启》:“赐顾请至省城后宰门大街本局购取。”说明此时买书需要读者亲自到书局办理。

民国十四年《山东书局木板书籍目录》中《旧书出售章程》曰:“居住本埠者,欲看样本,请即通知本局,即派人送去。惟成否,须速定。外埠则不适用此条。”说明购书可以送书上门,看货定夺。除了暗示当时的出版业很发达、有竞争外,这也是由木板书的特性决定的。一是木板书比石印本、铅印本贵重,书局重视此类书;二是此类书获利应该比其他多,所以要提供“优质服务”。

再看与其同时的其他书局,未有此类服务。《湖北官书处章程》:“本处自裁减后,所留司事、夫役无多,购书交价,自行搬取,概不挑送。”因为人员不足,在门店的都要自行搬取,更不用说上门服务了。从这点看,山东书局的经营状况还是挺不错的。

五、外埠邮寄

如前所述，光绪二十九年，读者购书要到山东书局自取，此时还无邮购形式。

民国十四年前的《山东书局石印精本书目》，首次制定《外埠函购书籍章程》，这说明山东书局当时的销售区域很广泛。

“采购图书者，务将名目及书价寄费径寄本局，当即照信配齐寄奉。”知购书者是据山东书局的书目来选书的，欲购何书，条列详单寄书局，同时寄书款及邮递费，书局照单配书寄回，这是基本程序。

关于费用寄递的方式，规定：“寄递款项请由邮局汇兑，其汇兑寄费均由购书人自理。”“邮局不能竞汇款项者，其书价及寄费可用邮票代之，办法如下：(甲)邮票以一二角为限，如有零数，可将二三分者合足。二角以上之邮票不收。(乙)邮票有污损者不收。(丙)须用民国新邮票。凡前清各种邮票一概不收。(丁)邮票作实洋，不折不扣。”不能通过邮局汇的，可用邮票顶替，说明当时山东书局的销售方式是很灵活的。邮票顶款也有规定，即没有折扣，要用民国新邮票，不能有污损，再就是二角以上的不收。

此章程还提醒购书者，书目上所列的是定价，实际上是有折扣的，“照定价一律七折八折不等”，所以书费要算好。

关于书籍邮寄费，是照书价再加二成。对于此书目，“如蒙函索本号书目者，请惠邮票一分，即当寄赠”。看来书目也不是免费发放的，是要收成本费的。

对于邮寄安全事项，书局提示，信函中如有汇票邮票，“必须挂号寄下，以免遗失”。“不论购书、索阅书目，均须开明住址。即二次来信，亦宜叙明住址。因本号逐日收发函件甚多，恐难追查。笔划务请缮正，倘或地名不清，因而邮局不能投递者，本号恕不答复。”“购书者于发函复，倘或一个月内(远省二月)尚未接到本号回件者，则宜发信知照本号，以便查核，因邮局定章六个月后则不能代查也。”

此章程还有“免责”条款：“本号寄出货物以邮局收执为证，倘中途如有意外，损失概不负责。”“邮局定章，信内如附有汇票邮票，信封上不能写明，只须用皮纸或棉纸包封，或加以火漆戳记，交邮局挂号(或单挂号，或双挂号，均听自便)寄下，可免失误及损坏、偷拆之弊，否则概不负责。”但对于本该书局负责的，还是会承担责任：“本号发售书籍，均已细查卷页，惟恐或有遗漏，请开明卷数号目，即当照补。”遵循诚而有信的原则，山东书局的售后服务还是很不错的。

此《章程》对函购程序、寄递方式、书价及寄费计算、寄递安全、免责条款、售后服务等作了详细规定，使购书者一目了然，保证了双方的成功交易。

民国十五年的《山东书局铅石印各书目录》，对此《章程》进行了细化。

首先是将函购各项条款以小题目的形式总结为十条：函购手续，汇寄书价，邮票代洋，优待办法，退换书籍，详书地址，保存余款，慎重邮件，奉赠书目。这十条基本涵盖了函购书的一切事项。可见，随着经营水平的不断提高，山东书局在对外宣传方面更善于归纳总结，规章制度做得越来越地道。

唯有两条，以前未讲明，此次加上。一条是“退换书籍。不论何书，一经寄出，概不退换，有缺漏照补”。一条是“保存余款。寄来书价如有余剩，本局当代购邮票寄还，或代存本局，以俟下次购书之用。如所购之书适已售完，本局当致函执会，接到本局信后，或将书价寄回，或改购他书，或俟后书到再寄，侯（按：候）示办理。”第二条是新的条款，对于书价余款及欲购之书售罄的处理，一是可以按邮票形式寄回，二是改购他书，三是交局代存，以后再用。

对于客户欲购之书售罄的处理办法，山东书局提供了三条意见。同样的问题，浙江省立图书馆附设印行一所的规定是：“其款暂存本所，或寄还均可。但寄费由购书人担任。”湖北官书处的规定是：“当俟续印装订后照寄。倘不能候，将款寄还亦可，但寄费由购书人担任。”这两家的处理意见似不太通融，“寄费由购书人担任”，类似霸王条款。相比之下，山东书局是做得最好的，这样的方式更能维护好与客户的关系。

六、广告宣传

山东书局的书籍能够行销全国，大抵与其广告有关。山东书局经营的四十年，正是我国现代广告的肇始期，也是我国现代广告业发展的第一个高峰期。山东书局恰逢其时，运用多种广告形式，进行全方位的宣传。

（一）封面广告

封面标明书局地址、电话，这是最常见的广告形式。

民国十四年前《山东书局石印精本书目》封面题有："山东书局图书目录，电话七百七十一号。"

民国十四年《山东书局木板书籍目录》，内封题："发行所：济南后宰门街。电话：七七一号，"增加了书局地址。

民国十五年《山东书局铅石印各书目录》，首次在封面使用插画，首次明确出版时间，余如从前，有电话和地址。封面分四部分。上两行题："民国十五年五月新刊，图书目录。"中一行题："山东书局。"末四行小字："电话：七百七十一号。地址：济南后宰门街。"图画为一旧时文人，着旧时装束（长袍、布鞋、帽子），坐在躺椅上，手持线装书正在阅读。两边各有一只鸟儿，一只立在横线上，一只作展翅飞翔状。

民国二十年《山东书局图书目录》，封面亦是图文并茂。文字有："图书目录，山东书局印赠，济南后宰门街，电话七百七十一号，19，3，20（按：民国二十年三月十九日）。"有二图，一图远处为圆形房顶，近处为一排竖放的书籍，再近处是一本打开的书，书旁置一香炉，一缕青烟飘向天际，还有一个台灯。另一图是旧式文人，身着中式花褂，手持三炷香，香气袅袅，文人脑后有飘散的书叶。

以上封面广告由最初的只注电话，发展到后期的文字加插图，反映了当时人们对书籍的审美要求，也是山东书局吸引读者的重要方式。

（二）书内启事

山东书局售书目录，内有多种启事，它们也是广告的一种。如民国二十年《山东书局图书目录》，封面背面有朱记："现因来价昂贵，目录定价多不相符，书价均以面议为准，特此声明。"

民国十四年《山东书局木板书籍目录》，有《山东书局发售木板书籍启事》："此等木板书籍价值即不同旧书之昂贵难求，而校订精审，更少鲁鱼递虎之讹。且字大，即不伤乎目力，而纸张更耐保存，诸君所费廉而得惠实多。"此《启事》点明了木板书的几个特点：一是价格低，二是校订精审，三是字大，四是易保存。这也是为所有木板书做的广告。

民国十五年《山东书局铅石印各书目录》、民国二十年《山东书局图书目录》，有《本局主人启》："本局创设济南，瞬经数载，营业蒸蒸日上，初非意料所及，然得获此佳果者，全出于诸君惠顾之所赐。敝局感荷之余，益知奋勉。年来除对于国学故籍尽力提倡外，而对于文化新书，更视力所及介绍，总希搜罗古今，沟通中外，于吾东教育界稍效微劳，借资求应，是则敝局区区之意也。惟望明达君子时赐南针，以匡不逮为幸。本局主人谨启。”此《启》首先感谢各界人士的支持，使得新设数年的山东书局营业形势大好。其次重申书局的宗旨，即提倡国学故籍，介绍文化新书，搜罗古今，沟通中外，为山东教育界做贡献。最后恳请各界人士多提宝贵意见。这其实是对自己经营范围的再次强调。

（三）插页广告

插页广告是书籍广告发展到一定形式的产物，是从审美上看层次比较高的广告形式。

民国十四年前的《山东书局石印精本书目》中有十三处广告，或“因地制宜”，在空白处做广告，或专门拿出一页做广告。其特别讲究形式美，有各种造型，有斜的长条形，也有图形组合，目的是突出书名。

广告一般包括书名、著者、定价、装帧、册数、纸张等项。如：内务部编定《地方自治讲义》，平装六册，定价伍元；精印《朱梦卢画谱》，装订二册，定价二元；《李文忠公全集》，装订百册，定价三十元；《汉寿亭侯关夫子全集》，装订四册，定价一元五角；陆平一先生选《锊溪医论选中编》，粉纸，定价三元；精印《江氏书目》三种，四册，三元；《古泉汇》，二十册，定价八元。

有一页做两种书的，如不肖生著《正续留东外史》与海上说梦人著《歇浦潮》在一起。陈太仆批撰《八家古文》与最新分类《交际尺牍大全》在一起。最新出版的《沈啸梅画稿》与《谢闲鸥人物仕女画》在一起。

有成组广告的，如各种杂志：济群主任《红杂志》，瘦鹃主任《半月》，涵秋主任《快活》，茗狂主任《游戏世界》，少芹主任《小说新报》。这是杂志成组广告。有《昆曲全部汇刻》，包括《琵琶全记》《拜月亭记》《西厢记》《牡丹亭记》《春云阁》《增辑六也曲谱》《昆曲粹存》。

有一种书做两次广告的，如《谢闲鸥人物仕女画谱》。

（四）营业广告

营业广告，即经售广告。如民国十五年《山东书局铅石印各书目录》、民国二十年《山东书局图书目录》，均有《营业要目》和《本局仪器文具详目》。

《营业要目》：“发售石印各书，发售铅印书籍，宣传新旧文化，沟通中西典籍，经营教育用品，贩运各省官书，访求家藏刻本，流通古本秘籍，代售军事用书，欢迎同业批发。军事用书另备有目录，函索即寄。”

《本局仪器文具详目》：“石板石笔、粉笔板刷、铅笔纲（按：钢）笔、墨汁浆（按：糨）糊、红蓝墨水、墨油药水、毛笔原纸、大少（按：小）抄簿、怀中日记、袖珍日记、自来水笔、自来纲（按：钢）笔、讲义夹子、象（按：橡）皮海绵、书钉图钉、别针规矩、活动铅笔、金屏绫绢、排笔对料、绘画颜色、铅笔刀、铅笔卡、米达尺、民国印、作文簿、纲（按：钢）笔头、铜笔头、绘图器、腾（按：誊）写版、两用尺。"

从以上可以看出，这时的山东书局不仅卖书，还卖文具。经营文具成为山东书局后期的主要业务。

民国二十年《山东书局图书目录》在封底还有《批发广告》。广告有四条，第一条："本局'批发'各种书籍图画学校用具。出品既精美，开价更极克己。"将"批发"二字加引号，以引起注意，并讲明批发的类型以及物美价廉的特性。第二条："以故顾惠各家。"第三条："无不获沾利益。"第四条："宝号如向本局批发，以应各界之需要。或亲面接洽，或通函采购，谨当'特别优待'，用酬赐顾之盛意。恐未周知，特此奉布。济南山东书局谨启。"后三条强调来批发的客户是有利均沾的。下又有"各种书籍取价低廉，函到即寄，决不延迟"字样，说明山东书局服务质量高。

这个《批发广告》与民国十四年前《山东书局石印精本书目》中的《批发价目》大不一样，后者是批发的优惠政策，这个不说政策，只说利益均得及服务优质。

据赵钟云《山东书局始末》一文，民国二十二年的售书目录营业广告有："本局承印：书报杂志，股票支票，中西书籍；家谱志书，证券证书，各种传单；学校讲义，单据表册，便笺信封；碑帖画册，贺柬名片，各种招贴。精制：铜板、锌板。""经销北平聚隆铜器店各号白铜墨盒，天津春合、利生各号篮、排、足球，保安群玉山房各种网球拍，徽州胡开文各种香墨，上海李鼎和、北平贺青莲、戴月轩各种毛笔，姑苏姜思序各种绘画颜料，凤球牌各式风琴。"还"经销各种印字机：玻璃作板、出品精良、国货钟灵印字机，携带方便的国货三用复印机，国货两用油印机。零件附属品：钢板、胶辊、蜡纸、钢笔、药水、油墨、涂斑液、毛笔原纸。""特约独家经理：南京军学研究社、南京军用图书社、北平军学编译社、上海军政书局出版各种军事学书。"①业务范围进一步扩大。

---

① 参见赵钟云：《山东书局始末》，济南市政协文史资料委员会编《济南文史精华》，济南出版社 1997 年版，第 271 页。

（五）内容广告

内容广告，即针对具体书籍的广告。分两类，一是关于某类书的说明，二是关于某部书的说明。

民国十五年《山东书局铅石印各书目录》中有关于某类书的广告：

新小说类："年来海上各家所出之新小说汗牛充栋，日新月异，美不胜收。然本目限于篇幅，未便尽数载入，兹择其笔墨较好者分类列入，以备一格。其余概从割爱。然各地新出之小说，本局均随时运到，以备惠顾。特此附白。"

玻璃版精印名人画册类："本集系搜罗唐宋以来诸大家名画真迹制成珂罗版纲目版，分别精印成册，每册附有珂罗版套印名画一页至二三页，尤为精彩，与原本者累黍不爽，千古秘藏名迹得以流传人间，洵美术界之大观也。现已出至二十九集，以后尚拟续出。凡购全份，奉赠楠木箱一只。"

珂罗版精印堂幅屏条楹联类中的对联："此种对联专供厅堂陈设之用，系取名人真迹照原联大小用上等白宣纸用新式西法印出者，与真迹丝毫无异，其用各色虎皮笺各色冷金笺或珊瑚笺印者，均照原价加洋二角，尤为精美，如须加裱，本局亦可承办，裱价另加。"

新文化书类中的标点小说："以上八种小说均足代表胡适之先生考证或传叙与引论，迥非他本可比。"所说即加新式标点符号的《水浒》《红楼梦》《儒林外史》《西游记》《三国演义》《镜花缘》《水浒续集》《三侠五义》。

民国二十年《山东书局图书目录》也有像民国十五年版的类别广告，如"军事用书"："各书皆新近译自东瀛者，取材宏富，理论新颖，盖列强军备自得欧战经验以后，改革极多，于是军学亦因之大为改进，而各书又为军学骨干，举凡战术之变更，兵器之改良，筑城之进步，地形之利用，以及交通器材之发达，无不详细说明，广为引证，并各附有图表以资参照，足供学校军队及个人研究之用。"

此目录亦有关于某部书的广告，在"碑帖名画类"，"以出土初搨本用玻璃版宣纸精印"的注释所在多有：

"初拓唐九成宫秦刻本"下注："传世极少，此册几成孤本，玻璃版宣纸精印。"

"宋拓唐李阳冰城隍庙碑"下注："近拓残损已极，此为锡山安氏旧藏，最初拓本也，玻璃版宣纸精印。"

“小楷宋拓乐毅论”下注：“此广东叶氏风满楼旧藏宋拓本，玻璃版宣纸精印。”

“小楷宋拓破邪论”下注：“此本为李苏邻旧藏，定为宋贾刻善本，有其手跋及诸名家题记，玻璃版宣纸精印。”

“汉孔宙碑集联拓本”“唐纪太山铭集联拓本”下注：“隶书，以宋拓本印集，计一百联，首有秦清会所绘校碑图，玻璃版印。”

“汉礼器碑集联拓本”下注：“隶书，以宋拓庙字完全本印集，计一百联，首有秦清会所绘校碑图，玻璃版印。”

“梁瘗鹤铭集联拓本”下注：“真书，以旧拓最精本印集，计一百联，首有秦清会所绘校碑图，玻璃版印。”

另有像“刘铁云藏宋拓麓山寺碑”注藏者比比皆是。

据赵钟云《山东书局始末》一文，民国二十二年山东书局售书目录还有“欲求印刷之精良、迅速、价廉，请到山东书局来！”的广告，广告极具号召性和煽动性。其中，特别提到“本局出版的初拓《三希堂法帖》，在巴拿马赛会经美术家、印刷家品评，推为中国第一精品，获一等银牌”①。说明山东书局的广告设计已经越来越吸引读者了，但其所云荣获大奖的《三希堂法帖》至今未见。

七、修复业务

民国十四年《山东书局木板书籍目录》，有《装订旧书启事》：“本局现在北京聘到装订旧书名师，专一粘补旧书，一经收拾，无不整旧如新，完全无缺。工价较他家更特别从廉，如承见委，竭诚欢迎。”古书修补，成为山东书局的新业务。

我国古书修复由来已久。北魏贾思勰《齐民要术》就有记载：“书有毁裂，郦方纸而补者，率皆挛拳，瘢疮硬厚。瘢疮于书有损。裂薄纸如薤叶以补织，微相入，殆无际会，自非向明举之，略不觉补。”②至唐代，朝廷在弘文馆、崇文馆里设有专职的熟纸匠、装潢匠，专门从事宫廷中书画装裱工作。元代中统二年设裱褙局，说明宫廷内部的图书装裱工作已有一定规

① 赵钟云：《山东书局始末》，济南市政协文史资料委员会编《济南文史精华》，济南出版社 1997 年版，第 271 页。

② 转引自（北魏）贾思勰著，梁启愉校释：《齐民要术校释》，农业出版社 1982 年版，第 163 页。

模。明清两代，除了宫廷，民间的图书装裱行业也在不断发展，在文化发达的城市，除书肆、书铺以外，还有“裱褙胡同”。清末民初，京城装裱修复以肄雅堂和肆文堂最负盛名，当时的京城修复装裱高手几乎均出自这两家。

宣统元年，山东图书馆成立。它在此年的《山东图书馆章程》中，订立《藏书章程》：“购致旧本图籍，如有损坏，即须修补完整，坐办委员随时督饬司书办理。”[①]《阅书章程》：“图书馆征收阅览料为各处通例，本馆阅览券每张暂收铜元二枚，其费存储作为装潢书帖、修葺馆舍之用，按季将收支数目具报详院并榜示周知。”[②]这大概是当年的公家藏书单位修补古书的业务情况。

民国二十年《山东省立图书馆工作计划大纲》：“馆内图书之损坏者，应分别觅工修补重装。”[③]“觅工”，应是外出找人修补。《山东省立图书馆三十七年度工作计划表》提道：“有破烂书籍尽量修补。预备刀剪、钉槌、书皮纸等物，视破烂之程度而修补之。”[④]说明此时图书馆已有专门的修补工人，这已经是比较晚的事情了。

民国前期，济南聚集了众多书肆。这些书肆不仅贩卖古书，而且工于古籍修复。比如，聚文斋主人河北冀县人彭辑五、芳润阁主人赵润甫、逢源阁伙友赵级三等皆工于古籍装池、修复。

以上公家和书肆的修补古书业务，未知对山东书局有何影响，亦未知山东书局对前二者的修复有何影响，只知民国十四年的山东书局已拓展了业务范围，加上了对外承揽装订修书这项业务。书局专配修复师，且从京师聘来，说明当时它还是有相当财力的。“整旧如新”之“新”，大约是外观看着漂亮而已，非与古籍修复中的“整旧如旧”原则相抵牾。“工价较他家更特别从廉”说明当时的古书修复也存在竞争。

---

① 《山东图书馆章程》，转引自山东省图书馆编《山东省图书馆馆史资料汇编》，齐鲁书社 2015 年版，第 262 页。

② 《山东图书馆章程》，转引自山东省图书馆编《山东省图书馆馆史资料汇编》，齐鲁书社 2015 年版，第 263 页。

③ 《山东省立图书馆工作计划大纲》(1931)，转引自山东省图书馆编《山东省图书馆馆史资料汇编》，齐鲁书社 2015 年版，第 296 页。

④ 《山东省立图书馆三十七年度工作计划表》，转引自山东省图书馆编《山东省图书馆馆史资料汇编》，齐鲁书社 2015 年版，第 318 页。

八、书籍装潢

民国十四年的《山东书局木板书籍目录》，附三张书橱图，并明言其有制作书箱之业务。

一为《五局念四史》："右系五局《念四史》箱子样，连座共高七尺，约宽四尺七寸，系用楸木作成，玻璃漆，黄棕色。如愿他种颜色，亦能随时改变。《念四史》为吾国极博之史书，得此一部，则吾国历朝事迹，瞭如指掌，凡藏书家，不可不备此一部。此箱陈之客厅间，殊为雅观。"此条介绍书箱概貌，包括尺寸、材料、颜色；其次云可以改换颜色；再次言此书重要、必备；最后言其雅观好看，装饰性强。

二为《九通全书》："右系《九通全书》箱子样，连座共高六尺，宽约四尺有余，仝（按：全）用楸木作成，玻璃漆，棕色。愿要他种颜色，随时改变。陈之客厅间，极壮观瞻。"此条与上条言语略有变化。

三为《古今图书集成》："右系《古今图书集成》箱子样，连座高约七尺，而宽犹过之。全用楸木作成，玻璃漆，黄棕色。陈之书室，极为雅观。吾国书籍，浩如渊海，此书分部编列，极易流览，凡学校图书馆及藏书家，不可不备此一部，则无劳旁求矣。"此条与前两条言语略有不同，加上了图书馆的需求。彼时近代图书馆纷纷兴起，自然成为山东书局主要的售书对象。

除了以上经营之道，山东书局还为售书专门刻印两方，一为"济南后宰门街/山东书局经售"长方形印章，一为"济南后宰门街/山东书局发行"长方形印章。这两方印章颇显雅趣，抑或有推广之意。

第四节　山东书局售书的作用与影响

中国近代出版家、中华书局创办人陆费逵说："我们希望国家社会进步，不能不希望教育进步；我们希望教育进步，不能不希望书业进步；我们书业虽然是较小的行业，但是与国家社会的关系，却比任何行业为大。此项工业为以知识供给人民，是为近世社会一种需要，人类非由此无由进步。”①阐明书业对国家社会的作用。山东书局的售书，同具此作用。

一、丰富近代图书馆收藏

徐苏在《晚清官书局之特点和利用》一文中说：“我国近代图书馆事业的发展与官书局关系密切，几乎所有早期成立的公共图书馆都与官书局有缘，从中得到过大量局本。如金陵局、淮南局、江楚编译局裁并后，书和书版均归入江苏省立图书馆。”②

除了江苏省立图书馆受惠于三个书局外，光绪三十年停办的广雅书局，其板片于光绪三十三年入藏新建的“藏板楼”，后入新成立的广东省立图书馆。云南官书局于宣统二年停办，其书板多归云南省图书馆。辛亥后湖南书局撤销，其书板与传忠书局板、思贤书局板一起移交定王台湖南图书馆。民国元年(1912)，浙江书局正式并入浙江图书馆，十六万三千片书板(其中自刻的十二万余片)随之入藏。民国三年，江苏官书局由江苏省立第二图书馆(即后来的苏州图书馆)接收，改名为“官书印行所”继续刷印出售，延到抗战时才停止。民国二十五年，湖北官书处(局)撤销，其板片七万五千四百六十七块、书籍一万零一百八十六部移交湖北省图书馆。

山东书局的板片入藏山东省立图书馆。王献唐馆长对其擘画经营，精心保管，修补刷印，可谓为功甚巨。关于此点，第四章第一节已述。

除了书板，山东书局对山东各个图书馆尤其是山东省立图书馆的藏书，贡献亦不小。

宣统元年，山东图书馆初成立。《山东图书馆章程》规定了当时的收藏原则，其中就有“本馆收藏书籍，先购各省官书局出版之书，次及家刻坊板之善本。先期普通适用，然后注意于旧本图籍”③，将购各省官书局出版之书列为首位。

民国二年，坐办保厘东编《山东图书馆辛亥年藏书目录》，前有《例

① 转引自陆费逵：《书业商会二十周年纪念册序》，俞筱尧、刘彦捷编《陆费逵与中华书局》，中国书局 2002 年版，第 440 页。

② 徐苏：《晚清官书局之特点和利用》，《图书馆研究与工作》1991 年第 1 期。

③ 《山东图书馆章程》，转引自山东省图书馆编《山东省图书馆馆史资料汇编》，齐鲁书社 2015 年版，第 262 页。

言》,云:“自来藏书编订目录,或专取古刻,或兼载重本,丛残掇拾,例益加详,惟本馆藏书意在普通适用,先收各省官书局出版之书,次及家刻坊板之善本,然后注意于旧本,故是编目录未能一例其分类,以此初刻限于时日,不无有淆乱之处,迨后逐年编校,当随时更改。”①根据“适用”原则,山东图书馆将各省官书局出版之书作为第一选择,这与建馆之初《山东图书馆章程》的要求是一致的。

民国二十二年《山东省立图书馆概况》云:“本馆成立之初,类就普通应用书籍,分别购置,多为局刻,及通行版本。后以经费缩减,添置无多,截至宣统二年秋间,有书九万一千卷。民国元年至六年,迭以馆中自印书籍,与外交部及各省官书局,先后交换。”②看来,在民国初年,山东省立图书馆曾用编印之书与外交部及各省官书局进行交换。

民国二十年《山东省立图书馆工作计划大纲》:“至各项图书之搜集方法,约分二类:(一)可以寄赠者,分函索取。(二)不能寄赠者,照优待图书馆之购书章程,分别购买,并可与各大书局商酌,或能酌赠一部分也。”③看来,当时图书馆购书是可以享受“优待”的,并可与各大书局商量,有“酌赠一部分”的可能,说明这种情形并不是个例,是当时图书馆与书局之间的默契。

民国二十年《山东省立图书馆编藏图书细则》中《购置新书》要求:“搜集各书局及私家刻书最新出版目录,检阅报纸登载各书局售书广告,考察新出书籍。”④又强调要随时关注书局的出版情况,跟进采购新书。

直到民国三十六年《山东省立图书馆办事细则》中,还有《购置新书》要求:“搜集各书局及私家印书最新出版目录,检阅报纸登载各书局售书广告,考察新出书籍。”⑤这与民国二十年的购书要求是一致的。

---

① 保厘东:《〈山东图书馆辛亥年藏书目录〉例言》,民国二年(1913)山东图书馆石印本。

② 《山东省立图书馆概况》(1933),转引自《山东省图书馆志》2004年版,第316页。

③ 《山东省立图书馆工作计划大纲》(1931),转引自山东省图书馆编《山东省图书馆馆史资料汇编》,齐鲁书社2015年版,第292页。

④ 《山东省立图书馆编藏图书细则》(1931),转引自山东省图书馆编《山东省图书馆馆史资料汇编》,齐鲁书社2015年版,第276页。

⑤ 《山东省立图书馆办事细则》(1947),转引自山东省图书馆编《山东省图书馆馆史资料汇编》,齐鲁书社2015年版,第306页。

同年，馆长罗复唐有《山东省图书馆的今昔》，云："月前又呈准教厅由文献收复费项下拨给两千七百余万元，专购各大书局新出之书，本馆正向各大书局索阅新出书目，造具预算中。"①

以上可见，山东最大的图书馆——山东省立图书馆，与清末民国的各大书局有不间断的联系，从购买书局出版物，到交换出版物，再到商量捐赠，再到检阅书局售书广告，考察新出书籍。一直到民国三十六年，山东省立图书馆还由文献收复费项下拨给专项经费，专门用于购买各大书局新出之书。作为离山东省立图书馆仅数步之遥的山东书局，其与山东省立图书馆的密切程度可想而知。山东书局是各大书局书籍的代售处，山东省立图书馆若从山东书局采购各局书籍，可谓"近水楼台"。虽然现在还没有山东省立图书馆与山东书局的交集史料（除了书板），但山东省立图书馆的收藏得益于山东书局的售卖书籍，是毋庸置疑的，至少现今山东省图书馆所藏的钤有山东书局售卖印章的那两部书可以证明。

二、提升国民文化水平

朱士嘉认为局书既合实用，价又低廉，含有普及性，遂将官书局比拟为"一位传布文化、普及教育的无名英雄"，"少数珍藏秘笈，经它一来，便可人手一册；通常'洛阳纸贵'的，经它一来，便'价均从廉'了。而且，那里的书籍，都经过通人达士的校勘，讲起版本来，也很可靠"②。确实如此。

（一）普惠大众

书局本因价格低廉而普惠大众，山东书局售卖的书也是这样。民国十四年前《山东书局石印精本书目》所列之石印本，价格普遍不高，《中东三字经》《绘图黄氏女传》《发蒙必读》《家庭讲话》都是一册五分，《玉历钞传》一册六分，《第一奇女传》《农桑章程》一册八分，价格都很低。法帖类书的价格较高，像周秦魏晋石碑拓本一册高至两元，一张数角，不过这样的书并不是很多。可见，石印本对文化的普及确实起到了很大作用。

即使被普遍认为价高的木板书，民国十四年《山东书局木板书籍目录》第一部分"各省局刻家藏刻本经史子集类"，其常用书价格也很"亲

---

① 罗复唐：《山东图书馆的今昔》（1947），转引自山东省图书馆编《山东省图书馆馆史资料汇编》，齐鲁书社 2015 年版，第 387 页。

② 参见朱士嘉：《官书局书目汇编·引言》，周振鹤编《晚清营业书目》，上海书店出版社 2005 年版，第 40 页。

民”。如《女儿经》是一册八分;《经典释文叙录》《孝经》是一册一角;《三字经》《百家姓》《千字文》都是一角几分;焦廷琥的《尚书伸孔篇》,黄式三的《春秋释》,均为一册二角;任启运的《肆献祼馈食礼》是一册二角五分。以角计量的所在多有,每册在二三角至五六角之间,读书人能够买得起。

(二)及于名家

受惠于山东书局的文人、学者,多在他们的日记中记录与山东书局的交集。

1. 刘鹗

《老残游记》的作者刘鹗,有《上郑工局总办易禀(由济南十月 日发)》,中云:“东省书肆,直无书可购,山东书局仅有《安澜纪要》而已,无他种也。”①

《安澜纪要》与《迴澜纪要》是清代江南河道总督徐端编辑的两部治河专著。尚志堂书籍目录中有此书,作《迴安澜纪要》,据此猜测刘鹗所见当是山东书局或尚志堂刻本。时刘鹗应山东巡抚张曜之请,在山东治理黄河,时间在光绪十六年至十八年间。

2. 顾随

顾随在民国十六年五月给卢伯屏的信中说:“屏兄如晤:昨函谅达。兹有恳者:刻需用《域外小说集》数部,搜遍津埠,只得一册。日前函君培在京物色,亦无所获。忽忆济城山东书局昔曾代售,想此刻当有余货。即烦吾兄一询,倘若有,请代购四册附邮寄下为荷。至盼,至盼!”②

顾随(1897～1960),本名顾宝随,字羡季,笔名苦水,别号驼庵,河北清河县人。民国九年(1920)夏从北京大学毕业后到山东青州中学。十年夏任济南《民治日报》编辑、记者,十月任济南女子职业学校国文兼英文教师。十一年十二月,任青州中学教务主任,仍兼女子学校教职。十五年执教于天津女子师范学院。写这封信时顾随在天津。此信说明他在山东是熟知山东书局的售书情况的。

3. 刘次箫

山东大学图书馆藏有道光九年秦恩复刻宋陈允平撰《日湖渔唱》一卷、《补遗》一卷、《续补遗》一卷,此书有民国十九年刘次箫手跋,云:“客岁

① 刘蕙荪:《铁云先生年谱长编》,齐鲁书社1982年版,第172页。

② 顾随:《顾随全集》卷八《书信一》,河北教育出版社2014年版,第235页。

十月由济南山东书局购得秦刊《词学丛书》，内缺《日湖渔唱》及《阳春白雪》二种。今岁四月二十日，由京返鲁，道出沪上，又从中国书店购得《日湖渔唱》，所缺者仅《阳春白雪》而已。”①知刘次箫亦在山东书局买过书。

刘次箫，山东安丘人，毕业于日本东京高等师范学校。曾任山东省立师范专科学校教员，公立北京高等师范学校讲师，青岛市教育局科长，山东教育厅秘书，山东大学训导长，中国国民党中央党部调查统计局秘书，国立中央研究院总办事处科长、秘书。

4. 王献唐

经常流连山东书局的王献唐，“日常奔走于济南书肆：南门书肆、芳润阁书肆、茹古阁、敬古斋、蓬莱书局、小布政司街逢原阁、大布政司街敬文斋、山东书局、聚文斋书店、山水沟市。每至一处，翻检架上丛残，或寻觅于故书堆中，尘灰渍手如漆亦在所不顾”②。

据张书学、李勇慧《王献唐年谱长编》，王献唐与山东书局的因缘始于民国九年九月三日，“着人到官书局购《求阙斋日记》，静中无事，逐条翻阅，见其于修身问学之道，反复致论，有阅历语，有名言，有至论，玄襟灼世，络绎纷来，倾服至矣”③。此年，王献唐尚在《山东日报》《山东商务日报》做记者。

民国二十三年，王献唐在跋叶昌炽《语石》时说：“十二年前服务青岛，因事赴济，于山东书局得《书林清话》及此书，始为版本碑刻之学。前此泛阅他家之书，了无入处，导余先路者，唯二叶先生也。”④王献唐是著名的金石学家、文献学家，其版本碑刻之学，实得自叶德辉《书林清话》、叶昌炽《语石》，而二书均来自山东书局，这是民国十一年之事。此年十二月，王献唐回青岛，任职于胶澳商埠督办公署。

王献唐于民国十八年(1929)八月任山东省立图书馆馆长后，与山东书局的往来最为频繁。他在跋《董刻梅村家藏稿》时说：“此《梅村家藏稿》，乃董刻书籍之价值最廉者，曩时仅售十三四金，目前山东书局竟索吾

---

① 《山东大学图书馆古籍善本书目》，齐鲁书社 2007 年版，第416 页。

② 转引自梁自洁主编：《山东现代著名社会科学家传》第二集，山东教育出版社 1992 年版，第 21 页。

③ 张书学、李勇慧：《王献唐年谱长编》，华东师范大学出版社 2017 年版，第 26 页。

④ 王献唐：《跋叶昌炽〈语石〉》，《双行精舍书跋辑存》，齐鲁书社 1983 年版，第 136 页。

二十金以去，据言尚系友好情面，若在门市则非二十四金不售。书癖如余，亦不计较其真伪廉昂，但吾敢断言，二十年后此书必暴涨至现价一倍。设或书版毁失，更必如罗氏之《殷虚书契前编》，以四册而索百四十元矣。”①这是民国十九年八月十一日之事。“尚系友好情面”，说明王献唐与山东书局的关系非同一般；而“若在门市”云云，知此书系私下成交。四天之后，王献唐又“在山东书局取《东洲草堂金石跋》及《晨风阁丛书》各一部”②。“借山东书局宝芸斋抄本《叔庐札记》，抄四天才完成。”③

此年九月十一日，王献唐又“于山东书局得凌曙（晓楼）旧藏《蜚经堂文初集》原刻初印、董康《东游日记》（《书舶庸谭》）、式古堂卞氏及萧应椿（绍庭）旧藏快雪堂蝉翼拓《闲邪公家传》”④。十月二十七日，在青岛与杨振声会晤，“杨振声以青岛大学在济南山东书局购书，托与刘次箫代为议价”⑤。二十八日，“至山东书局小坐……即扰该局取其所购书目，并购《古文旧书考》《金石三例》二书回馆”⑥。

民国二十年三月二十一日，“山东书局送丁小疋藏抄本《石刻铺叙》一册来，有许印林跋及丁绂辰藏书印记，即以知不足斋本尽临之”⑦。

民国二十一年十月二十九日，“向山东书局取《淳熙续帖》，有正书局影印刘铁云本，号称宋拓，内有《十三行》。以郁冈斋诸帖［考之］，乃伪本也”⑧。

民国二十二年二月十三日，“过山东书局，购新印碑帖数种并《十三行》三本”⑨。

---

① 王献唐：《跋董刻梅村家藏稿》，《守书日记》（1930 年 8 月 11 日），未刊稿，转引自李勇慧《一代传人王献唐》，山东教育出版社 2012 年版，第 520 页。

② 张书学、李勇慧：《王献唐年谱长编》，华东师范大学出版社 2017 年版，第 104 页。

③ 骆伟：《平庸、朴实、执着转变活力的爱国藏书家——王献唐》，宫晓卫主编，韦力执行主编《藏书家》珍藏本（14～16）合订本下，齐鲁书社 2014 年版，第 449 页。张书学、李勇慧《王献唐年谱长编》只言八月十四日“借钞宝芸斋抄本《叔庐札记》”，八月十八日抄毕，未言借于山东书局。

④ 张书学、李勇慧：《王献唐年谱长编》，华东师范大学出版社 2017 年版，第 109 页。

⑤ 张书学、李勇慧：《王献唐年谱长编》，华东师范大学出版社 2017 年版，第 120 页。

⑥ 张书学、李勇慧：《王献唐年谱长编》，华东师范大学出版社 2017 年版，第 121 页。

⑦ 张书学、李勇慧：《王献唐年谱长编》，华东师范大学出版社 2017 年版，第 152 页。

⑧ 张书学、李勇慧：《王献唐年谱长编》，华东师范大学出版社 2017 年版，第 340 页。

⑨ 张书学、李勇慧：《王献唐年谱长编》，华东师范大学出版社 2017 年版，第 365 页。

民国二十五年六月十三日，王献唐《味水轩日记》跋曰："本日与仲采访老鹤、枚生，路过山东书局，縻四饼收一部"①。

以上可见，山东书局对王献唐先生的学术活动有非常重要的影响。同时，王献唐也在为山东书局的售书进行推广。如民国二十三年十二月九日，他回复陈準函："其余关于四川茹古堂及山东书局推销者，亦望示下部数，以便寄上不误。"②

5. 张一悟

革命家张一悟亦与山东书局有缘。"一悟还有一个很特殊的别号：'一个神经病者'，笔者从榆中初中，一悟仅存的三十多本赠书中发现有三次署此名号。其中一本在1930年上海南强书局出版的《史的一元论》（蒲列哈[汉]诺夫著，吴念慈重译）一书的扉页上分三行用毛笔写：'一个神经病者购于济南山东书局1931，11，12。'"③

张一悟（1895～1951），甘肃榆中人。民国六年到北京求学。七年经李大钊介绍就学于武昌高等师范学校。十三年加入中国共产党。十四年参加组建中共甘肃特别支部，任书记。大革命失败后，任中共华县县委组织部部长，参加组织渭华暴动。后任中共三原县委书记、陕西临时省委常委。曾在山东被捕入狱五年。民国二十七年后，长期在甘肃从事地下工作。1949年后，任甘肃省人民政府委员兼监察委员。

张一悟是"九一八"事变后，到济南参加中共山东省委领导工作的。据民国二十一年被捕之事，则其从山东书局购书当是在被捕前，时在济南第一女子师范学校任教务主任。

6. 张景栻

魏敬群在《布衣学人张景栻》一文中说："（张景栻）十余龄时，读书于南城根街之师范附属小学，课余常往舜井街友竹山房就近购书。他还常随父亲去后宰门街的山东书局买书。"④

张景栻（1913～2006），济南著名藏书家，数十年如一日买书聚书，家中老屋十间，图书充栋。至"文化大革命"，他的藏书几遭覆灭之灾，自谓

---

① 王献唐：《双行精舍书跋辑存》，齐鲁书社1983年版，第92页。

② 张书学、李勇慧：《王献唐年谱长编》，华东师范大学出版社2017年版，第497页。

③ 孙永乐：《张一悟轶闻奇事》，中国人民政治协商会议兰州市榆中县委员会编《榆中文史资料选辑》第四辑，1999年，第20页。

④ 魏敬群：《布衣学人张景栻》，《春秋》2013年第1期。

"丙午年浩劫，首当其冲，街道办事处以'破四旧'为名，发动'群众'尽取所藏，于院中拉杂摧烧之，自午至暮，积灰数尺。复封闭房门，大索三日，尽将所余书籍碑帖字画，联车载去"①。可知其藏书之富，被毁劫之书，或许有购自山东书局者。

7. 无名氏

山东省图书馆藏有一部《资治通鉴》，有清代黄彭年批校，前有佚名墨笔题曰："壬戌闰五月下旬得于山东书局。硃墨笔系黄子寿方伯所书。方伯，道光丁未庶吉士。""壬戌"为民国十一年，知此书从山东书局售出时为民国十一年。这部书有一百一十册，非有财力者不能得之。

作为全国有名的售书书局，山东书局的经营活动，使得各书局的出版物广泛流通。这些书局本由于山东书局的代销，走遍全国，使所有的读书人受益。仅从山东书局目录中展现的四千余种储书量，即可见其规模之大，受众之广。这种及于全国的文化影响，是其他书局无法达到的。

① 参见魏敬群：《布衣学人张景栻》，《春秋》2013 年第 1 期。

结　语

在晚清所有官书局中，山东书局是一个特殊的存在，一直以来被视为售书机构，而非出版机构。确实，在 20 世纪 20 年代以后，它以售书为主，留存下来的售书目录在书局中也是最多的。但在这之前，它可是名副其实的“出版社”，出书近百种。这个数字，比起金陵、崇文、广雅、浙江等几个大书局来说虽稍逊一筹，但比起其他十余个书局，成绩还是不错的。同时，它的书从质量上讲，也颇多上乘之作，对山东的政治、经济、文化都产生了深远影响，在山东出版史上具有重要地位。

但是，山东书局在颇具特色的地方文献方面还挖掘不够。马骕的《绎史》，被顾炎武誉为“必传之作”，此书书板于康熙间以白金二百两被购入内府，坊间难觅原本，浙江书局重刻，而山东书局未刻。李明杰云：“（湖北崇文书局）刻印了若干种未刊本和稀见书，如吴佩孚《易箴》、郝懿行《尔雅郭注义疏》、桂馥《说文解字义证》、盛昱《八旗文经》等。其中桂馥《说文解字义证》曾于道光二十八年辑入《连筠簃丛书》，但不久版片即毁。张之洞督鄂时，特嘱崇文书局将之付印。故俞樾认为，此书‘海内始得见桂氏之书’乃该崇文书局之功。”①李明杰所列举者，多为山左文献，这些非常重要的经学著述在全国都有很大的影响，山东书局没有刊刻，是一件遗憾的事。但总起来说，假设山东书局拥有更多的经费支持，没有经历被耽搁的并局八年的“黄金时期”，那么它会像最后阶段的经营一样，专注于出版事业，用心，并做得更好。

① 李明杰：《近代湖北官书局（崇文书局）刻书论略——从版本目录信息分析的视角》，《中国出版史研究》2017 年第 1 期。

附录　山东书局文献辑录

请购刊经史疏

鲍源深

臣伏查学政全书，各省府州县学，向有尊藏御纂、钦定诸书，并于雍正乾隆初年，迭经奏准，令直省抚藩将颁发御纂、钦定经史诸书，敬谨重刊，并听坊间印售，以广流传；又议准督抚将十三经、廿一史诸书购买，颁发各学收管，令士子讲习等因在案：仰见列圣右文稽古，嘉惠士林至意。近年各省因经兵燹，书多散佚。臣视学江苏，按试所经，江苏松、常、镇、扬诸府，向称人文极盛之地，学校中旧藏书籍荡然无存。藩署旧有恭刊钦定经史诸书，版片亦均毁失。民间藏书之家，卷帙悉成灰烬。乱后虽偶有书肆所刻经书，俱系删节之本，简陋不堪。士子有志读书无从购觅。苏省如此，皖浙江右诸省情形谅亦相同。以东南文明大省，士子竟无书可读，其何以兴学校而育人才。臣拟请旨将殿板诸书照旧重颁各学，诚恐内存书籍无多，武英殿书板久未修整，亦难刷印。因思由内颁发不如由外购求，敬请饬下各督抚转饬所属府州县，将旧存学中书籍设法购补，俾士子咸资讲习，并筹措经费，择书之尤要者，循例重加刊刻，以广流传。现在江宁省城已设局刊刻四书、五经，惟所刊皆系学中读本，经史大部尚未遑及。窃维士子读书以穷经为本，经义以钦定为宗。臣伏读世祖章皇帝御注《孝经》，圣祖仁皇帝御纂《周易折中》、钦定《书》《诗》《春秋》三经传说汇纂，世宗宪皇帝御纂《孝经集注》，高宗纯皇帝御纂《周易述义》《诗义折中》《春秋自解》、钦定《三礼义疏》，皆阐发精微，权衡至当，足使穷经之士不淆于众说，得所指归。以上各书，请旨饬下各抚藩先行敬谨重刊，颁发各学……至穷经之外，读史为先。全史卷帙浩繁，现在经费未充，重刊匪易。恭请饬令先将圣祖仁皇帝《通鉴纲目》，高宗纯皇帝《御批通鉴辑览》敬谨先刊，分发各学。士子读之，已可贯穿古今，赅通全史。其余各书，再行陆续刊刻。或疑现在各省经费支绌，筹饷艰难，似购书刊书，无暇遽及。夫戡乱而整武为先，兴学则修文宜亟。况购书刊书经费，每年不过筹饷中百之二三，筹捐尚易，诚令学校经史重完，士子深于经者，窥圣学之原；深于史者，达政事之要。体用兼赅，益卜人才蔚起，于以光列圣右文之治，广皇上教育之仁，岂非黼黻中兴之盛举哉。臣愚昧之见，谨缮折具奏，伏乞皇上圣鉴，训示施行。谨奏。

（同治六年）

上谕

同治六年六月初六日，钦奉穆宗毅皇帝上谕：鲍源深奏请刊刻书籍颁发各学一折，江苏等省自遭兵燹以后，各府州县学中旧藏书籍大半散佚，经史版片亦皆毁失无存。现在地方已就肃清，亟应振兴文教，士子有志读书而载籍艰于购觅，其何以资讲贯而惠艺林。着各直省督抚转饬所属，将旧存学中书籍广为购补，并将列圣御纂钦定经史各书先行敬谨重刊，颁发各学，并准书肆刷印，以广流传。俾各省士子得所研求，同敦实学，用副朝廷教育人才至意。钦此。

十三经读本附校刊记·凡例

•《十三经》注疏繁重，乡塾寒素未能家置一编，而朱子《四书章句集注》《周易本义》《诗集传》，蔡氏《书集传》，陈氏《礼记集说》，为宋元以后说经之宗，且科举用以试士，谨遵原书校对重刻。至《周礼》《仪礼》《公》《谷》《孝经》《尔雅》等书，则存汉郑氏、晋何氏、范氏诸家注解及唐陆氏音义，而去贾、徐诸家之疏，亦取便诵读，非从简略。

• 向来乡塾读本《春秋左传》杜林注，与《书经集传》《礼记集说》诸书并行，惟坊行本章解、句释、注与经传参错互见，不便初学。恭读《钦定春秋左传读本》，荟萃古今训诂，而芟其繁说，简明赅洽，允集诸儒之大成。至古地释以今名，传各为篇，附注于后，尤便读者，敬谨摹刻，冀海内之士皆得诵法服习，奉为准绳。

•《四书》《易》《书》《诗》《礼》各经，皆依监本校刊，而监本屡经坊间翻刻，未能点画无讹，今遵殿版诸书、《康熙字典》，将坊刻错误之处，敬谨更正。其监本所遵，实出朱子原书、蔡氏陈氏原本，经文与传注相同，并非坊刻错误者，仍依原本校刊，谨将各本异同之处，附录《校刊记》，以备参稽，不敢参入原本，致涉两歧。

• 校刊经书宜先辨字体，而坊间刻本沿讹踵误。……

• 篆籀古文虽楷法所从出，而校正点画则不敢泥古，恐开初学好异之渐。至承用之字，如“教”作“教”，“爲”作“為”之类，虽场屋应试，取便临文，而刊书与临文不同，仍作“教”作“爲”，以符体式。其余以此类推。

• 校刊各经，一切点画，因诸本不无误刻，皆遵殿版诸书、《康熙字典》，敬谨更正。惟《钦定春秋左传读本》系遵道光二年武英殿刊本敬摹重刊，原本点画不敢有所增减。

• 此刻取便初学。从前阮刻《十三经校勘记》援古证今，卷帙浩繁，初学未能遍览，兹但取石经、汲古阁、阮刻《十三经》及《四书》里如堂本考核异同，以便观览。此外，各本除《禹贡》水道古今不同，因将全部书传与纂疏诸本异同之处备载存参外，其余省繁从简，不及备载。

• 各经皆有《校刊记》，附各经之末，惟《春秋左传读本》系钦定之书，非汉儒注疏及宋儒传注可比，所有各本异同之处不敢采入。

•《周礼》福履堂原本刊刻精工。济阳张稷若所定《仪礼郑注句读》，凡石本、吴澄本与监本脱误舛错，各经文均已考据详明，惟字体未能悉归于正。今校此二本，于点画偶殊而音义迥异者，正其舛讹，一切体例仍依原书。

• 句读四声之圈，间有较原本加增，以便初学者，亦不敢过繁，而近来坊本及各家藏本取便出题，往往句外加句，读中添读，至四声加圈，原为一字两声或三四声，不得不加圈以示区别，而各本取正方音，于并无两读之字亦纷纷加圈，今概不敢从，亦置不附录《校刊记》以归简易。

• 刊刻经传非诗文可比，诗文所用字可于未刻之先参考字书定准一体，经传之字则互有不同，不特此经之字有不能用之他经，即一经之中亦前后互异，如《易经》“罔”字，《周礼》“灋”字，《仪礼》“庿”字，《尔雅》“陞”字，诸经中作“網”作“法”作“廟”作“升”……不可枚举。又有两字点画微有不同，而面貌相似，义复相通……均遵经书写，不敢臆为同异。

• 各经句读，今本与古本异同之处甚多……若一一载入《校刊记》，非数卷所能尽，今不敢多载，仅录数条，以例其余，俾束发受书者略知古今异同，仍专志遵守《集传》《集说》诸书，庶不致歧于所向。

（同治十一年）

奏裁并各局片

李秉衡

再，东省筹办海防，款无所出，惟以裁并局员，节省糜费，为目前第一要义。臣甫经到任，又须出省布置防务，先择局费太繁、委员太冗者，与司道等悉心参酌，分别裁并。除工程局停撤外，如厘金、土药、军械并入善后为一局，赈抚、赈捐并为一局，书局、通志并为一局，均委藩司汤聘珍总办；保甲、机器两局，均委臬司松林总办；南、北两运并为一局，派委运司李希莲总办；洋务、河营及河防局，均委济东泰武临道张上达总办，概无薪水。其会办、提调、收支、文案必不可少者，即于候补道府同通州县中每局遴委数员，分司其事，酌给薪水。余俱裁撤。核计每月经费节省颇巨。此外如有应因应革事宜，容臣查明次第举行。谨先附片陈明。伏乞圣鉴。谨奏。

（光绪二十年八月二十九日）

声　明

敬启者：敝局领奉抚宪发给官本，分赴各省采购官刻家藏木板石印铅印经史子集及新译东西时务各种应用书籍地图报章。赐顾请至省城后宰门大街本局购取，价值格外从廉，划一不二。并奉学务处宪饬购分发各府州县学堂紧要书籍，现已到齐，特此登明。

（《山东全省官书局书目》，清光绪二十九年铅印本）

文美斋主人焦书卿识

宪谕承办山东官书局，采购各省官刊官译之书暨沪上各学堂译社公私所译课本图册，减轻成本，来东发售，仍随棚运赴各府厅平价出售，以便购阅而广风气。现各书业已购办齐全，开明书目价单，张于贾区，惟是中西书籍日新月异，种类繁多，浩如烟海，非分门别类刊印书目，阅者不免望洋兴叹，兹特分析部居，釐为二十八门，冀应光顾诸君按图索骥之用。各门之中，有彼此互见者，两存焉，取便临时捡阅。同系一书，有胪列各本者，历久焉，亦藉见版本源流，仅取以类相从，不复审定先后秩次，盖质家之惜固如是，于适用之外无他求焉。非如文家之斟藇体例也。昔文渊阁书目祕本储庋之富，为目录家巨擘。其所标识，仅有册数而无卷数，为阁中存记而设。至如宝文堂分类书目之编次无法、读书敏求记之配隶无绪、述古堂书目之琐碎冗杂舛谬颠倒，以彼文家之箸录，不免见贵于后贤，若质家尚何遑计及此哉？近时硕师大儒，虑各国宗教政治之冲突荡决，踔厉求胜，谓宜以提要钩元之法，守约以保我中学。然则质家适用之主义，顾不重欤？呜呼噫嘻，世界竞强，优胜劣败，学战商战适用则贵，珍奇瓦砾亦仅求适用而止，适用，粗粝珍奇也，不适用，珠玉瓦砾也，用之时义大矣哉。方今朝廷锐意振兴学校，造就通才，明体达用，期收得人之效，普天人士涵泳圣涯，群孜孜焉勉为有用之学，即至农工商贾将胥受蒙学及寻常小学之教育，群孜孜焉勉为有用之民。窃尝闻教育家之绪论矣，曰："教育大惜，一在修身，使人人知义理。一在爱国，使人人知保护国家。一在资生，使人人谋生有具。"盖其归本于有用也如此。大中丞建德周公抚绥是邦，教士化民，勤求不倦，方伯光州胡公、观察合肥张公、太史曲阜孔公主持通省学务，嘉惠士林，启迪民智，阿衡觉世，被泽宏溥（按：博）矣。东省礼乐名区，藏书好古之家几遍各郡邑，顾尚虞山川阻深，新出政艺各书，一时末由辇至，留心时务者之不得先睹为快也，于是有设官书局之举。本斋开设津沽多年，近于汴梁设分号，颇称四远驰名。客冬，谬蒙之喻，夫必有能辨之者矣。光绪癸卯七月既望文美斋主人谨识。

（《山东全省官书局书目》，清光绪二十九年铅印本）

批发价目

本局经售各书俱卖现大洋（如用小洋，照当日市价计算）。

一、零售照定价八折，若每一种书购至十部或各种书价凑至洋十元者，七折。

二、或每一种书购书百部，或各书凑集洋至百元洋以上至二百元者，照定价六五折。

三、每一称（按：种）书购至二百部，或各种书价凑至洋三百元以上至五百元者，六折。

四、每一种书购至五百部，或各种书价凑至洋六百元以上至千元者，五折。

以上规定折扣，悉指石铅印洋板书籍为标准，木板书不在此例。木板书零售概无折扣。每一次购书凑至百元以上至二百元者，九折。凑至三百元以上至四百元者，八折。若凑至五百元以上至千元者，七折。

（《山东书局图书目录》又名《山东书局石印精本书目》，民国十四年前铅印本。标号为作者所加）

外埠函购书籍章程

一、采购图书者，务将名目及书价寄费径寄本局，当即照信配齐寄奉。

二、寄递款项请由邮局汇兑，其汇兑寄费均由购书人自理。

三、邮局不能竞汇款项者，其书价及寄费可用邮票代之，办法如下：

（甲）邮票以一二角为限，如有零数，可将二三分者合足。二角以上之邮票不收。（乙）邮票有污损者不收。（丙）须用民国新邮票。凡前清各种邮票一概不收。（丁）邮票作实洋，不折不扣。

四、书籍寄费，照书价约加二成，若有余多，照数寄还。

五、有汇票邮票之信，须挂号寄下，以免遗失。

六、本号发售书籍，照定价一律七折八折不等。

七、本号发售书籍，均已细查卷页，惟恐或有遗漏，请开明卷数号目，即当照补。

八、如蒙函索本号书目者，请惠邮票一分，即当寄赠。

九、不论购书、索阅书目，均须开明住址。即二次来信，亦宜叙明住址。因本号逐日收发函件甚多，恐难追查。笔划务请缮正，倘或地名不清，因而邮局不能投递者，本号恕不答复。

十、购书者于发函复，倘或一个月内（远省二月）尚未接到本号回件者，则宜发信知照本号，以便查核，因邮局定章六个月后则不能代查也。

十一、本号寄出货物以邮局收执为证，倘中途如有意外，损失概不负责。

十二、邮局定章，信内如附有汇票邮票，信封上不能写明，只须用皮纸或棉纸包封，或加以火漆戳记，交邮局挂号（或单挂号，或双挂号，均听自便）寄下，可免失误及损坏、偷拆之弊，否则概不负责。

（《山东书局图书目录》又名《山东书局石印精本书目》，
民国十四年前铅印本。标号为作者所加）

山东书局发售木板书籍启事

清之末叶，曾、左诸公在各省创设官书局，刻板印书，嘉惠士林，至非浅鲜。自鼎革后，各省以公帑支绌，停而未印。宏（按：鸿）篇巨制，弃置可惜。自民八以后，国人渐知国学之可重，各局遂次第恢复。本局为应吾鲁人士购求起见，与各局订立条约，归敝局经售并访求各处家藏刻板，务求完备，定价亦极低廉。此等木板书籍价值即不同旧书之昂贵难求，而校订精审，更少鲁鱼递虎之讹。且字大，即不伤乎目力，而纸张更耐保存，诸君所费廉而得惠实多。如蒙惠顾，无任欢迎。中华民国十四年夏历九月。

（《山东书局木板书籍目录》，民国十四年铅印本）

木板书籍发售详章

一、凡购木板书时，务请照本局目录详细指示，祈勿含混。外埠函购则请详细腾（按：謄）录，因一种书而有数种板本，稍一减便，则易致不清。

二、木板书籍本局向售实价，兹为优待主顾起见，自民国十四年夏历九月初一日起，平日均照定价九折。

三、凡持有长期优待证者，一律按定价八折。如购书书价超过二百元者，即无优待证，亦照八折，满一千元者折扣随时商定。

四、各书价目均经本局再三详核，不受任何书目之限制，如有涨跌则随时声明。

五、此等书籍印刷甚难，且远在各省贩运，更为不易，如售短时，惠顾诸君尚请多候时日。

六、除限制各条外，一切寄送手续限制退换等等均照石印各书办理。

（《山东书局木板书籍目录》，民国十四年铅印本）

旧书出售章程

一、本局除对于新木板书竭力流通外，对于一切孤本秘籍精刻名钞亦经营不遗余力，籍保国故而资流传。

二、旧书一项时有添去，非同新书之源源而来，欲购此等书时，请先函询以免徒劳。

三、本局常年派人分赴各处搜罗，如收到大宗旧书，则随时发表。

四、价值均按定价九折以取一律，如多购，折扣随时商定。

五、旧书价额以印工之好坏，纸张之分别，原板翻板之不同，故价额前后不免歧异。

六、居住本埠者，欲看样本，请即通知本局，即派人送去。惟成否，须速定。外埠则不适用此条。

七、此等旧书均属孤本秘籍，如有短张缺页，难亦照补，特先声明。

（《山东书局木板书籍目录》，民国十四年铅印本）

收买旧书启事

海内藏书家鉴：如有古本秘籍精刻名抄，如愿割爱，请将名目、版本、纸张详细开示，敝局即派人接洽。如在本埠者，请将样本送至本局或通知敝局定期面看，一俟合意，给价从优，决不食言。特此敬启。

（《山东书局木板书籍目录》，民国十四年铅印本）

装订旧书启事

本局现在北京聘到装订旧书名师，专一粘补旧书，一经收拾，无不整旧如新，完全无缺。工价较他家更特别从廉，如承见委，竭诚欢迎。

（《山东书局木板书籍目录》，民国十四年铅印本）

山东书局主人启

本局创设济南，瞬经数载，营业蒸蒸日上，初非意料所及，然得获此佳果者，全出于诸君惠顾之所赐。敝局感荷之余，益知奋勉。年来除对于国学故籍尽力提倡外，而对于文化新书，更视力所及介绍，总希搜罗古今，沟通中外，于吾东教育界稍效微劳，借资求应，是则敝局区区之意也。惟望明达君子时赐南针，以匡不逮为幸。本局主人谨启。

（《山东书局图书目录》又名《山东书局铅石印各书目录》，民国十五年铅印本）

外埠购书详章

一、函购手续。外埠通函采购本局书籍者，请开列名目，务请详细，连同书价寄费一并寄交本局，信到后立即照信配齐，妥包寄奉。

二、汇寄书价。书价及邮费可由邮局汇递，其汇费寄费统归购书人自理。

三、邮票代洋。邮汇不通之处，可用邮票代洋。惟须九五折，即每元作九角五分，以一分至二角者为限。其不能揭开及污损者，一概不收。惟附汇票之信必须挂号。书籍寄费照书价加二成，多退少补。

四、优待办法。亦概照门市规定办理，持有长期优待证者，惟须贵处教育机关加盖图章方有效。

五、退换书籍。不论何书，一经寄出，概不退换，有缺漏照补。

六、详书地址。收件人住址姓名，务请缮写详细，以免遗误。

七、保存余款。寄来书价如有余剩，本局当代购邮票寄还，或代存本局，以俟下次购书之用。如所购之书适已售完，本局当致函执会，接到本局信后，或将书价寄回，或改购他书，或俟后书到再寄，侯（按：候）示办理。

八、慎重邮件。邮件交邮后，本局均有回单为凭，中途如有遗失，概不负责。

九、追究遗失。购书者于发函后一个月尚未接到本局回件者，请发信知照本局，以便查核。惟不负赔偿之责。

十、奉赠书目。如欲索阅本局书目者，请惠邮票一分，即将书目寄呈。

（《山东书局图书目录》又名《山东书局铅石印各书目录》，民国十五年铅印本。标号为作者所加）

营业要目

发售石印各书，发售铅印书籍，宣传新旧文化，沟通中西典籍，经营教育用品，贩运各省官书，访求家藏刻本，流通古本秘籍，代售军事用书，欢迎同业批发。军事用书另备有目录，函索即寄。

（《山东书局图书目录》又名《山东书局铅石印各书目录》，民国十五年铅印本）

本局仪器文具详目

石板石笔、粉笔板刷、铅笔纲(按:钢)笔、墨汁浆(按:糨)糊、红蓝墨水、墨油药水、毛笔原纸、大少(按:小)抄簿、怀中日记、袖珍日记、自来水笔、自来纲(按:钢)笔、讲义夹子、象(按:象)皮海绵、书钉图钉、别针规矩、活动铅笔、金屏绫绢、排笔对料、绘画颜色、铅笔刀、铅笔卡、米达尺、民国印、作文簿、纲(按:钢)笔头、铜笔头、绘图器、腾(按:謄)写版、两用尺。

(《山东书局图书目录》又名《山东书局铅石印各书目录》,
民国十五年铅印本)

声　明

现因来价昂贵,目录定价多不相符,书价均以面议为准,特此声明。

(《山东书局图书目录》又名《山东书局铅石印各书目录》,
民国二十年铅印本)

批发广告

一、本局"批发"各种书籍图画学校用具。出品既精美,开价更极克己。

二、以故顾惠各家。

三、无不获沾利益。

四、宝号如向本局批发,以应各界之需要。或亲面接洽,或通函采购,谨当"特别优待",用酬赐顾之盛意。恐未周知,特此奉布。济南山东书局谨启。

各种书籍取价低廉,函到即寄,决不延迟。

(《山东书局图书目录》又名《山东书局铅石印各书目录》,
民国二十年铅印本。标号为作者所加)

主要参考文献

一、书籍

1. 上海图书馆编:《中国丛书综录》,上海古籍出版社 2007 年版。

2. 张静庐编:《中国近现代出版史料(近代初编)》,上海书店出版社 2003 年版。

3. 张静庐编:《中国近现代出版史料(近代二编)》,上海书店出版社 2003 年版。

4. 张静庐编:《中国近现代出版史料补编》,上海书店出版社 2003 年版。

5. 中国古籍总目编纂委员会:《中国古籍总目》,中华书局、上海古籍出版社 2009 年版。

6. 山东省出版总社出版志编辑部编:《山东出版志资料》(一至九辑),山东人民出版社 1984～1990 年版。

7. 山东省地方史志编纂委员会:《山东省志·出版志》,山东人民出版社 1993 年版。

8. 周振鹤:《晚清营业书目》,上海书店出版社 2005 年版。

9. 吴瑞秀:《清末各省官书局之研究》,《古典文献研究辑刊初编》第 11 册,(台北)花木兰出版社 2005 年版。

10. 邓文锋:《晚清官书局述论稿》,中国书籍出版社 2011 年版。

二、学位论文

1. 柳爱群:《晚清官书局刻书研究》,北京师范大学 2006 年硕士学位论文。

2. 王晓霞：《晚清官书局之研究》，南开大学 2011 年博士学位论文。

3. 宋立：《浙江官书局研究》，河南大学 2010 年硕士学位论文。

4. 徐琼：《广雅书局研究》，华中师范大学 2014 年硕士学位论文。

5. 张娟：《江苏官书局研究》，河南大学 2016 年硕士学位论文。

三、书载文章

1. 洪友生：《晚清时期山东的刊刻出版业》，《山东出版志资料》第八辑。

2. 洪友生、秦明治、陈建绳：《山东省出版大事记》，《山东出版志资料》第八辑。

3. 贡世卿：《解放前济南新旧图书业概况》，《济南文史资料》第五辑。

4. 赵钟云：《古老的山东书局》，《济南文苑漫忆》，济南出版社 1993 年版。

5. 赵钟云：《山东书局始末》，济南市政协文史资料委员会编《济南文史精华》，济南出版社 1997 年版。

6. 江澄波：《晚清江苏的三大官书局》，叶再生编《出版史研究第二辑》，中国书籍出版社 1994 年版；叶再生编《出版史研究第三辑》，中国书籍出版社 1995 年版。

7. 蔡贵华：《清代扬州的淮南书局》，政协扬州市广陵区委员会《广陵春秋》编辑委员会编《广陵文史资料·广陵春秋》第 3 辑。

8. 张宗友：《晚清官书局与近代文献传承》，《古典文献研究》第十五辑，2012 年。

9. 李雄飞：《浙江官书局减定书价——一本不起眼的小书》，《天一阁文丛》第十一辑，2013 年。

四、期刊论文

1. 吴家驹：《清季各省官书局考略》，《文献》1989 年第 1 期。

2. 顾承甫：《清末官书局二三事》，《出版史料》1989 年第 3～4 期。

3. 汪家熔：《清末地方官书局(上)》，《图书馆杂志》1990 年第 1 期。

4. 汪家熔：《清末地方官书局(下)》，《图书馆杂志》1990 年第 2 期。

5. 孔毅：《清代官书局刻书述略》，《文献》1992 年第 1 期。

6. 梅宪华：《晚清官书局大事记略》，《出版工作、图书评介》1992

年第 3 期。

7. 吴家驹:《遵旨设局是清末创办官书局的主要原因》,《编辑学刊》1997 年第 6 期。

8. 张宗文:《晚清官书局的图书发行》,《编辑学刊》1999 年第 3 期。

9. 张宗友:《试论晚清官书局的创立》,《文献》1999 年第 4 期。

10. 张磊:《官书局刻书考略》,《图书馆》2001 年第 2 期。

11. 徐雁:《老书局的"故事"》,《中国图书评论》2004 年第 6 期。

12. 吴家驹:《局本"二十四史"述略》,《图书馆理论与实践》2007 年第 5 期。

13. 邓文锋:《五局合刻二十四史》,《出版史料》2010 年第 2 期。

14. 李立民:《清末民初书业目录的初兴及其史学价值》,《信阳师范学院学报(哲学社会科学版)》2010 年第 4 期。

15. 王晓霞:《晚清官书局研究综述》,《大庆师范学院学报》2011 年第 2 期。

16. 李志茗:《曾国荃与晚清官书局刻书》,《厦门大学学报(哲学社会科学版)》2011 年第 5 期。

17. 王晓霞:《晚清地方书局经费来源考》,《历史档案》2014 年第 4 期。

18. 王晓霞:《晚清官书局三则问题考略》,《中国国家博物馆馆刊》2014 年第 11 期。

19. 曹莉:《试析清末官书局刻本的特色与影响》,《故宫学刊》2015 年第 1 期。

20. 李志茗:《旧籍新刊与文化传衍——以晚清官书局为中心的考察》,《福建论坛(人文社会科学版)》2015 年第 2 期。

21. 郭平兴:《论晚清官书局文献史料价值及其搜集整理》,《图书馆论坛》2015 年第 7 期。

22. 雷慧杰、王鹏飞:《曾国藩重刻〈船山遗书〉与官书局的出现》,《中国出版史研究》2016 年第 3 期。

23. 王晓霞:《晚清官刻书流通特点及成因》,《武陵学刊》2016 年第 4 期。

24. 江凌:《晚清传统地方官书局的出版文化理念》,《首都师范大学学报(社会科学版)》2017 年第 5 期。

25. 徐学林:《鲜为人知的曲水书局》,《出版工作》1990 年第 11 期。

26. 刘尚恒《金陵书局小考——〈中国古籍印刷史〉补正》,《图书馆杂志》1987 年第 5 期。

27. 邓文锋:《张文虎与金陵书局本〈史记〉》,《中国编辑》2003 年第 4 期。

28. 苏晓君:《从国图馆藏看金陵书局所刻书》,《中国典籍与文化》2010 年第 1 期。

29. 李志茗:《金陵书局考辨——以晚清同光时期为中心》,《史林》2011 年第 6 期。

30. 雷慧杰:《探析曾国藩对金陵书局的影响》,《传播与版权》2015 年第 5 期。

31. 朱宝元:《金陵书局刻印书籍考论》,《现代出版》2017 年第 6 期。

32. 孔毅:《丁日昌和江苏书局》,《江苏图书馆学报》1988 年第 3 期。

33. 徐苏:《江苏官书局考辨》,《图书馆杂志》1990 年第 5 期。

34. 顾志兴:《浙江书局始末及其所刊书》,《文献》1990 年第 1 期。

35. 胡学彦:《清末杭州的浙江官书局》,《出版史料》2011 年第 2 期。

36. 陈矩弘:《晚清浙江书局刻书述略》,《图书馆理论与实践》2012 年第 2 期。

37. 项真:《浙江官书局和浙江图书馆的刻书出版活动考评》,《图书馆工作与研究》2012 年第 10 期。

38. 隗静秋、董强:《"顺势而行"的晚清官书局创置与衍变——以浙江官书局为中心的考察》,《中国出版》2013 年第 12 期。

39. 朱炜:《俞樾与浙江官书局》,《图书馆研究与工作》2015 年第 1 期。

40. 侯丽媛:《论浙江官书局之编校及刊书》,《传播与版权》2015 年第 9 期。

41. 叶农:《广雅书局的校勘工作》,《羊城今古》1990 年第 3 期。

42. 袁忠仁:《广州古代书籍板刻概述》,《岭南文史》1996 年第 1 期。

43. 张磊:《张之洞与广雅书局》,《图书情报工作》2004 年第 5 期。

44. 林振岳:《学海堂、广雅书局书版之归宿》,《书屋》2014 年第 11 期。

45. 刘晓伟:《晚清著名官书局广雅书局出版事业的兴衰》,《今传媒》2017 年第 3 期。

46. 刘晓伟:《张之洞督粤与广雅书局的发展》,《新世纪图书馆》2017 年第 5 期。

47. 吴家驹:《崇文书局与崇文书局刻书》,《图书馆杂志》2004 年第 6 期。

48. 杜朝晖:《论胡凤丹及其对湖北文化的贡献》,《湖北大学学报(哲学社会科学版)》2005 年第 5 期。

49. 江凌:《试论湖北崇文书局的刻书业》,《孝感学院学报》2009 年第 2 期。

50. 马志立:《湖北崇文书局版刻概述》,《图书情报论坛》2015 年第 1 期。

51. 李明杰:《近代湖北官书局(崇文书局)刻书论略——从版本目录信息分析的视角》,《中国出版史研究》2017 年第 1 期。

52. 蔡贵华:《扬州地方志对淮南书局的记载》,《文献》1989 年第 4 期。

53. 陈红涛:《浅述江西官书局刻书》,《江西图书馆学刊》1993 年第 2 期。

54. 刘志盛:《湖南思贤书局刻书纪略》,《图书馆》1989 年第 3 期。

55. 寻霖:《清代湖南官书局刻书》,《图书馆》2012 年第 2 期。

56. 寻霖:《湖南刻书概述》,《图书馆》2014 年第 2 期。

57. 侯黎晓:《山西浚文书局设立缘起及出书简述》,《晋图学刊》1990 年第 3 期。

58. 孙玉祥:《山西第一个出版局浚文书局》,《新闻出版交流》1994 年第 3 期。

59. 张雪琴:《从浚文书局到山西书局——近代至民国时期的山西图书出版业》,《新闻出版交流》2003 年第 5 期。

60. 王连浩:《云南官书局考略》,《兰台世界》2011 年第 2 期。

61. 毛丽娟:《晚清云南官书局考》,《理论界》2014 年第 6 期。

62. 张其中:《四川官书局考略》,《四川图书馆学报》1989 年第 5 期。

63. 李国庆:《桂林书局刻书一例》,《文献》1993 年第 4 期。

64. 陈相因:《广西官书局始末》,《广西地方志》1994 年第 1 期。

65. 曹红军:《曹寅与扬州诗局、扬州书局刻书活动考辨》,《南京师大学报(社会科学版)》2005 年第 6 期。

后　记

我与山东书局的因缘，说来也有20年了。

20世纪末，我们开始整理边边角角的古旧图书，为搬迁新馆做准备。在分拣过程中，我发现《十三经读本》很多。老同志告诉我，先把书衣书签颜色相同的放在一堆，于是有了白色签和黄色签之分。当时不明白为什么有不同的颜色，只知道这是山东书局的一部大书，有军阀张宗昌的序，以为是民国十四年张宗昌主持刻的。现在看来，不同的颜色代表着不同的印刷时间，而张宗昌并没有刻这部书，只是重印的时候加刻了一个序。

对山东书局的进一步了解始于我在做博士论文《清代山东刻书史》的时候。那时才知道，山东书局是晚清山东最大的官方出版机构，是山东历史上唯一一个由官方设立的专司刻书的机构，也是全国地方出版的一部分。但它以销售图书出名，以至于很多人认为它的主业是卖书。虽然在我的论文里，我对这一点作了辩证，但由于时间关系，除了《十三经读本》和《资治通鉴纲目四编合刻》两部书外，我没有仔细考察山东书局的每一个出版物，只是对其出版情况作了一个简单的描述。

大约五年前，我开始着手准备对山东书局做一详细研究，于是随时搜集资料，每每有所收获。但有一件事，是我心心念念的，那就是考察山东书局的地址。虽然山东书局所在地后宰门，与我山东省图书馆大明湖分馆仅有数步之遥，但对于我来说，去老馆就是“进城”，偶尔去一次，又每每擦肩而过。2016年，著名藏书家韦力先生来济南寻访书局旧址，他向杜泽逊老师寻求帮助，杜老师让他找我。可我真的说不出山东书局的具体位置，连明府城复建的新书局也不知道在哪里。韦力先生顶着烈日在曲水亭街盘桓很久，最终未见书局真容。这些都记录在他的文章里。而我，也觉得寻访书局是一件很重要的事情，一定要把它搞清楚。

今年伊始，馆里决定出版“馆员文库”，我开始拾掇资料，连缀篇章。

我家先生张中，是《齐鲁晚报》摄影记者。他先期赴曲水亭寻访，终于找到新建书局，拍了外景，但内部却无法窥视。

因缘际会。就在此书交稿的前几日，一个偶然的机会，先生又去曲水亭采访，偶遇老住户崔峰。崔大爷向他介绍了解放后山东书局的状况，指识山东书局遗留的后墙。虽然旧貌几乎全无，但也了却我一桩心事。之后，先生又携无人机再赴其地，为我拍下山东书局旧址今貌，并进一步采访了周围居民，获取了许多珍贵的口述史料。

对于地方书局的研究，各位前辈已经开拓在前，有不少成果可以取用。笔者踵其武，甚少发明，只能略取大概。若时间再久一点，或许会做得更加精详、更加准确，遗留的未解决问题会更少一些。但那样还会迁延数年，此书能否面世还是未知之数。

由此，特别感谢山东省图书馆馆长刘显世及诸位馆长，能让此书有机会出版。谈不上向建馆 110 周年献礼，但山东省图书馆与山东书局有着摆脱不掉的“干系”。110 年前，山东书局 23286 片书板“入驻”省图，王献唐馆长继而组织存藏保护、刷印流通，在曲折中延续山东雕版印刷业之一线命脉，有功于中华文化的传播与发扬。这部书，于个人而言，是近几年工作之余的一点成果；对现今的优秀传统文化传承而言，或聊为一助。

感谢杜泽逊老师。本书成后，老师浏览一过，提出修改意见。本书的很多结论，来自老师指导我博士论文时的交流、探讨。老师十年前的指导性意见，至今依然是最有说服力的结论。

感谢所有帮助过我的朋友。郭立暄、刘冰、石梅、赵嫄、武元磊、邸晓平、宋文娟、付用现、周艳、张弘、杨立民、于芹、董倩倩等全国各地的同行、同学、朋友，不辞辛苦为我查找馆藏资料；同事金晓东、马清源、辛镜之、毕晓乐、赖大邃、杨林玫、胡培培亦为本书提供相关材料。稿成之后，徐泳学兄审阅一过，毕晓乐女史覆校全稿，马银川、郭凯迪编辑精心核对，付出辛勤汗水，在此一并感谢！

此书匆遽写就，定有不少缺漏，就像现在看《清代山东刻书史》一样，山东书局的刻本《世补斋医书》当年仅据山东布政使崇保《山左书局重印世补斋医书序》就认定是重印而非重刻，这样的讹误所在多有，恳请读者批评指正。

岁在戊戌乙丑庚申日书于颐中堂